Alemão
guia de conversação

martins
Martins Fontes

© 2003, Berlitz Publishing/Apa Publications GmbH & Co. Verlag KG, Singapore Branch, Singapore

Berlitz Trademark Reg. U.S. Patent Office and other countries. Marca Registrada.
Used under license from Berlitz Investment Corporation.

Todos os direitos reservados. É proibido reproduzir esta obra, sem autorização prévia, ainda que parcialmente, copiá-la ou retransmiti-la por qualquer meio, seja eletrônico seja mecânico (fotocópia, microfilme, registro sonoro ou visual, banco de dados ou qualquer outro sistema de reprodução ou transmissão).

© 2008, Livraria Martins Fontes Editora Ltda., São Paulo, para a presente edição.

Tradução
Rafael Mantovani

Produção editorial
Pólen Editorial

Preparação de texto
Lizandra M. Almeida

Transcrição fonética
Paulo Chagas de Souza

Revisão técnica
Elaine Truiz

Revisão
Edison Urbano e Marcela Vieira

Dados Internacionais de Catalogação na Publicação (CIP)
(Câmara Brasileira do Livro, SP, Brasil)

Guia de conversação : alemão / Berlitz ; [tradução Rafael Mantovani; transcrição fonética: Paulo Chagas de Souza]. — São Paulo : Martins, 2007.

Título original : Berlitz phrase book & dictionary : German
ISBN 978-85-99102-48-0

1. Alemão – Vocabulários e manuais de conversação – Português I. Berlitz II. Souza, Paulo Chagas III. Série.

07-8078	CDD-438.24

Índices para catálogo sistemático:
1. Guia de conversação alemão-português : Lingüística 438.24

Todos os direitos desta edição para o Brasil reservados à
Livraria Martins Fontes Editora Ltda., para o selo **Martins**.
Av. Dr. Arnaldo, 2076
01255-000 São Paulo SP Brasil
Tel. (11) 3116.0000
info@martinseditora.com.br
www.martinsmartinsfontes.com.br

1ª edição Janeiro de 2008 | **1ª reimpressão** Setembro de 2010 | **Diagramação** Pólen Editorial
Fonte Palatino | **Papel** Offset 75 g/m² | **Impressão e acabamento** Yangraf

Sumário

Pronúncia 6

Expressões básicas 10

   Saudações/Desculpas 10
   Dificuldades de
     comunicação 11
   Onde? 12
   Quando? 13
   Que tipo de...? 14
   Quantos (s)? 15
   Por quê? 15
   Quem? Qual? 16
   De quem? 16
   É...? Tem...?/ Como? 17
   Posso? 18
   O que gostaria? 18
   Outras palavras úteis 19
   Exclamações 19

Hospedagem 20

   Reservas 21
   Recepção 22
   Problemas 25
   Especificações 26
   Hospedagem 28
   Albergues da juventude 29
   Camping 30
   Fazendo o *check-out* 32

Comer fora 33

   Restaurantes 33
   Horário das refeições 34
   Buscando um lugar
     para comer 35
   Reservando uma mesa 36
   Fazendo o pedido 37
   Pratos rápidos 40
   Reclamações 41
   Pagamento 42
   Prato a prato 43
   Café-da-manhã 43
   Entradas 43
   Sopas 44
   Peixes e frutos do mar 44
   Carne 45
   Pratos de carne 45
   Salsichas 46
   Acompanhamentos 47
   Queijos 48
   Frutas 48
   Sobremesas 48
   Bebidas 49
   Lendo o cardápio 52

VIAGEM　　　　　　　　　　　　　　　　　　　　　　　　**65**

Segurança	65
Chegada	65
Avião	68
Trem	72
Ônibus de viagem	78
Ônibus/Bonde	78
Metrô	80
Balsa ou *ferry boat*	81
Viagens de barco	81
Bicicleta/Moto	83
Pedindo carona	83
Táxi	84
Carro	85
Aluguel de carros	86
Posto de gasolina	87
Estacionamento	87
Falha do motor	88
Acidentes	92
Pedindo indicações	94
Sinais de trânsito	96

PONTOS TURÍSTICOS　　　　　　　　　　　　　　　　　　**97**

Excursões	98
Locais	99
Horário de funcionamento	100
Pagamentos/ingressos	100
Impressões	101
Glossário turístico	102
Que...?	104
Política	105
Fora da cidade	106

LAZER　　　　　　　　　　　　　　　　　　　　　　　　　**108**

Eventos	108
Cinema	110
Teatro	110
Ópera/Balé/Dança	111
Música/Concertos	111
Vida noturna	112
Crianças	113
Esportes	114
Na praia	116
Estações de esqui	117

FAZENDO AMIGOS　　　　　　　　　　　　　　　　　　**118**

Apresentações	118
De onde você é?	119
Com quem você está?	120
O que você faz?	121
Que tempo!	122
Está aproveitando a viagem?	123
Convites	124
Encontros	126
Telefonemas	127

Lojas e serviços — 129

Serviços	131	Joalheria/Relojoaria	148
Horário de funcionamento	131	Banca de jornais/Livraria	149
Pagamento	135	Fotografia	150
Reclamações	136	Polícia	151
Reparos/Limpeza	136	Objetos perdidos/roubados	152
Banco/Casas de câmbio	137	Correios	153
Farmácia	139	Suvenires	155
Vestuário	142	Supermercado	157
Saúde e beleza	146	Tabelas de conversão	160
Artigos para casa	147		

Saúde — 161

Médico (geral)	161	Ginecologista	166
Acidentes e ferimentos	162	Hospital	166
Sintomas	162	Oculista	166
Partes do corpo	163	Dentista	167
Perguntas do médico	164	Pagamento/Seguro	167

Glossário português–alemão — 168

Glossário alemão–português — 200

Referência — 215

Gramática	215	Cumprimentos	221
Números	219	Feriados	221
Dias/Meses/Datas	220	Horas	222
Estações do ano	221	Mapa	224

Pronúncia

Esta seção apresenta os sons da língua alemã usando uma transcrição fonética simplificada. A pronúncia das letras e sons é descrita abaixo, junto com seus equivalentes "imitados". Este sistema é usado ao longo de todo o guia: basta ler a pronúncia como se fosse português, observando as regras especiais listadas abaixo.

A língua alemã

O alemão é a língua nacional da Alemanha e da Áustria, e uma das quatro línguas oficiais da Suíça. Também é falado por grupos de alemães em outros países. Estes são os países onde você ouvirá pessoas falando alemão:

Alemanha Deutschland

O alemão falado da maneira correta (ou seja, sem nenhum sotaque perceptível) é chamado de Hochdeutsch. Falantes nativos muitas vezes têm sotaques ou falam dialetos que variam de região para região.

Áustria Österreich

O alemão é a língua nacional de mais de 8,2 milhões de pessoas.

Suíça Schweiz

O alemão é falado por 70% da população, principalmente no norte e no leste. Outras línguas: francês (20% da população) no oeste, italiano no sul, e uma língua muito mais rara chamada romanche.

O alemão também é uma das línguas faladas no leste da França (Alsácia-Lorena), norte da Itália (Alto Adige), leste da Bélgica, Luxemburgo e Liechtenstein. Há cerca de 1,5 milhão de falantes de alemão nos Estados Unidos, 500 mil no Canadá e grupos consideráveis na América do Sul, Namíbia e Cazaquistão.

O alfabeto alemão é igual ao português (incluindo k, y e w), com o acréscimo da letra **ß**. O idioma também usa o trema nas vogais **ä, ü, ö** (veja pronúncia a seguir).

O inglês também tem suas origens na língua alemã, e palavras como **Hand**, **Butter** e **Name** significam exatamente a mesma coisa em alemão e em inglês. Se você fala inglês, será capaz de depreender o significado de muitas outras palavras que têm pequenas variações de grafia como **Silber** (silver – prata), **Fisch** (fish – peixe) e **blau** (blue – azul).

CONSOANTES

Letra	Pronúncia aproximada	Símbolo	Exemplo	Transcrição
b	1) normalmente como *b* de *b*ar	b	**bitte**	*bitâ*
	2) em fim de palavra como *p* de *p*ó	p	**Urlaub**	*urrlaup*
c	1) antes de **e, i, ö** e **ä**, como *zz* de pi*zz*a	ts	**CD**	*tsê:-dê:*
	2) nos outros contextos como *c* de *c*asa	k	**Café**	*kafe:*
ch	como *r* de po*r*ta (pronúncia carioca) ou o *j* do espanhol	H	**Nacht**	*na-H-t*
d	1) normalmente como *d* de *d*ar	d	**danke**	*dá-nkâ*
	2) em fim de palavra como *t* de *t*er	t	**Hand**	*há-nt*
g	1) normalmente como *g* de *g*ato	g	**gut**	*gu:t*
	2) em fim de palavra como *c* de *c*or	k	**weg**	*vek*
j	como *i* de pra*i*a	y	**ja**	*ya:*
l	sempre como *l* de *l*oja, nunca como *l* de Brasi*l*	l	**faul**	*fau-l*
m	sempre como *m* de *m*esa, nunca nasaliza a vogal	m	**mehr**	*mêa*
		mm	**am**	*á-mm*
	como em ca*m*po			
n	sempre como *n* de *n*ovo, nunca nasaliza a vogal	n	**Nacht**	*naHt*
		nn	**wann**	*vá-nn*
ng	normalmente como em shopp*ing* (como se fosse pronunciar o *g*, mas parando antes)	N	**Quittung**	*kvituN*
qu	sempre com o som de *kv*	kv	**Quark**	*kvark*
r	1) normalmente como *rr* de ca*rr*o	rr	**drei**	*drrai*
	2) após *e* às vezes como *a* de di*a*	a	**gern**	*ghéann*
s	1) em início de palavra e entre vogais como *s* de ca*s*a	z	**sagt**	*za:kt*
	2) antes de *p*, *t* e *k* às vezes como *s* de *s*ol	ss	**Post**	*póssst*
	3) antes de *p* e *t* em início de sílaba como *ch* de *ch*á	ch	**spät**	*chpê:t*

ss	sempre como *ss* de pre*ss*a	ss	**essen**	*êssânn*
sch	como *ch* de *ch*á	ch	**schreiben**	*chrraibânn*
tsch	como *tch* de *tch*eco	tch	**Deutsch**	*dóitch*
v	1) normalmente como *f* de *f*aca	f	**vier**	*fia*
	2) em palavras estrangeiras, às vezes como *v* de *v*idro	v	**Vase**	*va:zâ*
w	como *v* de *v*idro	v	**wo**	*vô:*
z/tz	como *zz* de pi*zz*a	ts	**Polizei**	*pôlitsai*

Obs: em sílaba tônica, as consoantes *p*, *t* e *k* antes de vogal têm aspiração forte.

VOGAIS

a	1) breve como *a* de p*a*sseio	a	**lassen**	*lassânn*
	2) longo, como *a* de m*a*r, pronunciado prolongado	a:	**Tag**	*ta:k*
ä	1) breve como *e* de *e*ra	é	**Wäsche**	*véchâ*
	2) longo como *e* de v*e*jo, pronunciado prolongado	ê:	**spät**	*chpê:t*
e	1) breve como *e* de *e*ra	é	**jetzt**	*iétst*
	2) longo como *e* de v*e*jo, pronunciado prolongado	ê:	**geben**	*gaybenn*
	3) átono, às vezes como o *a* de c*a*no, mas sem nasalização	â	**nehmen**	*nê:mânn*
i	1) breve como *i* de júr*i*	i	**bitte**	*bitâ*
	2) longo como *i* de *i*lha, pronunciado prolongado	i:	**ihnem**	*i:nânn*
ie	como *i* de *i*lha, pronunciado prolongado	i:	**Brief**	*brri:f*
o	1) breve como *o* de h*o*ra	ó	**voll**	*fó-l*
	2) longo com *o* de *o*sso pronunciado prolongado	ô:	**Brot**	*brrô:t*
ö	como *ê* ou *é*, arredondando os lábios	œ	**können**	*kœnânn*
u	1) breve como *u* de ônib*u*s	u	**Null**	*nu-l*
	2) longo como *u* de l*u*xo, pronunciado prolongado	u:	**gut**	*gu:t*
ü	como *i*, mas arredondando os lábios	y	**früh**	*frry:*
y	como o *ü* alemão	y	**typisch**	*ty:pich*

Obs: as vogais seguidas de consoante nasal não se nasalizam. Para deixar isso claro, a transcrição separa os dois com um hífen e/ou dobra a nasal.
Ex. **wann** *vá-nn*

DITONGOS

ai, ay, **ei, ey**	como ai em p*ai*	ai	**schreiben**	_chrrai_bânn
au	como *au* em c*au*sa	au	**sauber**	_zau_ba
äu, eu	como *ói* em lenç*ói*s	ói	**neun**	n*oinn*

DÍGRAFO

er	em final de sílaba, como *a* em hora	a	**sauber**	_zau_ba

SÍLABAS TÔNICAS

Nas palavras alemãs, geralmente a primeira sílaba é a tônica, exceto quando prefixos curtos são anexados ao começo da palavra. Nesses casos a segunda sílaba é a tônica (ex. **bewegen** mover-se, **gesehen** visto).

PRONÚNCIA DO ALFABETO ALEMÃO

Usamos um sistema facilitado para obter uma aproximação da pronúncia, embora isso signifique que alguns dos aspectos mais sutis da pronúncia alemã tenham sido simplificados.

Além disso, existe a letra **ß**, usada apenas em minúscula, que é uma combinação de **s** e **z**. É pronunciada exatamente como **ss**.

A	a:	**J**	iót	**S**	éss
Ä	é	**K**	ká:	**T**	te:
B	bê:	**L**	él	**U**	u:
C	tsê:	**M**	êm	**Ü**	y
D	dê:	**N**	ên	**V**	fau
E	ê:	**O**	ô	**W**	vê:
F	éff	**Ö**	œ	**X**	iks
G	guê:	**P**	pê:	**Y**	ypsilon
H	rá:	**Q**	ku:	**Z**	tsét
I	i:	**R**	êrr		

Expressões básicas

Saudações/Desculpas

ESSENCIAL	
Sim.	**Ja.** *ia:*
Não.	**Nein.** *nainn*
De acordo/Concordo.	**Einverstanden.** *ainn-férrchtá-n-dânn*
Por favor/Pois não.	**Bitte.** *bitâ*
Obrigado(a).	**Danke.** *dá-nkâ*
Muito obrigado(a).	**Vielen Dank.** *fi:lânn dá-nk*

Oi!/Olá!	**Hallo!** *halô:*
Bom dia.	**Guten Morgen.** *gu:tânn mórrgânn*
Boa tarde.	**Guten Tag.** *gu:tânn ta:k*
Boa noite.	**Guten Abend.** *gu:tânn a:bânt*
Até logo/Tchau.	**Auf Wiedersehen.** *auf vi:dazê:ânn*
Com licença! *(para chamar a atenção)*	**Entschuldigen Sie bitte!** *ent-shuhldigen zee bitteh*
Com licença. *(Posso passar?)*	**Darf ich?** *darrf iH*
Desculpe!/Perdão!	**Entschuldigung!/Verzeihung!** *ént-chú-l-digung/ féatsaiung*
Foi um engano.	**Es war ein Versehen.** *éss varr ainn féazê:ânn*
Não foi nada.	**Keine Ursache.** *kainâ ua-zaHâ*

DIFICULDADES DE COMUNICAÇÃO

Você fala português?	**Sprechen Sie Portugiesisch?** *chprré-Hânn zi: pórrtughi:zich*
Alguém aqui fala português?	**Spricht hier jemand Portugiesisch?** *chprriH-t hiâ iê:mant pórrtughi:zich*
Não falo muito alemão.	**Ich spreche kaum Deutsch.** *iH chprré-Hâ kaumm dóitch*
Você pode falar mais devagar?	**Können Sie langsamer sprechen?** *kœnânn zi: láng-zá-mâ chprréHânn*
Você pode repetir o que disse?	**Können Sie das wiederholen?** *kœnânn zi: dass vidâ-hôlânn*
Como?/O quê?	**Wie bitte?** *vi: bitâ*
Não entendi.	**Ich habe das nicht verstanden.** *iH ha:bâ dass niHt férrchtá-ndânn*
O que você disse?	**Was haben Sie gesagt?** *vass ha:bânn zi: gâza:kt*
Você pode soletrar?	**Können Sie das buchstabieren?** *kœnânn zi: dass bu:H-chtabi:rrânn*
Por favor, escreva.	**Bitte schreiben Sie es auf.** *bitâ chrraibânn zi: éss auf*
Você pode traduzir isto para mim?	**Können Sie mir das übersetzen?** *kœnânn zi: mia dass y:ba-zétsânn*
O que isto/aquilo significa?	**Was bedeutet das?** *vass bâdóitât dass*
Por favor aponte isso no livro.	**Bitte zeigen Sie mir das im Buch.** *bitâ tsaigânn zi: mia dass imm bu:H*
Eu (não) entendo.	**Ich verstehe (nicht).** *iH férrchtê:â (niHt)*
Você entende?	**Verstehen Sie?** *férrchtê:ânn zi:*

NA RUA (SITUAÇÕES INFORMAIS)

Hallo! Wie geht's? *halo: vi: ghê:ts (Olá! Como vai?)*
Gut. Und selbst? *gu:t unt zé-l-pst (Bem. E você?)*
Auch gut. Danke. *auH gu:t dá-nkâ (Eu também. Obrigado(a))*

EXPRESSÕES BÁSICAS

Onde?

Onde é?	**Wo ist es?** *vo: isst éss*
em cima do banco	**über der Bank** *y:ba dêa bá-nk*
do outro lado da rua	**auf der anderen Straßenseite** *auf dêa á-ndârrânn chtrrássânn-zaitâ*
aqui/lá	**hier/dort** *hia/dórrt*
no carro	**im Auto** *imm autô*
na cidade	**in der Stadt** *inn dêa chtát*
na Alemanha	**in Deutschland** *inn dóitch-lánt*
perto do correio	**in der Nähe der Post** *inn dêa nêa dêa pósst*
perto do banco	**bei der Bank** *bai dêa bán-k*
à esquerda/direita	**links/rechts** *links/réH-ts*
em frente ao café	**vor dem Café** *fôa dêmm kafe:*
embaixo da ponte	**unter der Brücke** *un-ta dêa brrykâ*

Para onde?

Aonde você está indo? *(a pé)*	**Wohin gehen Sie?** *vo:hinn ghê:ânn zi:*
para o outro lado da rua	**über die Straße** *y:ba d-i chtrrássâ*
para o museu	**ins Museum** *inss muzê:umm*
para a cidade	**in die Stadt** *inn d-i chtát*
para o hotel	**zum Hotel** *tsumm hôté-l*
Aonde você está indo? *(dirigindo)*	**Wohin fahren Sie?** *vo:hinn fa:rrânn zi:*
até o semáforo	**bis zur Ampel** *biss tsua á-mpâ-l*
no sentido de Berlim	**in Richtung Berlin** *inn rih-tun béali:nn*

Quando...?

Quando chega o trem?	**Wann kommt der Zug an?** *vá-nn kó-mmt dêa tsu:k á-nn*	
em dez minutos	**in zehn Minuten** *inn tsê:nn minu:tânn*	
sempre	**immer** *i-ma*	
por volta da meia-noite	**gegen Mitternacht** *ghê:gânn mita-naHt*	
às 7h	**um sieben Uhr** *umm zi:bânn ua*	
antes da sexta-feira	**vor Freitag** *fôa frraitak*	
até amanhã	**bis morgen** *biss mórrgânn*	
diariamente	**täglich** *tê:kliH*	
durante o verão	**während des Sommers** *vê:rrânt dêss zómarrss*	
cedo	**früh** *frry:*	
toda semana	**jede Woche** *iê:dâ vóHâ*	
por duas horas	**zwei Stunden** *tsvai chtundânn*	
das 9 às 18h	**von neun bis achtzehn Uhr** *fónn nóinn biss aHtsê:nn ua*	
imediatamente	**sofort** *zôfórrt*	
em 20 minutos	**in zwanzig Minuten** *inn tsvá-ntsiH minu:tânn*	
nunca	**nie** *ni:*	
ainda não	**noch nicht** *nóH niHt*	
agora	**jetzt** *iétst*	
freqüentemente	**oft** *óft*	
dia 8 de março	**am achten März** *ámm aH-tânn méats*	
nos dias úteis	**an Werktagen** *ánn vérrkta:gânn*	
uma vez por semana	**einmal in der Woche** *ainn-ma-l inn dêa vóHâ*	
às vezes	**manchmal** *ma-n-Hma-l*	
em breve	**bald** *ba-l-t*	
então	**dann** *dánn*	
dentro de dois dias	**innerhalb von zwei Tagen** *ina-ha-lp fónn tsvai ta:gânn*	

Que tipo de…?

Eu queria algo…	**Ich möchte etwas …** *iH mœH-tâ étvass*
É…	**Es ist …** *éss isst*
bonito/feio	**schön/hässlich** *chœ:nn/héssliH*
melhor/pior	**besser/schlechter** *béssa/chléHta*
grande/pequeno	**groß/klein** *grrô:ss/klai-nn*
barato/caro	**billig/teuer** *biliH/tóia*
limpo/sujo	**sauber/schmutzig** *zauba/chmutsiH*
escuro/claro	**dunkel/hell** *dunkâ-l/hé-l*
delicioso/horrível	**köstlich/scheußlich** *kœst-liH/chóissliH*
cedo/tarde	**früh/spät** *frry:/chpê:t*
fácil/difícil	**einfach/schwierig** *ai-n-faH/chvi:rriH*
vazio/cheio	**leer/voll** *lêa/fó-l*
bom/ruim	**gut/schlecht** *gu:t/chléHt*
pesado/leve	**schwer/leicht** *chvêa/laiHt*
quente/morno/frio	**heiß/warm/kalt** *haiss/varr-m/ka-l-t*
moderno/antiquado	**modern/altmodisch** *môdérr-n/a-l-tmô:d-ich*
estreito/largo	**eng/weit** *éng/vait*
próximo/último	**nächste/letzte** *nékstâ/létstâ*
velho/novo	**alt/neu** *a-l-t/nói*
aberto/fechado	**geöffnet/geschlossen** *gâ-œfnât/gâ-chlóssânn*
cortês/legal/descortês	**freundlich/nett/unfreundlich** *frrói-nt-liH/nét/u-nfrrói-nt-liH*
rápido/devagar	**schnell/langsam** *chné-l/lá-ng-zámm*
silencioso/barulhento	**leise/laut** *laizâ/laut*
certo/errado	**richtig/falsch** *riHt-iH/fá-l-ch*
grande/pequeno	**groß/klein** *grrô:ss/klainn*
grosso/fino	**dick/dünn** *d-ik/dynn*
vago/ocupado	**frei/besetzt** *frrai/bâzétst*
jovem/velho	**jung/alt** *iuN/a-l-t*

Quanto(s)?

Quanto custa isso?	**Wie viel kostet das?** vi:_fi:-l_ kósstât dass
Quantos têm?	**Wie viele gibt es?** vi:_fi:-l_ ghipt éss
1, 2, 3	**eins, zwei, drei** ai-nss, tsvai, drrai
4, 5	**vier, fünf** fia, fynf
nenhum	**keine** _kai_nâ
cerca de 20 euros	**etwa zwanzig Euro** _ét_-va _tsvá_-ntsiH óirrô
um pouco	**ein wenig** ainn _vê:_niH
muito dinheiro	**viel Geld** fi:-l ghé-l-t
suficiente	**genug** gâ_nu:k_
poucos	**wenige** _vê:_nigâ
alguns deles	**einige von ihnen** _ai_nigâ fónn i:nânn
muitas pessoas	**viele Leute** _fi:_lâ lóitâ
mais/menos	**mehr/weniger** mêa/_vê:_niga
muito mais	**viel mehr** fi:-l mêa
mais nada	**sonst nichts** zó-nst niHts
um pouco de pão	**etwas Brot** ét-vass brrô:t
demais	**zu viel** tsu: fi:-l

Por quê?

Por quê (isso é assim)?	**Warum (ist das so)?** va_rru:mm_ isst dass zô:
Por que não?	**Warum nicht?** va_rru:mm_ niHt
por causa do tempo	**wegen des Wetters** _vê:_gânn déss vétas
porque estou com pressa	**weil ich es eilig habe** vai-l iH éss _ai_liH _ha:_bâ
Não sei por quê.	**Ich weiß nicht, warum.** iH vaiss niHt va_rru:mm_

Quem?/Qual?

Qual você quer?	**Welches möchten Sie?** <u>vé-l</u>Hâss m<u>œ</u>H-tânn zi:
um assim	**so eins** zô: ainns
aquele/este	**jenes/dieses** <u>ie:</u>nâss/<u>d-i:</u>zâss
não aquele	**nicht das da** niHt dass da:
nenhum	**keiner/keine/keines** <u>kai</u>na/<u>kai</u>nâ/<u>kai</u>nâss
alguém	**jemand** <u>iê:</u>ma-nt
algo	**etwas** <u>ét</u>-vass

De quem?

De quem é isso?	**Wem gehört das?** vê:mm gâ-<u>hœrrt</u> dass
Pertence a …	**Es gehört …** éss gâ-<u>hœrrt</u>
ela/ele	**ihr/ihm** ia/<u>i:</u>mm
mim, você, eles	**mir, Ihnen [dir], ihnen** mia/<u>i:</u>nânn [d-ia]/<u>i:</u>nânn
ninguém	**niemandem** <u>ni:</u>ma-ndâmm
Esta é ... bolsa.	**Das ist … Tasche.** dass isst … <u>ta</u>châ
minha	**meine** <u>mai</u>nâ
nossa	**unsere** <u>u-n</u>-zârrâ
sua	**Ihre [deine]** <u>i:</u>rrâ [<u>dai</u>nâ]
dele/dela	**seine/ihre** <u>zai</u>nâ/<u>i:</u>rrâ
deles	**ihre** <u>i:</u>rrâ

NA LOJA

Wie möchten Sie zahlen? vi: <u>mœH</u>-tânn zi: <u>tsa:</u>lânn *(Como você gostaria de pagar?)*

In bar, bitte. inn ba:rr <u>bi</u>tâ *(Em dinheiro, por favor.)*

É ... ?/Tem ... ?

É ... ?/Está ... ?	**Ist es …?** *isst éss*
Está livre? (desocupado)	**Ist es frei?** *isst éss frrai*
Não está pronto.	**Es ist nicht fertig.** *éss isst niHt féat-iH*
Tem/Há/Existe(m) ... ?	**Gibt es …?** *ghipt éss*
Tem ônibus para a cidade?	**Gibt es Busse in die Stadt?** *ghipt éss bussâ inn d-i chtat*
Não tem água quente.	**Es gibt kein warmes Wasser.** *éss ghipt kainn varrmâss vassa*
Aqui/Ali está.	**Hier/Da ist es.** *hia/da: isst éss*
Aqui/Ali estão eles.	**Hier/Da sind sie.** *hia/da: zint zi:*

Como?

Como você gostaria de pagar?	**Wie möchten Sie zahlen?** *vi: mœH-tânn zi: tsa:lânn*
com o cartão de crédito/em dinheiro	**mit Kreditkarte/in bar** *mit krrêd-i:t-karrtâ/inn ba:rr*
Como você vem para cá?	**Wie kommen Sie hierher?** *vi: kómânn zi: hia-hêa*
de carro	**mit dem Auto** *mit dê:mm autô*
a pé	**zu Fuß** *tsu: fuss*
com um amigo/uma amiga	**mit einem Freund/einer Freundin** *mit ainâmm frróint/mit aina frróind-inn*
por acaso	**durch Zufall** *durrH tsu:fa-l*
inteiramente	**ganz** *gá-nts*
igualmente	**gleich** *glaiH*
extremamente	**äußerst** *óissast*
rapidamente	**schnell** *chné-l*
lentamente	**langsam** *láng-zá-m*
rápido demais	**zu schnell** *tsu: chné-l*
totalmente	**völlig** *fœliH*
muito	**sehr** *zêa*
sem passaporte	**ohne Reisepass** *ô:nâ raizâpass*

Posso ...?

Posso ter/pegar ...?	**Kann ich ... haben?** ka-nn iH ... <u>ha:</u>bânn	
Podemos ter/pegar ... ?	**Können wir ... haben?** <u>kœ</u>nânn via ... <u>ha:</u>bânn	
Você pode me mostrar ... ?	**Können Sie mir ... zeigen?** <u>kœ</u>nânn zi: mia ... <u>tsai</u>gânn	
Você pode me dizer ... ?	**Können Sie mir sagen ...?** <u>kœ</u>nânn zi: mia <u>za:</u>gânn	
Você pode me ajudar?	**Können Sie mir helfen?** <u>kœ</u>nânn zi: mia <u>hé-l-</u>fânn	
Você pode me dizer como chegar a ... ?	**Können Sie mir den Weg nach ... zeigen?** <u>kœ</u>nânn zi: mia dênn vék naH ... <u>tsai</u>gânn	
Desculpe, não posso.	**Leider nicht.** <u>lai</u>da niHt	

O que gostaria?

Eu gostaria ...	**Ich hätte gern ...** iH <u>hé</u>tâ ghéa-nn
Nós gostaríamos ...	**Wir hätten gern ...** via <u>hé</u>tânn ghéann
Me dê ...	**Geben Sie mir ...** <u>ghê:</u>bânn zi: mia
Estou procurando ...	**Ich suche ...** iH <u>zu:</u>Hâ
Gostaria de ...	**Ich möchte gern ...** iH <u>mœH</u>-tâ ghéann
ir para ...	**nach ... gehen** naH ... <u>ghê:</u>ânn
encontrar ...	**... finden** ... <u>fin</u>dânn
ver ...	**... sehen** ... <u>zê:</u>ânn
falar com ...	**mit ... sprechen** mit ... <u>chprré</u>-Hânn

NO CORREIO

Wem gehört dieser Schirm? vêmm gâ-<u>hœrrt</u> <u>d-i:</u>za chirrmm *(De quem é este guarda-chuva?)*

Mir. Danke. mia <u>dá-n</u>kâ *(É meu. Obrigado(a).)*

Bitte. <u>bi</u>tâ *(De nada.)*

OUTRAS PALAVRAS ÚTEIS

tomara	**hoffentlich**	hófânnt-liH
é claro	**natürlich**	naty:rrliH
talvez	**vielleicht**	fi:l-laiHt
felizmente	**glücklicherweise**	glykliHa-vaizâ
infelizmente	**leider**	laida
também	**auch**	auH
e	**und**	unnt
mas	**aber**	a:ba
ou	**oder**	ô:da

EXCLAMAÇÕES

Até que enfim!	**Endlich!**	é-ntliH
Droga!	**Verdammt!**	féadammt
Não me importo/Tanto faz.	**Es ist mir egal.**	éss isst mia êga-l
De jeito nenhum!	**Auf keinen Fall!**	auf kainânn fa-l
Que loucura/besteira.	**Unsinn.**	u-nzinn
Tem razão!	**Richtig so!**	riHt-iH zô:
É mesmo?	**Wirklich?**	viakliH
Bobagem!	**Quatsch!**	k-vatch
Já chega.	**Das reicht.**	dass raiHt
É verdade.	**Das stimmt.**	dass cht-immt
Deve ser uma piada!	**Das soll wohl ein Witz sein!** dass zó-l vô:-l ainn vits zainn	
Como vai?	**Wie geht's?**	vi: ghêts
ótimo/excelente	**ausgezeichnet**	auss-gâtsaiHnât
muito bem	**großartig**	grô:ss-a:rrt-iH
bem	**gut**	gu:t
não vou mal	**nicht schlecht**	niHt chléHt
mais ou menos	**einigermaßen**	ainiga-massânn
não vou bem	**nicht gut**	niHt gu:t
horrível	**schrecklich**	ch-rrékliH
péssimo	**furchtbar**	furrHtbarr

EXPRESSÕES BÁSICAS

Hospedagem

É recomendável reservar com antecedência e confirmar sua estada. Se você não fez reservas, terá mais chances de encontrar acomodações fora da cidade ou longe do centro.

Hotel *hôté-l*
Hotel; simples ou chique, seu quarto será impecavelmente limpo, geralmente com luxuosas colchas de pluma de pato ou ganso.

Hotel garni *hôté-l garrni:*
Um hotel com acomodações confortáveis que serve apenas café-da-manhã. Geralmente há bebidas e lanches disponíveis.

Schlosshotel *chlóss-hôté-l*
Castelo transformado em hotel; a maioria fica no campo.

Rasthof/Motel *rasst-hô:f/môté-l*
Hotel de beira de estrada, motel; a maioria fica junto a uma via expressa ou estrada importante.

Gasthaus/Gasthof *gasst-hauss/gasst-hô:f*
Pousada que oferece alojamento, comida e bebida.

Pension/Fremdenheim *pénnziónn/frrémdânn-haimm*
Pequeno hotel em estilo familiar; pensão completa/meia-pensão. As refeições geralmente são servidas apenas para hóspedes da casa.

Zimmer frei *tsima frrai*
Onde você vir esta placa (significa "vaga"), encontrará o equivalente ao *bed and breakfast*, acomodações simples com café-da-manhã.

Jugendherberge *iu:gânnt-héabéagâ*
Albergue da juventude; na Áustria, Alemanha e Suíça, eles são de alto padrão. Uma variação é a Hospedaria da Juventude, que geralmente fecha mais tarde.

Ferienwohnung *fê:rriânn-vô:nung*
Apartamento mobiliado em locais turísticos; você provavelmente terá que fazer reservas com antecedência. Ou então procure o guichê de turismo local.

Reservas
Antecipadas

Você pode me recomendar um hotel em ... ?	**Können Sie ein Hotel in ... empfehlen?** _kœnânn zi: ainn hôté-l inn ... émpfê:lânn_
Fica perto do centro da cidade?	**Liegt es in der Nähe des Stadtzentrums?** _li:kt éss inn dêa nêa déss chtats-tsén trumms_
Quanto custa por noite?	**Was kostet es pro Nacht?** _vass kósstât éss prrô: naHt_
Tem algum mais barato?	**Gibt es nichts Billigeres?** _ghipt éss niHts biligârrâss_
Você pode reservar um quarto para mim, por favor?	**Können Sie mir bitte ein Zimmer reservieren?** _kœnânn zi: mia bitâ ainn tsima rrêzéavi:rrânn_

No hotel

Vocês têm vagas?	**Haben Sie noch Zimmer frei?** _ha:bânn zi: nóH tsima frrai_
Desculpe, estamos lotados.	**Wir sind leider voll belegt.** _via zint laida fó-l bâlê:kt_
Existe outro hotel aqui perto?	**Gibt es ein anderes Hotel in der Nähe?** _ghipt éss ainn á-ndârrâss hôté-l inn dêa nêa_
Eu queria um quarto simples/duplo.	**Ich hätte gern ein Einzel/Doppelzimmer.** _iH hétâ ghéann ainn ainntsâ-l-tsima /dópâ-l-tsima_
Um quarto com ...	**Ein Zimmer mit ...** _ainn tsima mit_
duas camas de solteiro	**zwei Einzelbetten** _tsvai ainntsâ-l-bétânn_
uma cama de casal	**einem Doppelbett** _ainâmm dópâ-l-bét_
banheiro/chuveiro	**Bad/Dusche** _ba:t/duchâ_

NA RECEPÇÃO DO HOTEL

Haben Sie noch Zimmer frei? _ha:bânn zi: nóH tsima frrai_ (*Vocês têm vagas?*)
Leider nein. _laida nainn_ (*Não. Sinto muito.*)
Danke. Auf Wiedersehen. _dá-nkâ auf vi:dârrzê:nn_ (*Obrigado. Até mais.*)

HOSPEDAGEM

RECEPÇÃO

Tenho uma reserva.	**Ich habe reservieren lassen.** *iH ha:bâ rêzéavi:rrânn lassânn*
Meu nome é …	**Mein Name ist …** *mainn na:mâ isst*
Reservamos um quarto duplo e um simples.	**Wir haben ein Doppelzimmer und ein Einzelzimmer reservieren lassen.** *via ha:bânn ainn dópâ-l-tsima unt ainn ainntsâ-l-tsima rêzéavi:rrânn lassânn*
Confirmei minha reserva por escrito.	**Ich habe meine Reservierung schriftlich bestätigt.** *iH ha:bâ mainâ rêzéavi:rruN chrrift-liH bâchtê:t-ikt*
Podemos ter quartos contíguos?	**Könnten wir nebeneinander liegende Zimmer haben?** *kœnânn via nê:bânn-ainn-á-nda li:gândâ tsima ha:bânn*

Confortos e serviços

Tem … no quarto?	**Gibt es … im Zimmer?** *ghipt éss … imm tsima*
ar condicionado	**eine Klimaanlage** *ainâ kli:ma-annla:gâ*
TV	**einen Fernseher** *ainânn férrn-zêa*
telefone	**ein Telefon** *ainn têlêfô:nn*
O hotel tem … ?	**Hat das Hotel …?** *hat dass hôté-l*
serviço de fax	**einen Telefaxdienst** *ainânn têlêfaks-d-innst*
serviço de lavanderia	**einen Wäschedienst** *ainânn véchâ-d-innst*
satélite/TV a cabo	**Satellitenfernsehen/Kabelfernsehen** *zatéli:tânn-férrn-zêa/ká:bâ-lférrn-zêa*
sauna	**eine Sauna** *ainâ zauna*
piscina	**ein Schwimmbad** *ainn ch-vimmba:t*
Vocês podem pôr … no quarto?	**Könnten Sie … ins Zimmer stellen?** *kœntânn zi: … innss tsima chtélânn*
uma cama extra	**ein zusätzliches Bett** *ainn tsu:zétsliHâss bét*
um berço/cama de criança	**ein Kinderbett** *ainn kindabét*
Vocês têm instalações para … ?	**Haben Sie Einrichtungen für …?** *ha:bânn zi: ainn-riHtungânn fyrr*
deficientes físicos	**Behinderte** *bâ-hinndarrtâ*
crianças	**Kinder** *kinda*

VOCÊ PODE VER

ZIMMER FREI	Quarto vago
FRÜHSTÜCK INBEGRIFFEN	Café-da-manhã incluso
MAHLZEITEN ERHÄLTLICH	Servimos refeições
NAME/VORNAME	Sobrenome/primeiro nome
WOHNORT/STRASSE/NR.	Endereço/rua/número
NATIONALITÄT/BERUF	Nacionalidade/profissão
GEBURTSDATUM	Data de nascimento
GEBURTSORT	Local de nascimento
PASSNUMMER	Número do passaporte
KRAFTFAHRZEUGKENNZEICHEN	Número da placa do carro
ORT/DATUM	Lugar/data
UNTERSCHRIFT	Assinatura

Por quanto tempo?

Ficaremos hospedados ...	**Wir bleiben ...** *via blaibânn ...*
só por uma noite	**nur eine Nacht** *nua ainâ naHt*
alguns dias	**ein paar Tage** *ainn pa:rr ta:gâ*
uma semana (pelo menos)	**(mindestens) eine Woche** *(mindâsstânns) ainâ vóHâ*
Eu gostaria de ficar uma noite a mais.	**Ich möchte noch eine Nacht bleiben.** *iH mœH-tâ nóH ainâ naHt blaibânn*

VOCÊ PODE OUVIR

Kann ich bitte Ihren Pass sehen?	Posso ver seu passaporte, por favor?
Bitte füllen Sie dieses Formular aus.	Por favor, preencha este formulário.
Bitte unterschreiben Sie hier.	Por favor, assine aqui.
Was ist Ihr Kraftfahrzeugkennzeichen?	Qual é o número da placa do seu carro?

Preços

Quanto é ... ?	**Was kostet es ...?** vass kósstât éss ...
por noite/semana	**pro Nacht/Woche** prrô: naHt/vóHâ
o pernoite com café-da-manhã	**für Übernachtung mit Frühstück** fyrr y:banaH-tuN mit frry:chtyk
sem refeições	**ohne Mahlzeiten** ô:nâ ma:-l-tsaitânn
pensão completa	**mit Vollpension** mit fó-l-pénnziónn
meia-pensão	**mit Halbpension** mit ha-l-p-pénnziónn
O preço inclui ... ?	**Ist ... im Preis inbegriffen?** isst ... imm praiss innbâgrrifânn
café-da-manhã	**das Frühstück** dass frry:chtyk
serviço	**die Bedienung** d-i: bâd-i:nung
impostos	**die Mehrwertsteuer** d-i: mêa-vêat-chtóia
Tenho que pagar um depósito?	**Muss ich eine Anzahlung leisten?** muss iH ainâ á-ntsa:luN laisstânn
Tem desconto para crianças?	**Gibt es eine Ermäßigung für Kinder?** ghipt éss ainâ éaméssiguN fyrr kinda

Decisões

Posso ver o quarto?	**Kann ich das Zimmer sehen?** ka-nn iH dass tsima zê:ânn
Está bom. Vou ficar com ele.	**Gut, ich nehme es.** gu:t iH nê:mâ éss
É muito ...	**Es ist zu ...** éss isst tsu:
frio/quente	**kalt/warm** ka-l-t/warrm
escuro/pequeno	**dunkel/klein** dunkâ-l/klainn
barulhento	**laut** laut
Você tem alguma coisa ... ? maior/mais barata	**Haben Sie nichts ...?** ha:bânn zi: niHts ... **Größeres/Billigeres** grrœ:ssârrâss/biligârrâss
mais silenciosa	**Ruhigeres** ru:igârrâss
Não vou ficar com o quarto.	**Nein, ich nehme es nicht.** nainn iH nê:mâ éss niHt

Problemas

O(a) ... não funciona.	**... funktioniert nicht.**	*... funk-tsiônirrt niHt*
ar condicionado	**die Klimaanlage**	*d-i: kli:ma-annla:gâ*
aquecimento	**die Heizung**	*d-i: haitsung*
luz	**das Licht**	*dass liHt*
televisão	**der Fernseher**	*dêa férrn-zêa*

Não consigo ligar/ desligar o aquecedor. **Ich kann die Heizung nicht anmachen/ ausmachen.** *iH ka-nn d-i: haitsuN niHt á-nma:Hânn/aussma:Hânn*

Não tem água quente. **Es gibt kein heißes Wasser.** *éss ghipt kainn haissâss vassa*

Não tem papel higiênico. **Es ist kein Toilettenpapier da.** *éss isst kainn twalétânn-papi:r da:*

A torneira está pingando. **Der Wasserhahn tropft.** *dêa vassa-há:nn trrópft*

A pia/O vaso está entupido(a). **Das Waschbecken/Die Toilette ist verstopft.** *dass vach-békânn/d-i:twalétâ isst féachtópft*

A janela/porta está emperrada. **Das Fenster/Die Tür klemmt.** *dass fénnssta/d-i: ty:rr klémmt*

Meu quarto não foi arrumado. **Mein Zimmer ist nicht gemacht.** *mainn tsima isst niHt gâma:Ht*

A ... está quebrada.	**... ist kaputt.**	*... isst kaput*
persiana	**das Rollo**	*dass rólô*
luminária	**die Lampe**	*d-i: lá-mpâ*
fechadura	**das Schloss**	*dass chlóss*

Atitudes

Você poderia cuidar disso? **Können Sie sich darum kümmern?** *kœnânn zi: ziH darru:mm kymârrnn*

Gostaria de me mudar para outro quarto. **Ich möchte in ein anderes Zimmer umziehen.** *iH mœH-tâ inn ainn á-ndârrâss tsima u:mtsi:ânn*

Gostaria de falar com o gerente. **Ich möchte mit dem Geschäftsführer sprechen.** *iH mœH-tâ mit dêmm gâchéftsfyrra chprréHânn*

Especificações

As tomadas de 220 volts, AC 50 Hz são usadas em todos os lugares da Alemanha, Áustria e Suíça. Se você levar aparelhos elétricos, compre um adaptador (de pinos redondos, não quadrados). Você também pode precisar de um transformador apropriado para potência elétrica do aparelho (watts).

Sobre o hotel

Onde fica o(a) ... ?	**Wo ist ...?** vô: isst
bar	**die Bar** dass ba:rr
toalete	**die Toilette** d-i: twalêtâ
estacionamento	**der Parkplatz** dêa parrkplats
sala de jantar	**der Speisesaal** dêa chpaizâ-za:-l
elevador	**der Aufzug** dêa auf-tsu:k
chuveiro	**die Dusche** d-i: duchâ
piscina	**das Schwimmbad** dass ch-vimm-ba:t
mural da operadora de turismo	**das Anschlagbrett des Reiseveranstalters** dass á-nchla:k-brrét dêss raizâ-férr-ánn-chta-l-tass
O hotel tem garagem?	**Gibt es eine Hotelgarage?** ghipt éss ainâ hôtê-lgarra:jâ
A que horas é servido o café-da-manhã?	**Wann wird das Frühstück serviert?** vá-nn virrt dass frry:chtyk zéavirrt
Tem serviço de quarto?	**Gibt es einen Zimmerservice?** ghipt éss ainâ tsima-zéavissâ

VOCÊ PODE VER

AMTSANSCHLUSS: WÄHLEN SIE ...	disque ... para ligações externas
KEIN AUSGANG	sem saída
BITTE NICHT STÖREN	não perturbe
EMPFANG: WÄHLEN SIE ...	disque ... para falar com a recepção
AUFZUG	elevador
NOTAUSGANG	saída de emergência
NUR FÜR RASIERAPPARATE	somente aparelhos de barbear

Necessidades pessoais

A chave do quarto ..., por favor.	**Den Schlüssel für Zimmer ..., bitte.** *dênn chlyssâ-l fyrr tsima ... bitâ*	
Perdi minha chave.	**Ich habe meinen Schlüssel veloren.** *iH ha:bâ mainânn chlyssâ-l féalô:rrânn*	
Me tranquei para fora.	**Ich habe mich ausgesperrt.** *iH ha:bâ miH auss-gâ-chpérrt*	
Você pode me acordar às ... ?	**Können Sie mich um ... wecken?** *kœnânn zi: miH u:mm ... vékânn*	
Queria café-da-manhã no quarto.	**Ich möchte auf meinem Zimmer frühstücken.** *ich mœH-tâ auf mainâmm tsima fry:chtykânn*	
Posso deixar isto no cofre?	**Kann ich dies in den Safe legen?** *ká-nn iH d-i:ss in dênn seif lê:gânn*	
Posso pegar minhas coisas do cofre?	**Kann ich meine Sachen aus dem Safe haben?** *ká-nn iH mainâ za:Hânn auss dêmm seif ha:bânn*	
Onde eu acho o ... ?	**Wo kann ich ... finden?** *vô: ká-nn iH ... findânn*	
guia turístico	**den Reiseleiter** *dênn raizâ-laita*	
Você pode me dar um(a) ... ?	**Kann ich ... haben?** *ká-nn iH ... ha:bânn*	
toalha	**ein Badetuch** *ainn ba:dâtuH*	
cobertor (extra)	**eine (zusätzliche) Decke** *ainâ (tsu:zétsliHâ) dékâ*	
(mais) cabides	**(noch) einige Kleiderbügel** *(nóH) ainigâ klaidaby:gâ-l*	
travesseiro	**ein Kopfkissen** *ainn kópf-kissânn*	
sabonete	**Seife** *zaifâ*	

Correspondência e telefone

Evite o custo alto das ligações telefônicas no quarto de hotel, comprando um **Telefonkarte** (cartão telefônico) e ligando de um telefone público.

Tem correspondência para mim?	**Ist Post für mich da?** *isst pósst fyrr miH da:*
Tem alguma mensagem?	**Hat jemand eine Nachricht hinterlassen?** *hat iê:mannt ainâ na:H-riHt hinta-lassânn*

HOSPEDAGEM

Reservamos ... em nome de ...	**Wir haben auf den Namen ... reserviert.** *via ha:bânn auf dênn na:-mânn ... rrêzéavi:at*
um apartamento	**eine Ferienwohnung** *ainâ fê:rriâvô:nung*
um chalé	**ein Ferienhaus** *ainn fê:rriânn-hauss*
Onde pegamos as chaves?	**Wo bekommen wir die Schlüssel?** *vô: bâkómmânn via d-i: chlyssâ-l*
Onde fica o(a) ... ?	**Wo ist ...?** *vô: isst ...*
medidor de energia	**der Stromzähler** *dêa chtrrô:mm-tsê:la*
caixa de fusíveis	**der Sicherungskasten** *dêa zi-Hârrungs-kasstânn*
aquecedor de água	**das Heißwassergerät** *dass haiss-vassa-gârrê:t*
Tem algum fusível reserva?	**Sind Ersatzsicherungen da?** *zint êa-zats-zi-Hârrungânn da:*
Tem algum botijão de gás reserva?	**Gibt es Gasflaschen als Reserve?** *ghipt éss ga:ssflachânn a-l-ss rêzéavâ*
Tem algum lençol reserva?	**Sind noch zusätzliche Bettlaken da?** *zint nóH tsu:zétsliHâ bét-la:kânn da:*
Que dia vem a faxineira?	**An welchem Tag kommt die Putzfrau?** *á-nn vé-l-Hâmm ta:k kómmt d-i: puts-frrau*

Problemas?

Onde posso encontrá-lo?	**Wo kann ich Sie erreichen?** *vô: ká-nn iH zi: êa-rai-Hânn*
Como funciona o ... ?	**Wie funktioniert ...?** *vi: funk-tsiónirrt ...*
aquecedor de água	**das Heißwassergerät?** *dass haiss-vassa-gârrê:t*
O ... quebrou.	**... ist kaputtgegangen.** *... isst kaput-gâgá-ngânn*
Isso já estava quebrado quando chegamos.	**Das war schon bei unserer Ankunft beschädigt.** *dass varr chô:nn bai unzârra á-nkunft bâchê:dikt*

Palavras de uso comum

boiler	**der Boiler**	*dêa bóila*
fogão	**der Herd**	*dêa hêat*
talheres	**das Besteck**	*dass bâ-chték*
freezer	**der Gefrierschrank**	*dêa gâfrrirr-chrá-nk*
geladeira	**der Kühlschrank**	*dêa ky:-l-chrá-nk*
chaleira	**der Kessel**	*dêa késsâ-l*
panela	**der Kochtopf**	*dêa kóH-tóp*
torradeira	**der Toaster**	*dêa tóssta*
papel higiênico	**das Toilettenpapier**	*dass twalétânnpapia*
máquina de lavar	**die Waschmaschine**	*d-i: vach-machi:nâ*

Aposentos

sacada	**der Balkon**	*dêa ba-lkónn*
banheiro	**das Badezimmer**	*dass ba:dâ-tsima*
quarto	**das Schlafzimmer**	*dass chla:f-tsima*
sala de jantar/refeitório	**das Esszimmer**	*dass éss-tsima*
cozinha	**die Küche**	*d-i: ky:Hâ*
sala de estar	**das Wohnzimmer**	*dass vô:nn-tsima*
toalete	**die Toilette**	*d-i:twalétâ*

ALBERGUES DA JUVENTUDE

Os albergues da juventude na Alemanha, Áustria e Suíça são de altíssimo padrão.

Tem alguma cama livre para hoje à noite?	**Haben Sie heute Nacht noch Plätze frei?** *ha:bânn zi: hóitâ naHt nóH plétsâ frrai*
Vocês alugam roupa de cama?	**Verleihen Sie Bettzeug?** *féa-lai-ânn zi: bét-tsóik*
A que horas a porta é fechada?	**Wann werden die Türen abgeschlossen?** *vá-nn vérrdânn d-i: ty:rrânn a:p-gâ-chlóssânn*
Tenho uma Carteira Internacional de Estudante.	**Ich habe einen internationalen Studentenausweis.** *iH ha:bâ ainânn intérr-natsiôna:lânn chtudéntânn-aussvaiss*

H O S P E D A G E M

CAMPING

Acampar é uma atividade muito comum nos países de língua alemã, e os campings tendem a ser de alto padrão.

Reservas

Tem algum camping aqui perto?	**Gibt es hier in der Nähe einen Campingplatz?** *ghipt éss hia in dêa nêa ainânn kémpingplats*
Vocês têm espaço para trailer?	**Haben Sie Platz für einen Wohnwagen?** *ha:bânn zi: plats fyrr ainânn vô:nva:gânn*
Qual é o preço ... ?	**Wie hoch sind die Gebühren ... ?** *vi: hô:H zint d-i: gâby:rrânn*
por dia/semana	**pro Tag/Woche** *prrô: ta:k/vóHâ*
para uma barraca/carro	**für ein Zelt/ein Auto** *fyrr ainn tsé-l-t/ ainn autô*
para um trailer	**für einen Wohnwagen** *fyrr ainânn vô:nva:gânn*
Podemos acampar em qualquer lugar?	**Können wir überall auf dem Platz zelten?** *kœnânn via ybârra-l auf dêmm plats tsé-l-tânnn*
Podemos estacionar o carro perto da barraca?	**Können wir das Auto neben dem Zelt parken?** *kœnânn via dass autô nê:bânn dêmm tsé-l-t parrkânn*

Instalações

O camping possui instalações para cozinhar?	**Gibt es auf dem Platz Kochgelegenheiten?** *ghipt éss auf dêmm plats kóH-gâlê:gânn-haitânn*
Tem tomadas/instalações elétricas?	**Gibt es hier Stromanschlüsse?** *ghipt éss hia chtrrô:m-ánn-chlyssâ*
Onde fica(m) ... ?	**Wo ist/sind** *vô: isst/zint*
a água potável	**das Trinkwasser** *dass trrink-vassa*
as lixeiras	**die Mülleimer** *d-i: my:-l-aima*
os chuveiros	**die Duschen** *d-i: duchânn*

VOCÊ PODE VER

ZELTEN VERBOTEN	proibido acampar
TRINKWASSER	água potável

Onde posso lavar roupa?	**Wo kann man Wäsche waschen?**
	vô: kánn mánn véchâ vachânn

Reclamações

Aqui tem muito sol/sombra/gente.	**Hier ist es zu sonnig/schattig/überfüllt.**
	hia isst éss tsu: zó-niH/chatiH/y:ba-fy-l-t
O chão é muito duro/irregular.	**Der Boden ist zu hart/uneben.**
	dêa bô:dânn isst tsu: harrt/unn-ê:bânn
Você tem um lugar mais plano?	**Haben Sie eine ebenere Stelle?**
	ha:bânn zi: ainâ ê:bânârâ chtélâ

Equipamento de camping

mochila	**der Rucksack** *dêa ruk-zak*
gás butano	**das Butangas** *dass butá:-nn-ga:ss*
carvão	**die Holzkohle** *d-i: hó-l-ts-kô:lâ*
bolsa térmica	**die Kühlbox** *d-i: ky:-l-bóks*
cama dobrável	**die Campingliege** *d-i: ké-mping-li:gâ*
acendedor de fogo	**der Feueranzünder** *dêa fóia-á-ntsynda*
lanterna	**die Taschenlampe** *d-i: tachân-lámpâ*
cadeira/mesa dobrável	**der Klappstuhl/Klapptisch** *dêa kláp-chtu:-l/kláp-t-ich*
martelo	**der Hammer** *dêa há-ma*
gelo artificial	**der Kälteakku** *dêa ké-l-tâ-aku*
querosene	**das Kerosin** *dass kêrrôzi:nn*
fósforos	**die Streichhölzer** *d-i: chtrraiH-hœ-l-tsa*
colchão (de ar)	**die (Luft)matratze** *d-i: luft-matrratsâ*
parafina	**das Paraffin** *dass parrafi:nn*
canivete	**das Taschenmesser** *dass tachânn-méssa*
bomba	**die Pumpe** *d-i: pumpâ*
panela	**der Kochtopf** *dêa kóH-tópf*
saco de dormir	**der Schlafsack** *dêa chla:f-zak*
barraca	**das Zelt** *dass tsé-l-t*
quarto da barraca (parte de baixo)	**der Zeltboden** *dêa tsé-l-t-bô:dânn*
estacas	**die Heringe** *d-i: hê:rringâ*
ferragens	**die Zeltstange** *d-i: tsé-l-t-chtá-ngâ*
cantil	**der Wasserkanister** *dêa vassa-ká-nista*

Fazendo o check-out

A que horas precisamos vagar o quarto?	**Bis wann müssen wir das Zimmer räumen?** *biss vá-nn myssânn via das tsima róimânn*
Podemos deixar nossa bagagem aqui até as ... horas?	**Können wir unser Gepäck bis ... Uhr hier lassen?** *kœnânn via unza gâpék biss ... ua hia lassânnn*
Estou indo embora.	**Ich reise jetzt ab.** *iH raizâ iétst ap*
Você pode pedir um táxi para mim, por favor? *chtélânn*	**Könnten Sie mir bitte ein Taxi bestellen?** *kœntânn zi: mia bitâ ainn taksi bâ-*
Foi uma estadia muito agradável.	**Es war ein sehr angenehmer Aufenthalt.** *éss varr ainn zêa á-ngânê:ma auf-ént-ha-l-t*

Pagamento

A conta, por favor.	**Kann ich bitte die Rechnung haben?** *ká-nn iH bitâ d-i: réH-nuN há:bânn*
Quanto é minha conta de telefone?	**Wie hoch ist meine Telefonrechnung?** *vi: hôH isst mainâ têlêfô:nn-réH-nung*
Acho que tem um erro nesta conta.	**Ich glaube, Sie haben sich verrechnet.** *iH glaubâ zi: ha:bânn ziH féa-réH-nât*
Fiz ... telefonemas.	**Ich habe ... Anrufe gemacht.** *iH ha:bâ ... á-nn-rufâ gâmaHt*
Posso pegar de volta meu passaporte?	**Kann ich meinen Pass zurückhaben?** *ká-nn iH mainânn pass zurryk-ha:bânn*
Posso pegar um recibo, por favor?	**Kann ich bitte eine Quittung haben?** *ká-nn iH bitâ ainâ kvituN ha:bânn*

Gorjetas

Uma taxa de serviço geralmente já é inclusa em contas de hotéis e restaurantes. Se o serviço foi muito bom, você pode querer deixar uma gorjeta extra. A tabela abaixo é uma referência:

	Alemanha e Áustria	Suíça
carregador de malas	€1–2	1–2 SF
camareira de hotel	€5–8	10 SF
garçom/garçonetes	arredonde para cima	opcional

Comer fora
Restaurantes

Beisel *baizâ-l*
O equivalente austríaco de uma **Gasthaus**.

Bierhalle *bia-halâ*
Cervejaria; além de cerveja você também pode pedir pratos quentes, saladas e pretzels. As mais conhecidas são em Munique, que abriga um grande festival de cerveja (a Oktoberfest) no final de setembro.

Bierstube *bia-chtu:bâ*
O equivalente mais próximo a um bar ou pub, embora o clima possa ser bem diferente; geralmente servem apenas alguns "pratos do dia".

Café *kafê:*
Cafeterias que servem salgados, confeitos, lanches e bebidas. Muitas delas têm grandes menus de café-da-manhã. Um **Tanzcafé** tem uma pequena pista de dança.

Gasthaus/Gasthof *gasst-hauss/gasst-hô:f*
Pousada, geralmente no campo. Oferece comida caseira e um ambiente simples e amistoso.

Gaststätte *gasst-chtétâ*
Sinônimo de restaurante.

Konditorei *kond-itôrrai*
Confeitaria. Serve bolos, tortas, salgados, e geralmente café.

Milchbar *mi-l-H-ba:rr*
Bar que serve principalmente bebidas de leite puro ou com sabores, e também bolos, tortas e salgados. Também chamado de **Milchstübl** em algumas regiões.

Raststätte *rasst-chtétâ*
Restaurante de beira de estrada; também chamado **Rasthof** na Áustria. Geralmente encontrado em rodovias/auto-estradas com alojamento e serviços.

Ratskeller *ra:ts-kélâ*
Restaurante no subsolo da prefeitura (muitas vezes um edifício histórico).

Restaurant résstôrrá-N
Restaurantes geralmente são estabelecimentos sofisticados com um menu de primeira linha, variando de especialidades locais a culinária internacional.

Schnellimbiss chné-l-imbiss
Lanchonete; também se usa o termo inglês *snack bar*. Serve principalmente cerveja e salsichas. Uma barraca de salsichas (**Würstchenstand**) costuma ser semelhante.

Weinstube vainn-chtu:bâ
Restaurante aconchegante encontrado não apenas em áreas vinícolas, onde também se pode pedir pratos quentes simples e lanches.

bar	**die Bar**	para viagem	**zum Mitnehmen**
barraca de cachorro-quente	**die Wurstbude**	café	**der Kaffeeladen**
sorveteria	**die Eisdiele**	lanchonete	**die Imbissstube**
pizzaria	**die Pizzeria**	bar/pub	**das Wirtshaus**

HORÁRIO DAS REFEIÇÕES

Frühstück frry:chtyk
Café-da-manhã: das 7h às 10h da manhã. Mais substancial do que o café-da-manhã continental: opções de frios, queijos, patês, geléias e compotas, com uma variedade de pães. Acompanha chá, café ou chocolate quente. Ovos cozidos também são comuns.

Mittagessen mit-ta:k-éssânn
Almoço: das 11h30 às 14h. Muitos alemães comem sua refeição principal no meio do dia, e a maioria dos restaurantes oferece pratos do dia (**Menü** ou **Gedeck**) especiais no almoço assim como no jantar. Se você quiser comer algo menor, procure a seção **Kleine Gerichte.**

Abendessen/Abendbrot a:bânt-éssânn/ a:bânt-brrô:t
Jantar: as refeições noturnas nos lares alemães consistem de uma variedade de pães com frios, queijos e às vezes salada. Você pode comer uma refeição completa em restaurantes, que geralmente servem entre 18h30 e 21h30 da noite; restaurantes maiores às vezes servem até as 22h ou 23h.

A maioria dos restaurantes oferece menus a custo fixo (**Tagesgedeck**) em diferentes faixas de preço. Os pratos geralmente mudam a cada dia, e incluem comidas típicas alemãs a um preço razoável. Ou você pode escolher o menu à la carte (**Speisekarte**). A taxa de serviço está sempre inclusa.

ESSENCIAL		
Uma mesa para 2/3/4	**Ein Tisch für zwei/drei/vier**	*ainn t-ich fyrr tsvai/drrai/fia*
Garçom/garçonete!	**Bedienung!**	*bâd-i:nung*
A conta, por favor.	**Die Rechnung, bitte.**	*d-i: réH-nuN bitâ*
Um recibo, por favor.	**Eine Quittung, bitte.**	*ainâ kvituN bitâ*
Obrigado(a).	**Danke.**	*dá-nkâ*

COMER FORA

É bem comum beber cerveja junto com a maioria dos pratos alemães, mas se você quiser experimentar o vinho local, peça **eine Flasche** (garrafa), **eine halbe Flasche** (meia garrafa) ou **eine Karaffe** (jarra).

BUSCANDO UM LUGAR PARA COMER

Você pode recomendar um bom restaurante?	**Können Sie ein gutes Restaurant empfehlen?** *kœnânn zi: ainn gu:tâss rrésstôrrá-N emp-fê:lânn*	
Tem um restaurante ... perto daqui?	**Gibt es hier in der Nähe ein ... Restaurant?** *ghipt éss hia inn dêa nêa ainn ... rrésstôrrá-N*	
tradicional local	**traditionelles gutbürgerliches** *trrad-itsiônélâss gu:tbyrrgaliHiâss*	
chinês	**chinesisches** *Hinê:zichâss*	
grego	**griechisches** *grri:Hichâss*	
italiano	**italienisches** *italiê:nichâss*	
não muito caro	**preiswertes** *prraiss-vêatâs*	
turco	**türkisches** *tyrrkichâss*	
vegetariano	**vegetarisches** *vêgêta:rrichâss*	
Onde posso encontrar um(a) ...?	**Wo finde ich ...?** *vô: findâ iH*	
barraca de salsicha	**einen Würstchenstand** *ainâ vyrrsst-Hânn-chtá-nt*	
café	**ein Café** *ainn kafê:*	
café/restaurante com jardim para tomar cerveja	**ein Café/Restaurant mit Biergarten** *ainn kafê:/résstôrrá-N mit biagarrtânn*	
quiosque de lanches	**einen Schnellimbiss** *ainânn chné-l-imbiss*	
sorveteria	**eine Eisdiele** *ainâ aiss-d-i:lâ*	
pizzaria	**eine Pizzeria** *ainâ pitsârria*	
lanchonete	**eine Imbissstube** *ainâ imbiss-chtu:bâ*	
churrascaria	**ein Steakhaus** *ainn chtê:k-hauss*	

Reservando uma mesa

Eu gostaria de reservar uma mesa para dois.	**Ich möchte einen Tisch für zwei Personen bestellen.** iH mœHtâ ainânn t-ich fyrr tsvai péazô:nânn bâchtélânn
Para hoje à noite/amanhã às ...	**Für heute Abend/Morgen um ...** fyrr hóitâ a:bânt/mórrgânn umm
Vamos chegar às 8h.	**Wir kommen um acht Uhr.** via kó-mânn umm aHt ua
Uma mesa para dois, por favor.	**Einen Tisch für zwei Personen, bitte.** ainânn t-ich fyrr tsvai péazô:nânn bitâ
Reservamos uma mesa.	**Wir haben einen Tisch bestellt.** via ha:bânn ainânn t-ich bâ-chté-l-t

VOCÊ PODE OUVIR

Ihr Name, bitte?	Seu nome, por favor?
Es tut mir leid. Wir sind völlig ausgebucht.	Sinto muito. Estamos lotados.
In ... Minuten wird ein Tisch frei.	Teremos uma mesa em ... minutos.
Sie müssen in ... Minuten zurükkommen	Vocês terão que voltar em ... minutos.

Onde sentar-se

Podemos sentar ...?	**Können wir ... sitzen?** kœnânn via ... zitsânn
do lado de fora	**im Freien** imm frráiânn
perto da janela	**am Fenster** á-mm fénssta
fumante/não-fumante	**Raucher/Nichtraucher** rauHa/niHt-rauHa

NO RESTAURANTE

Haben Sie einen Tisch im Freien? ha:bânn zi: ainânn t-ich imm frráiânn (*Vocês têm uma mesa do lado de fora?*)
Aber sicher. a:ba zi-Ha (*Mas é claro.*)
Vielen Dank. fi:lânn dá-nk (*Muito obrigado(a).*)

VOCÊ PODE OUVIR

Haben Sie gewählt?	Já escolheram?
Was nehmen Sie?	O que vão querer?
Ich empfehle Ihnen ...	Eu recomendo ...
... haben wir nicht.	Não temos ...
Guten Appetit.	Bom apetite.

COMER FORA

Fazendo o pedido

Com licença, por favor!	**Entschuldigen Sie, bitte!** ént-chu-l-d-igânn zi: bitâ
A carta de vinhos, por favor.	**Die Weinkarte, bitte.** d-i: vainn-kartâ bitâ
Vocês têm um menu?	**Haben Sie ein Menü?** ha:bânn zi: ainn mêny:
Você pode recomendar algo tipicamente alemão?	**Können Sie etwas typisch Deutsches empfehlen?** kœnânn zi: ét-vass ty:pich dóitchâss émp-fê:lânn
Você pode me dizer o que é ...?	**Können Sie mir sagen, was ... ist?** kœnânn zi: mia za:gânn vass ... isst
O que vai no prato?	**Was ist darin?** vass isst darrinn
Eu gostaria de ...	**Ich hätte gern ...** iH hétâ ghéann
Vou querer ...	**Ich nehme ...** iH nê:mâ
uma garrafa/copo/ jarra de ...	**eine Flasche/ein Glas/eine Karaffe ...** ainâ flachâ/ainn glaass/ainâ karrafâ

NO RESTAURANTE

Was möchten Sie trinken? vass mœH-tânn zi: trrinkânn
(O que quer beber?)
Ein Bier, bitte. ainn bia, bitâ (Uma cerveja, por favor.)
Sofort. zô:fórrt (É para já.)

Acompanhamentos

Posso pedir ... sem ... ?	**Kann ich ... ohne ... haben?** ká-nn iH ... ô:nâ ... ha:bânn
Acompanhado de ...	**Mit ... als Beilage.** mit ... a-l-ss baila:gâ
Posso pedir salada em vez de legumes, por favor?	**Kann ich bitte Salat statt Gemüse haben?** ká-nn iH bitâ zala:t chtat gâmy:zâ ha:bânn
O prato vem com legumes/batatas?	**Ist Gemüse/Sind Kartoffeln bei dem Essen dabei?** isst gâmy:zâ/zint karrtófâ-l-n bai dêmm éssânn dabai
Vocês têm algum molho?	**Haben Sie Soßen?** ha:bânn zi: zô:ssânn
Você gostaria de ... para acompanhar?	**Möchten Sie ... dazu haben?** mœH-tânn zi: ... datsu: ha:bânn
legumes	**Gemüse** gâmy:zâ
salada	**Salat** zala:t
batatas	**Kartoffeln** karrtófâ-l-n
fritas	**Pommes frites** pómm frritt
molho	**Soße** zô:ssâ
gelo	**Eis** aiss
Você pode me trazer ...?	**Könnte ich etwas ... haben?** kœntâ iH ét-vass ... ha:bânn
pão	**Brot** brrô:t
manteiga	**Butter** buta
limão	**Zitrone** tsitrrô:nâ
mostarda	**Senf** zé-nf
pimenta	**Pfeffer** pféfa
sal	**Salz** za-l-ts
tempero	**Würze** vyrrtsâ
açúcar	**Zucker** tsuka
adoçante	**Süßstoff** zyss-chtóf

Perguntas gerais

Você pode me/nos trazer um(a) ..., por favor?	**Kann ich/Können wir bitte … haben?** ká-nn iH/kœnânn via bitâ ... ha:bânn
cinzeiro	**einen Aschenbecher** ainânn achânn-béHa
xícara/copo	**eine Tasse/ein Glas** ainâ tassâ/ainn glass
garfo/faca	**eine Gabel/ein Messer** ainâ ga:bâ-l/ainn méssa
guardanapo	**eine Serviette** ainâ zéaviétâ
prato/colher	**einen Teller/Löffel** ainânn téla/lœfâ-l
Eu queria um pouco mais de ..., por favor.	**Ich hätte gern noch etwas … , bitte.** iH hétâ ghéann nóH ét-vass ... bitâ
Só isso, obrigado.	**Nichts mehr, danke.** niHts mêa dá-nkâ
Onde é o banheiro?	**Wo sind die Toiletten?** vô: zint d-i: twalétânn

Necessidades especiais

Não posso ingerir comida que contenha ...	**Ich darf nichts essen, was … enthält.** iH darrf niHts éssânn, vass ... ént-hé-l-t
sal/açúcar	**Salz/Zucker** za-l-ts/tsuka
Vocês têm pratos/bebidas para diabéticos?	**Haben Sie Gerichte/Getränke für Diabetiker?** ha:bânn zi: gârriHtâ/gâtrré-nkâ fyrr d-iabê:tika
Vocês têm pratos vegetarianos?	**Haben Sie vegetarische Gerichte?** ha:bânn zi: vêghêta:rrichâ gârriHtâ

Para crianças

Vocês têm porções para crianças?	**Haben Sie Kinderportionen?** ha:bânn zi: kindapórrtsiô:nânn
Você pode nos trazer uma cadeira de criança, por favor?	**Können wir bitte einen Kinderstuhl haben?** kœnânn via bitâ ainâ kinda-chtu:l ha:bânn
Por favor, onde posso aquecer a mamadeira?	**Wo kann ich bitte das Fläschchen wärmen?** vô: ká-nn iH bitâ dass fléch-Hânn vérrmânn
Onde posso alimentar/ trocar o bebê?	**Wo kann ich das Baby füttern/wickeln?** vô: ká-nn iH dass bê:bi fyta-nn/vikâ-l-n

COMER FORA

PRATOS RÁPIDOS
Algo para beber

Eu queria ...	**Ich hätte gern ...**	*iH hétâ ghéann ...*
chocolate (quente)	**(heiße) Schokolade**	*(haissâ) chôkôla:dâ*
café	**Kaffee**	*kafê:*
puro/com leite	**schwarz/mit Milch**	*chvarrts/mit mi-l-H*
chá	**Tee**	*tê:*
Eu queria um(a) ...	**Ich hätte gern ... Rotwein/Weißwein.**	
de vinho tinto/branco.	*iH hétâ ghéann ... rô:tvainn/vaissvainn*	
garrafa	**eine Flasche**	*ainâ flachâ*
copo	**ein Glas**	*ainn glass*

VOCÊ PODE OUVIR

Bitte schön?	Posso ajudar?
... haben wir nicht mehr.	Estamos sem ...
Sonst noch etwas?	Mais alguma coisa?

E para comer ...

Um pedaço de ... por favor.	**Ein Stück ..., bitte.**	*ainn chtyk ... bitâ*
Quero dois desse.	**Ich hätte gern zwei davon.**	
	iH hétâ ghéann tsvai dafónn	
hambúrguer	**Hamburger**	*há-mburrga*
bolo	**Kuchen**	*ku:Hânn*
fritas	**Pommes frites**	*pómm frrit*
sanduíche	**belegtes Brot**	*bâlê:ktâss brrô:t*
salsicha	**Wurst**	*vurrsst*

Sorvete

Alguns sabores comuns são **Erdbeereis** (morango), **Schokoladeneis** (chocolate) e **Vanilleeis** (baunilha).

Uma porção ..., por favor.	**Eine ... Portion, bitte.**	*ainâ ... pórrtsiô:nn bitâ*
pequena	**kleine**	*klainâ*
média/normal	**mittlere/normale**	*mit-lârrâ/nórrma:lâ*
grande	**große**	*grrô:ssâ*

NO CAFÉ

Was hätten Sie gern? *vass hétânn zi: ghéann*
(O que vão querer?)
Zwei Kaffee, bitte. *tsvai kafê: bitâ* (Dois cafés, por favor.)
Sonst noch etwas? *zó-nnsst nóH ét-vass* (Algo mais?)
Danke, das ist alles. *dá-nkâ dass isst alâss* (Só isso, obrigado.)

COMER FORA

RECLAMAÇÕES

Estou sem faca/garfo/colher.	**Ich habe kein Messer/keine Gabel/keinen Löffel.** *iH ha:bâ kainn méssa/kainâ ga:bâ-l/kainânn lœfâ-l*
Deve haver algum engano.	**Es muss ein Irrtum vorliegen.** *éss muss ain irrtumm fôa-li:gânn*
Não foi isso que eu pedi.	**Das habe ich nicht bestellt.** *dass ha:bâ iH niHt bâ-chté-l-t*
Eu pedi ...	**Ich wollte ...** *iH vó-l-tâ*
A carne está ...	**Das Fleisch ist ...** *dass flaich isst*
muito passada	**zu stark gebraten** *tsu: chtarrk gâbrra:tânn*
crua	**zu roh** *tsu: rô:*
muito dura	**zu zäh** *tsu: tse:*
Isso está muito ...	**Das ist zu ...** *dass isst tsu: ...*
amargo/azedo	**bitter/sauer** *bita/zaua*
A comida está fria.	**Das Essen ist kalt.** *dass éssânn isst ka-l-t*
Isso não está fresco.	**Das ist nicht frisch.** *dass isst niHt frrich*
Quanto ainda vai demorar nossa comida?	**Wie lange dauert unser Essen noch?** *vi: lá-ngâ dauat unza éssânn nóH*
Você esqueceu as nossas bebidas?	**Haben Sie unsere Getränke vergessen?** *ha:bânn zi: unzârrâ gâtrré-nkâ faghéssânn*
Isso não está limpo.	**Das ist nicht sauber.** *dass isst niHt zauba*
Eu gostaria de falar com o gerente.	**Ich möchte mit dem Geschäftsführer sprechen.** *iH mœH-tâ mit dêmm gâchéfts fyrra chprré-Hânn*

41

PAGAMENTO

Gorjetas: O serviço geralmente está incluído na conta, mas se você ficar muito satisfeito, uma gorjeta para o garçom cairá muito bem – é comum arredondar a conta para cima.

A conta, por favor.	**Zahlen, bitte.** tsa:lânn bitâ
Queremos pagar separado.	**Wir möchten getrennt bezahlen.** via mœH-tânn gâtrént bâtsa:lânn
Tudo junto, por favor.	**Alles zusammen, bitte.** alâss tsuzá-mânn bitâ
Acho que tem um erro na minha conta.	**Ich glaube, Sie haben sich verrechnet.** iH glaubâ zi: ha:bânn ziH féa-réHnât
O que é essa quantia?	**Wofür ist dieser Betrag?** vô:fyrr isst d-i:za baitrra:k
Eu não pedi isso. Pedi ...	**Das hatte ich nicht. Ich hatte ...** dass hatâ iH niHt. iH hatâ
O serviço está incluso?	**Ist die Bedienung inbegriffen?** isst d-i: bâd-i:nuN inn-bâgrrifânn
Posso pagar com este cartão de crédito?	**Kann ich mit dieser Kreditkarte bezahlen?** ká-nn iH mit d-i:za krrêd-i:tkarrtâ bâtsa:lânn
Posso pegar um recibo, por favor?	**Kann ich bitte eine Quittung haben?** ká-nn iH bitâ ainâ kvituN ha:bânn
Posso pegar uma conta detalhada, por favor?	**Kann ich eine detaillierte Rechnung haben?** ká-nn iH ainâ dêtai-irrtâ réH-nuN ha:bânn
Foi uma ótima refeição.	**Das Essen war sehr gut.** dass éssânn varr zêa gu:t

NO RESTAURANTE

Zahlen bitte. tsa:lânn bitâ *(A conta, por favor.)*
Hier bitte. Hat's geschmeckt? hia bitâ hats gâchmékt *(Aqui está. Gostou da comida?)*
Ja, sehr. ia: zêa *(Sim, muito.)*

Prato a prato
Café-da-manhã (Frühstück)

Nenhuma viagem à Alemanha estaria completa sem experimentar alguns dos pães: **Weißbrot** (branco), **Vollkornbrot** (integral), **französisches Weißbrot/Baguette** (baguete), **Zwiebelbrot** (de cebola), **Rosinenbrot** (de uvas passas), **Roggenbrot** (de centeio).

Eu queria ...	**Ich hätte gern ...** iH hétâ ghéann
pão/pãezinhos	**Brot/Brötchen** brrô:t/brrœt-Hânn
torrada	**Toast** tô:sst
manteiga	**Butter** buta
cereal	**Müsli/Cornflakes** myssli/kórrn-fleiks
queijo	**Käse** kê:zâ
frios	**Aufschnitt** auf-chnit
ovos	**Eier** aia
ovo cozido	**ein gekochtes Ei** ainn gâkóHtâss ai
ovo frito	**Spiegeleier** chpi:gâ-l aia
ovo mexido	**Rühreier** ry:rr-aia
mel	**Honig** hô:niH
geléia	**Marmelade** marrmâla:dâ
leite	**Milch** mi-l-H
suco de laranja	**Orangensaft** orró-n-jânn-zaft

Entradas (Vorspeisen)

Aufschnittplatte *auf-chnit-platâ*
frios sortidos, servidos com picles e pão
Bauernomelett *bauann-ôm-lét*
omelete com bacon e cebola em cubos
Bündnerfleisch *byntna-flaich*
carne bovina curada e seca, servida em fatias finas (prato suíço)
Fleischpastete *flaich-pastêtâ*
patê de carne
Matjesfilet nach Hausfrauenart *mat-iêssfilê naH hauss-frrauânn-arrt*
filés de arenque com maçãs e cebolas
Russische Eier *russichâ aia*
ovos cozidos com maionese
Stolzer Heinrich *chtó-l-tsa hainn-riH*
salsicha suína frita ao molho de cerveja (prato da Bavária)

COMER FORA

Sopas (Suppen)

As sopas aparecem no menu de duas formas: **Suppe** (sopa) e **Brühe** (caldo). Procure as seguintes especialidades:

Backerbsensuppe	*bak-érrbzânn-zupâ*	tipo de sopa de ervilha
Bauernsuppe	*bau-ann-zupâ*	sopa de repolho e salsicha
Champignonsuppe	*chá-mpiniόN-zupâ*	sopa de cogumelo
Erbsensuppe	*érrbzânn-zupâ*	sopa de ervilha
Flädlesuppe	*flét-lâ-zupâ*	caldo com tiras de panqueca
Gemüsesuppe	*gâmy:zâ-zupâ*	sopa de legumes
Gulaschsuppe	*gu:lach-zupâ*	sopa temperada de carne bovina
Hühnerbrühe	*hy:na-brry:â*	canja de galinha
Leberknödelsuppe	*lê:ba-knœ:dâ-l-zupâ*	sopa de bolinhos de fígado
Nudelsuppe	*nu:dâ-l-zupâ*	sopa com macarrão
Ochsenschwanzsuppe	*óksânn-chvá-nts-zupâ*	sopa de rabo de boi
Tomatensuppe	*tôma:tân-zupâ*	sopa de tomate

Peixes e frutos do mar (Fisch und Meeresfrüchte)

Se você fala inglês, reconhecerá as palavras **Hering** (arenque), **Karpfen** (carpa) e **Makrele** (carapau); outros peixes e frutos do mar são listados abaixo ou aparecem na seção **Lendo o cardápio**.

Dorsch	*dórrch*	bacalhau jovem
Forelle	*fórrélâ*	truta
Garnelen	*garrnélânn*	camarões
Kabeljau	*ka:bâliau*	bacalhau
Lachs	*laks*	salmão
Languste	*langusstâ*	lagostim
Muscheln	*muchâ-l-n*	mexilhões
Salm	*za-l-m*	salmão
Scholle	*chólâ*	linguado
Tintenfisch	*t-intân-fich*	lula, polvo

Carne (Fleisch)

Ich hätte gern ...	*iH hétâ ghéann*	Eu queria ...
Rindfleisch	*rint-flaich*	carne de boi
Hähnchen	*hénn-Hânn*	frango
Ente	*éntâ*	pato
Schinken	*chinkânn*	presunto
Lammfleisch	*lá-m-flaich*	cordeiro
Schweinefleisch	*chvainâ-flaich*	porco
Kaninchen	*kani:n-Hânn*	coelho
Würste	*vyrrsstâ*	salsichas
Truthahn	*trru:t-há-nn*	peru
Kalbfleisch	*ka-l-p-flaich*	vitela
Reh	*rê:*	veado

Para descobrir que tipo de corte será servido, procure o final da palavra: o tipo de carne vem primeiro (ex. **Schweine**-), seguido do tipo de corte (-**kotelett**)

-braten	*brra:tânn*	assado
-brust	*brrust*	peito
-hachse/haxe	*haksâ*	pernil
-herz	*héats*	coração
-kotelett	*kôt-lét*	costeleta
-klößchen	*klœss-Hânn*	bolinhos
-leber	*lê:ba*	fígado
-schnitzel	*chnitsâ-l*	escalope
-zunge	*tsungâ*	língua

Pratos de carne (Fleischgerichte)

Eisbein	*aiss-bainn*	joelho de porco
Faschiertes	*fachirrtâss*	carne picada
Fleischkäse	*flaich-kê:zâ*	bolo de carne
Gehacktes	*gâ-hak-tâss*	carne moída
Kalbshaxen	*ka-l-ps-haksânn*	pernil de vitela assado
Leberkäse	*lê:ba-kê:zâ*	tipo de bolo de fígado
Wiener Schnitzel	*vi:na chnitsâ-l*	costeleta de vitela empanada

Bauernschmaus
chucrute acompanhado de bacon cozido, porco defumado, salsichas, bolinhos, batatas (prato austríaco)

Berner Platte
chucrute ou vagem acompanhado de costeletas de porco, bacon e carne suína cozidos, salsichas, língua e presunto (prato suíço)

Holsteiner Schnitzel
corte de vitela empanado coberto com ovo frito, acompanhado de legumes e geralmente de pão e manteiga, anchovas, mexilhões e salmão defumado

Kohlroulade folhas de repolho recheadas com carne moída

Maultaschen
ravioli à moda da Suévia, recheado com carne, legumes e temperos

Rouladen
fatias de carne bovina ou de vitela, enroladas e assadas na panela (ao molho madeira)

Sauerbraten carne bovina, marinada com ervas e assada em molho espesso

Schlachtplatte prato de salsichas e frios diversos

Salsichas (Würste)

Bierwurst	*bia-vurrsst*	tipo de salame de carne suína e bovina, defumada
Blutwurst	*blu:t-vurrsst*	morcela
Bockwurst	*bók-vurrsst*	salsichão
Bratwurst	*brra:t-vurrsst*	lingüiça suína, frita ou grelhada
Fleischwurst	*flaich-vurrsst*	levemente temperada, ao gosto das crianças
Jagdwurst	*ia:kt-vurrsst*	carne suína defumada, semelhante ao salame
Leberwurst	*lê:ba-vurrsst*	salsicha de fígado
Katenrauchwurst	*ka:tân-rauH-vurrsst*	em estilo caseiro, defumada
Regensburger	*rê:gânsburrga*	fortemente temperada, defumada
Rotwurst	*rô:t-vurrsst*	chouriço/*black pudding*
Weißwurst	*vaiss-vurrsst*	vitela e bacon com salsa e cebola
Zervelatwurst	*tsérrvâla:t-vurrsst*	carne suína, bovina e bacon, temperada e defumada
Zwiebelwurst	*tsvi:bâ-l-vurrsst*	carne suína e cebola

Acompanhamentos (Beilagen)

Kartoffeln *kartoffeln*
Batatas, que podem aparecer como: **Bratkartoffeln/ Röstkartoffeln** (fritas), **Rösti** (raladas e fritas), **Kartoffelbrei/-püree** (purê), **Kartoffelsalat** (salada de batata), **Salzkartoffeln** (cozidas).

Klöße/Knödel *klœ-ssHânn/ knœ:dâ-l*
Bolinhos – freqüentemente são servidos com sopas ou pratos de carne. Algumas variedades são: **Grießklöße** (semolina), **Kartoffelklöße** (batata), **Leberknödel** (fígado), **Mehlklöße** (farinha), **Nockerl** (pequenos), **Semmelknödel** (bolinhos de pão da Baviária). Os bolinhos são chamados de **Klöße** no norte da Alemanha, e **Knödel** no sul.

Teigwaren *taik-varrânn*
Massas; algumas variedades incluem **Nudeln** (macarrão), **Spätzle** and **Knöpfli** (tipos de massa caseira).

Se você fala inglês, reconhecerá os legumes: **Brokkoli** (*brócolis*), **Karotten** (cenouras), **Sauerkraut** (repolho picado em conserva/chucrute), **Sellerie** (aipo), **Tomaten** (tomates).

Blumenkohl	blu:mânn- kô:-l	couve-flor
Bohnen	bô:nânn	feijões
Erbsen	érrpsânn	ervilhas
Gurke	gurrkâ	pepino
Karfiol	karrfiô:-l	couve-flor
Kopfsalat	kópf-zala:t	alface
Mohrrüben	mô:rr-ry:bânn	cenouras
Zwiebeln	tsvi:bâ-l-n	cebolas
gemischter Salat	gâmichta zala:t	salada mista
grüner Salat	gry:na zala:t	salada verde
Rettichsalat	rét-iH-zala:t	salada de rabanete branco
Rotkrautsalat	rô:t-krraut-zala:t	salada de repolho roxo
Tomatensalat	toma:tânn-zala:t	salada de tomate

Kohl/Kraut *repolho – variedades*
Grünkohl (couve-portuguesa), **Krautsalat** (salada de repolho), **Rotkohl/-kraut** (repolho roxo), **Sauerkraut** (repolho picado em conserva/chucrute), **Weißkohl/-kraut** (repolho branco).

Pilze *cogumelos.*
Variedades comuns incluem **Champignons** (brancos) e **Pfifferlinge** (cantarela).

Queijos (Käse)

A maioria dos queijos da Alemanha, Áustria e Suíça é suave, mas há alguns queijos fortes – classificados em três categorias: **würzig**, **pikant** e **scharf.**

queijos duros	(suaves)	**Allgäuer Bergkäse** AB (como queijo suíço), **Appenzeller**, **Räucherkäse** (defumado), **Tilsiter**
	(fortes)	**Handkäse, Harzer Käse, Schabzieger**
queijos moles	(suaves)	**Allgäuer Rahmkäse, Altenburger** (queijo de cabra), **Edelpilz** (queijo azul), **Frischkäse** (queijo fresco), **Kümmelkäse** (com sementes de cominho), **Sahnekäse** (queijo cremoso), **Schichtkäse**
queijos suíços	(suaves)	**Emmentaler, Greyerzer**

Frutas (Obst)

Apfelsine	apfâ-l-zi:nâ	laranja
Birne	birrnâ	pêra
rote/schwarze Johannisbeeren	rô:tâ/chvarrtsâ yohá-nisbê:rrânn	groselhas vermelhas/pretas
Kirschen	kirr-chânn	cerejas
Pflaumen	pflau-mânn	ameixas
Zitrone/Limone	tsitrrô:nâ/limô:nâ	limão
Zwetschgen	ts-vétch-gânn	ameixas

Sobremesas (Nachtisch)

Se você fala inglês, reconhecerá: **Apfel** (maçã), **Banane** (banana), **Mandarine** (tangerina), **Melone** (melão), **Aprikosen** (damasco), **Datteln** (tâmaras), **Kokosnuss** (coco), **Orange** (laranja), **Rhabarber** (ruibarbo).

Apfelkuchen	apfâ-l-ku:Hânn	torta de maçã
Dampfnudeln	dá-mpf-nu:dâ-l-n	bolinhos doces
gemischtes Eis	gâmichtâss ai	porção mista de sorvete
Germknödel	ghérrm-knu:dâ-l	bolinho doce
Obstsalat	ô:pst-zala:t	salada de frutas
Rote Grütze	rô:tâ grrytsâ	compota de frutas vermelhas
Zwetschgenkuchen	ts-vétch-gânn-ku:Hânn	torta de ameixa

BEBIDAS
Cerveja (Bier)

A cerveja é a bebida mais popular na Alemanha e na Áustria. Na hora de pedir, peça **Bier vom Fass** (tirada na hora, tipo chopp). Para ser mais específico, peça **ein Helles** (cerveja clara) ou **ein Dunkles** (cerveja escura). E veja os seguintes termos:

> **Alkoholfreies Bier:** sem álcool
> **Altbier:** alto teor de lúpulo; parecida com a cerveja britânica
> **Berliner Weiße mit Schuss:** cerveja clara com uma dose de xarope de framboesa
> **Bockbier, Doppelbock, Starkbier:** alto teor alcoólico e de malte
> **Export:** clara, maior teor alcoólico e menos amarga que a Pilsener
> **Hefeweizen/Hefeweißbier:** clara, feita de trigo
> **Kölsch:** dourada e leve, produzida em Colônia
> **Kulmbacher Eisbock:** maior teor alcoólico de todas as cervejas alemãs
> **Malzbier:** escura e doce, teor alcoólico muito baixo
> **Pilsener (Pils):** clara e forte com um aroma de lúpulo
> **Radlermaß/Alsterwasser:** cerveja com suco de limão
> **Weißbier:** leve, feita de grãos de trigo

Vinho (Wein)

A Associação Alemã de Produtores de Vinho (VDP) exerce um controle de qualidade e garante que os vinhos que trazem a etiqueta VDP são de qualidade superior. O selo para vinhos (**Weinsiegel**) no gargalo da garrafa de vinho tem um código de cores para facilitar a leitura: selo amarelo para vinhos secos (**trocken**), verde para meio-secos (**halbtrocken**) e vermelho para doces (**lieblich**).

> **Kabinett:** vinho suave e seco
> **Spätlese:** mais maduro, mais encorpado, geralmente mais doce
> **Auslese:** vinho levemente seco, mais consistente que o Spätlese
> **Beerenauslese:** vinho levemente doce, melado e consistente
> **Trockenbeerenauslese:** vinho doce, de sobremesa
> **Eiswein:** vinho de doçura intensa, razoavelmente escasso e caro
> **Tafelwein:** vinho de mesa; qualidade mais baixa
> **Qualitätswein bestimmter Anbaugebiete:** vinho de região específica
> **Qualitätswein mit Prädikat:** vinho de qualidade mais alta

COMER FORA

Regiões vinícolas

Ahr (região ao sul de Bonn) Os vinhos tintos claros da região são os melhores da Alemanha; produzidos próximo às cidades de Ahrweiler, Neuenahr e Walporzheim.

Rheingau (área produtora de vinhos de alta reputação)

Riesling (Schloss Johannisberger, Hattenheimer, Kloster Eberbacher, Rüdecheimer); **Sekt** (vinho espumante) de Eltville e Hochheim; tintos, produzidos em Assmannshausen e Ingelheim.

Niersteiner, Domtal, Oppenheimer Vinho de menor qualidade vendido sob o nome de Liebfraumilch. Cidades que produzem vinhos de qualidade excepcional incluem Alsheim, Bingen, Bodenheim, Dienheim, Guntersblum, Ingelheim, Nackenheim, Nierstein, Oppenheim and Worms.

Rheinpfalz (mais ao sul de Rheinhessen; produz principalmente vinhos tintos)

Mittelrhein (área vinícola entre Rüdesheim e Koblenz) Vinhedos em Bingen, Bacharach, Boppard and Oberwesel.

Mosel (vale Mosela) Os melhores são produzidos nos vinhedos de Bernkastel, Brauneberger, Graach, Piesport, Wehlen, Zeltingen. Nomes para procurar: Bernkasteler, Graacher, Piesporter, Zeltinger.

Baden (principalmente vinhos brancos, alguns tintos leves; sudoeste da Alemanha) Markgräfler, Mauerwein, Seewein, Rulander, Gutedel, Kaiserstuhl.

Württemberg (boa região vinícola produtora de tintos) Trollinger (tinto), Schillerwein (rosé) e Stettner Brotwasser. O melhor vinho é produzido em Cannstatt, Feuerbach e Untertürckheim.

Franken (Francônia: região ao redor de Würzburg que produz vinhos brancos secos e fortes) Áreas vinícolas: Iphonen, Eschendorf, Andersacker, Rödelsee, Würzburg. Nomes para procurar: Bocksbeutel, Steinwein.

Nahe (vinhos brancos encorpados) Procure Schloss Böckelheim ou áreas como Bad Kreuznach, Bretzenheim, Münster, Niederhausen, Nordheim, Roxheim e Winzerheim, que produzem vinhos excelentes.

Áustria (bons vinhos brancos) Gumpoldskirchner (sul de Viena); Dürnsteiner, Loibner, Kremser (área de Wachau); vinhos de mesa como Nussberger, Grinzinger, Badener (região de Viena).

Suíça (vinhos de mesa tintos e brancos) os cantões que falam alemão produzem principalmente vinhos tintos leves: Hallauer, Maienfelder, Stammheimer.

Outras bebidas

Você reconhecerá **Cognac, Rum, Wodka, Whisky**. Outras bebidas que você pode pedir em países falantes de alemão são **Apfelwein** (cidra fermentada), **Bowle** (ponche), **Glühwein** (vinho quente), **Portwein** (porto), **Weinbrand** (brandy).

Mais comuns são os diversos licores e brandies, típicos da Alemanha, Áustria e Suíça. Experimente algumas das seguintes bebidas:

Schnaps *Schnaps*
Termo genérico para destilados/brandies. As variedades incluem **Apfelschnaps** (maçã); **Birnenschnaps** (pêra); **Bommerlunder** (brandy com sabor de cominho); **(Doppel) Korn** (aquavita); **Dornkaat/Steinhäger** (semelhante ao gim); **Heidelbeergeist** (brandy de mirtilo); **Kirschwasser** (brandy de cereja); **Obstler** (brandy de frutas); **Zwetschgenwasser** (brandy de ameixa); **Träsch** (brandy de pêra e maçã); **Weizenkorn** (aquavita).

Likör *li-kœâ*
Licor; procure variedades como **Aprikosenlikör** (damasco), **Eierlikör** (de ovos), **Himbeerlikör** (framboesa), **Kirschlikör** (cereja), **Kümmel** (cominho).

Você não terá problemas para encontrar seus refrigerantes favoritos como Coca-Cola®, Fanta®, Pepsi®. Outro hábito popular é tomar **Kaffee und Kuchen** (café com bolo) à tarde.

Eu queria ...	**Ich hätte gern ...** *iH hétâ ghéann*
chocolate (quente)	**eine (heiße) Schokolade** *ainâ (haissâ) chôkôla:dâ*
(um copo de) leite	**(ein Glas) Milch** *(ainn glass) mi-l-H*
água mineral	**Mineralwasser** *minârrá-l-vassa*
com gás	**mit Kohlensäure** *mit kô:lânn-zóirâ*
sem gás	**ohne Kohlensäure** *ô:nâ kô:lânn-zóirâ*
suco de fruta	**Fruchtsaft** *ffrruHt-zaft*
café	**Kaffee** *kafê:*
chá	**Tee** *tê:*

Lendo o cardápio

A

Aal enguia
Aalsuppe sopa de enguia
Abendbrot ceia
Abendessen jantar
alkoholfrei não-alcoólico
alkoholfreies Bier cerveja não-alcoólica
alkoholfreies Getränk bebida não-alcoólica
alle Preise inklusive Bedienung und Mehrwertsteuer (MwSt.) serviço e impostos inclusos
Allgäuer Käsesuppe sopa de queijo da região de Allgäu
Alsterwasser cerveja com limonada
Altbier semelhante à cerveja britânica
Ananas abacaxi
Anis anis
Aperitif aperitivo
Apfel maçã
Apfelcreme creme de maçã
Apfelkuchen torta de maçã
Apfelküchlein empanados de maçã
Apfelsaft suco de maçã
Apfelschnaps brandy de maçã
Apfelsine laranja
Apfelsinensaft suco de laranja
Apfelstrudel strudel de maçã
Apfelwein cidra
Appetithäppchen canapés
Aprikosen damascos
Aprikosenlikör licor de damasco
... Art ...ao estilo/à moda de ...
Auberginen berinjela
auf Bestellung feito na hora
-auflauf suflê
Aufschnitt(platte) frios
auf Vorbestellung pedir com antecedência
Auslese categoria de vinho
Austern ostras

B

Bachsaibling truta de rio
Back- assado
Backerbsensuppe tipo de sopa de ervilha
Backpflaumen ameixas
Baguette baguete
Banane banana
Barsch perca (peixe de água doce)
Basilikum manjericão
Basler Mehlsuppe sopa de farinha com queijo ralado (suíça)
Bauernomelett bacon em cubos e omelete de cebola
Bauernschmaus chucrute com carnes, bolinhos/batatas
Bauernsuppe sopa de repolho e salsicha
(deutsches) Beefsteak hambúrguer
Beerenauslese categoria de vinho
Beilagen acompanhamentos
belegtes Brot sanduíche aberto
Berliner sonho (donut) com geléia
Berliner Weiße cerveja clara

Berner Platte chucrute ou vagem com carne
Bete beterraba
Bethmännchen bolas de marzipã
Beuschel vitela ao molho de limão
Bienenstich bolo de amêndoa
Bier cerveja
Bierwurst tipo de salame defumado de carne suína e bovina
Birne pêra
Birnen, Bohnen & Speck pêras, vagem e bacon
Birnenschnaps brandy de pêra
Bismarckhering arenque marinado com cebolas
blau cozido em caldo (de carne, frango, legumes etc.)
Blaubeer-Kaltschale sopa fria de mirtilo
Blaubeeren mirtilos
Blaukraut repolho roxo
Blindhuhn cozido de legumes da Vestfália
Blumenkohl couve-flor
blutig mal-passado
Blutwurst morcela
Bockbier cerveja forte
Bockwurst salsichão
Bohnen feijões
Bohnensuppe sopa de feijão com bacon
Bommerlunder brandy sabor cominho
Borretsch borago (erva)
Bouillon caldo ralo
Bowle ponche
Brachse/Brasse brema (peixe)
Brandwein brandy
Brat- assado ou frito (adjetivo)
-braten assado (substantivo)
Bratkartoffeln batatas dorê
Bratwurst lingüiça suína frita
Brechbohnen vagem
Brokkoli brócolis
Brombeeren amoras-pretas
Brot pão
Brötchen pãezinhos
-brust peito
Bückling peixe salgado e defumado
Buletten hambúrguer de carne à milanesa
Bündnerfleisch bife conservado na salmoura
Butterkuchen bolo amanteigado
Butterreis arroz amanteigado

C

Cayenne-Pfeffer pimenta-de-caiena
Champignons cogumelos Paris
Champignonsuppe sopa de cogumelos
Chicorée chicória, endívias
Christstollen bolo natalino de frutas
Cornichons pepinos em conserva
-creme creme
Cremeschnitte folhado/mil-folhas
Curryreis arroz ao curry

D

Dampfnudeln bolinhos doces
dasselbe mit ... o mesmo, servido com
Datteln tâmaras

Dill dill ou endro (erva)
Doornkaat gim alemão, brandy de junípero
Doppelbock cerveja forte
(Doppel)Korn destilado de grãos, semelhante ao uísque
Doppelrahm-Frischkäse queijo cremoso
Dorsch bacalhau
dunkles Bier cerveja escura
(gut) durchgebraten bem passado

E

Edelpilz queijo azul, semelhante ao Stilton
Egli perca (peixe)
Eier ovos
Eierlikör licor de ovos
Eierspeisen pratos com ovos
Eintopfgerichte cozidos
Eis/-eis sorvete
Eisbein joelho de porco
Eistee chá gelado
Eiswein categoria de vinho
Endivien endívia
Endiviensalat salada de endívia
Endpreise einschließlich Service und Mehrwertsteuer serviço e impostos inclusos
Ente pato
Erbsen ervilhas
Erbsensuppe sopa de ervilha
Erdbeeren morangos
Erdnüsse amendoins
Espresso café expresso
Essig vinagre
Essiggurken pepinos em conserva

Estragon estragão
Export cerveja forte e clara

F

Falscher Hase bolo de carne
Fasan faisão
Faschiertes carne moída
Feigen figos
Felchen tipo de truta
Fenchel erva-doce
Filetsteak filé de carne bovina
Fisch peixe
Fischbeuschelsuppe sopa de ovas de peixe e legumes
Fischfrikadellen croquetes de peixe
Fischgerichte pratos de peixe
Fischsuppe sopa de peixe
Fisolen vagens
Flädlesuppe caldo com tiras de panqueca
Fleisch (gerichte) (pratos de) carne
Fleischkäse tipo de bolo de carne
Fleischklößchen almôndegas
Fleischpastete tipo de bolo de carne
Fleischsalat salada com carne em cubos e maionese
Fleischwurst salsicha levemente temperada
Fondue pão imerso em queijo derretido
Forelle truta
Frankfurter Würstchen salsichas
französisches Weißbrot baguete francesa
Fridattensuppe caldo com tiras de panqueca

Frikadellen hambúrguer de carne à milanesa
frisch geräucherte Gänsebrust auf Toast peito de ganso defumado servido em uma torrada
Frischkäse queijo cremoso
frittiert frito em imersão
Früchtetee chá de frutas
Fruchtjogurt iogurte de frutas
Fruchtsaft suco de frutas
Frühstück café-da-manhã
für unsere kleinen Gäste refeições para crianças
für zwei Personen para duas pessoas

G

Gans ganso
Gänseleberpastete patê de fígado de ganso
Garnelen camarões
Gebäck bolos/confeitos/salgados
gebacken assado
(im schwimmenden Fett)
gebraten frito em imersão
(in der Pfanne) gebraten frito
(im Ofen) gebraten assado
gebrühter Weißkrautsalat salada de repolho branco escaldado
gedämpft cozido no vapor
Geflügel aves
gefüllt recheado
gegrillt grelhado
gehackt em cubos
Gehacktes carne moída
gekocht cozido
gekochtes Ei ovo cozido

Gelbwurst salsicha levemente temperada
Gelee geléia
gemischter Salat salada mista
gemischtes Gemüse legumes mistos
Gemüse legumes
Gemüse nach Wahl seleção de legumes
geräuchert defumado
Germknödel bolinho doce
Geröstete batatas raladas e fritas (rösti)
geschmort assado na panela
Geschnetzeltes pedaços de vitela ao molho de vinho
(in Butter) geschwenkt sautée (na manteiga)
Geselchtes carne salgada e defumada, geralmente de porco
gespickter Hirsch carne de veado, recheada com pedaços de bacon
Getränke bebidas
Gewürz tempero
Glacé/-glacé sorvete
Glühwein vinho quente
glutenfreies Brot pão sem glúten
Götterspeise gelatina
Grießbrei creme de trigo
Grießklöße bolinhos de semolina
Grießnockerlsuppe sopa de bolinhos de semolina
grüne Bohnen vagem
grüner Salat salada verde
Grünkohl couve-portuguesa
Gugelhupf pão-de-ló

Gulasch *gulash*; pedaços de carne bovina cozidos em molho forte de páprica
Gulaschsuppe sopa temperada de carne bovina cozida
Gurken pepino

H

-hachse pernil
Hackbraten bolo de carne
Hackepeter tartare (bolo de carne crua) suíno temperado
Haferbrei mingau de aveia
Hähnchen frango
halbfester Käse queijo meia cura
halbtrocken meio-seco
Hammelfleisch carneiro
hart duro
Hase lebre
Haselnüsse avelãs
Hauptgerichte pratos principais
Häuptlsalat salada de alface
hausgemacht caseiro
-haxe pernil
Hecht lúcio (peixe)
Hefeklöße bolinhos de fermento
Hefekranz bolo de massa de fermento, com amêndoas e às vezes frutas cristalizadas
Hefeweizen cerveja clara
Heidelbeeren mirtilos
Heidelbeergeist brandy de mirtilo
Heidschnucken carneiro da região de Lüneburg
Heilbutt halibute (peixe)
heiß quente
heißer Apfelwein cidra quente de maçã
helles Bier cerveja clara
-hendl frango
Hering(salat) (salada de) arenque
-herz coração
Himbeeren framboesas
Himbeerlikör brandy de framboesa
hohe Rippe costela bovina assada
Holsteiner Schnitzel costeleta de vitela empanada, coberta com ovo frito
Honig mel
Honigkuchen biscoitos de mel
Hoppel-Poppel ovos mexidos com bacon ou salsichas em cubos
Huhn frango
Hühnerbrühe caldo de frango
Hummer lagosta
Hummerkrabben camarões grandes
Hüttenkäse queijo cottage

I

Imbiss lanches
... im Preis inbegriffen ... incluso no preço
Ingwer gengibre

J

Jagdwurst salsicha defumada de porco, semelhante ao salame
Jakobsmuscheln escalopes
Jogurt iogurte
Johannisbeersaft suco de groselha

K

Kabeljau bacalhau
Kabinett categoria de vinho
Kaffee café
Kaffeesahne creme/chantilly
Kaisergranate tipo de camarão
Kaiserschmarren panqueca em pedaços com passas, servida com calda
Kakao chocolate quente
Kalbfleisch vitela
Kalbshaxen pernil de vitela assado
Kalbsleber fígado de vitela
kalt frio
Kaltschale sopa de frutas servida fria
Kaninchen coelho
Kapaun capão
Kapern alcaparras
Karamel caramelo
Karfiol couve-flor
Karotten cenouras
Karpfen carpa
Kartoffelauflauf assado de batatas
Kartoffelbälle bolas de batata
Kartoffelbrei purê de batatas
Kartoffelchips batata chips
Kartoffelklöße bolinhos de batata
Kartoffelkroketten croquetes de batata
Kartoffelmus purê de batatas
Kartoffeln batatas
Kartoffelpuffer bolinhos de batata fritos
Kartoffelsalat (mit Speck) salada de batata (com bacon)
Kartoffelstock purê de batatas
Kartoffelsuppe sopa de batata
Käse queijo
Käsebrett/Käse nach Ihrer Wahl seleção de queijos
Käseschnitte sanduíche aberto de queijo derretido
Käsestangen palitos de queijo
Käsewähe torta quente de queijo
Kasseler Rippenspeer costelas de porco defumadas
Katenrauchwurst salsicha defumada em estilo caseiro
Kekse biscoitos
Kerbel cerefólio (tempero)
-keule lombo
Kirschcreme creme de cereja
Kirschen cerejas
Kirschlikör licor de cereja
Kirschwasser brandy de cereja
kleine Mahlzeiten refeições leves/lanches
Klöße bolinhos
Knoblauch alho
Knödel bolinhos
Knödelsuppe sopa com bolinhos
Knöpfli tipo de nhoque
koffeinfreier Kaffee café descafeinado
Kognak conhaque
Kohl repolho
Kohlrabi couve-rábano
Kohlroulade folhas de repolho recheadas com carne moída

Kokosnuss coco
Kompott/-kompott fruta cozida, compota
Königinpastete massa folhada recheada com cubos de carne e cogumelos
Königinsuppe sopa com carne bovina, creme azedo e amêndoas
Königsberger Klopse almôndegas em molho de alcaparra branca
Kopfsalat alface
-kotelett costeleta
Krabben camarões
Kraftbrühe consommé (caldo) de carne bovina
Kräuter ervas
Kräutersalz sal temperado com ervas
Kräutertee chá de ervas
(roher) Krautsalat salada de repolho
Krautstiel acelga
Krautwickel charutos de repolho assados na panela
Krebs lagostim de água doce
Kren raiz-forte
Krenfleisch carne suína servida com legumes picados e raiz-forte
Kresse agrião
Kuchen/-kuchen bolo
Kulmbacher Eisbock cerveja muito forte
Kümmel cominho (tempero); bebida sabor cominho
Kürbis abóbora
Kutteln tripa

L

Labkaus carne bovina picada/marinada, picles, beterrabas, eperlano (peixe) e arenque servidos com batatas amassadas e ovos fritos
Lachs salmão
Lammfleisch cordeiro
Languste tipo de lagosta
Lauch alho-poró
Laugenbrötchen pequenos *pretzels*
Leber fígado
Leberkäse tipo de bolo de fígado
Leberknödel bolinhos de fígado
Leberknödelsuppe sopa de bolinhos de fígado
Leberwurst salsicha de fígado
Lebkuchen pão de mel
Leckerli biscoitos de gengibre
leicht leve
Leipziger Allerlei ervilhas, cenouras e aspargos
Lenden- filé mignon
Lendenstück alcatra
lieblich doce
Likör licor
Limette limão
Limonade refrigerante
Limone limão
Linsen lentilhas
Linsensuppe sopa de lentilhas
Lorbeer louro

M

Maibowle ponche de vinho branco, condimentado com aspérula (especiaria doce)

Mais milho
Maispoularde frango alimentado com milho
Majoran manjerona
Makrele carapau (peixe)
Makronen macaron (suspiros com amêndoa)
Malzbier cerveja de baixo teor alcoólico
Mandarine tangerina
Mandeln amêndoas
Marillen damascos
mariniert marinado
Marmelade geléia
Märzen cerveja forte
Masthühnchen frango
Matjesfilet nach Hausfrauenart filés de arenque
Matjeshering arenque jovem salgado
Maultaschen tipo de ravióli
Meeresfrüchte frutos do mar
Meerrettich raiz-forte
Mehlklöße bolinhos de farinha
Mehlnockerln bolinhos pequenos
Melone melão
Mettwurst salsicha defumada e picante de carne suína
Milch leite
Milchkaffee café com leite
Milchmixgetränk *milk shake*
Mineralwasser água mineral
mit Ei com ovo
mit Eis com (cubos de) gelo
mit Kohlensäure com gás
mit Milch com leite
mit Sahne com creme
mit Zitrone com limão
mit Zucker com açúcar
Mittagessen almoço
mittel médio
Mohnbrötchen pãezinhos com semente de papoula
Mohrrüben cenouras
Mokka moca; sabor café
Muscheln mexilhões
Muskatblüte macis (flor de noz-moscada)
Muskatnuss noz-moscada

N

nach ... Art ... à moda/ao estilo de
nach Wahl à escolha
Nachspeisen/Nachtisch sobremesas
Nelke cravo
Nieren rins
Nockerl bolinho pequeno
Nudeln macarrão
Nudelsuppe sopa de macarrão
Nürnberger Bratwurst lingüiça frita de vitela e porco
Nürnberger Rostbratwurst salsicha suína à moda de Nuremberg
Nuss- com sabor de nozes
Nüsse nozes

O

Obst frutas
Obstler brandy de frutas
Obstsalat salada de frutas
Ochsenschwanzsuppe sopa de rabo de boi

ohne Kohlensäure sem gás
Öl óleo/azeite
Oliven azeitonas
Omelett(e) omelete
Orangeade laranjada
Orangen laranjas
Orangenmarmelade geléia de laranja
Orangensaft suco de laranja

P

Palatschinken
se listadas na seção de sobremesas, panquecas com recheio de geléia ou queijo cremoso, mas podem ser também prato principal
Pampelmuse toranja (grapefruit)
paniert empanado
Paradeiser tomates
Pellkartoffeln batatas cozidas com casca, depois descascadas
Petersilie salsinha
Petersilienkartoffeln batatas com salsinha
Pfeffer pimenta
Pfefferkörner grãos de pimenta
Pfefferminze hortelã
Pfefferpotthast cozido picante de carne e cebola
Pfifferlinge cogumelos cantarela
Pfirsich pêssego
Pflaumen ameixas
Pflümli(wasser) brandy de ameixa
Pharisäer café com rum e chantilly
Pichelsteiner Eintopf cozido de carne e legumes
pikant picante
Pickelsteiner cozido da Francônia com raiz-forte, alho, salsifi
Pilsener tipo de cerveja clara
Pilze cogumelos
Piment pimenta-da-jamaica
-plätzli costeleta
Pökelfleisch carne salgada
Pommes frites batatas fritas
Porree alho-poró
Portwein vinho do porto
Poulet frango
Preiselbeeren mirtilos vermelhos
Presskopf lingüiça de cabeça e pé de porco
Printen biscoitos de mel
Prinzessbohnen fava
pur puro/natural
-püree purê

Q

Quark tipo de queijo fresco em pasta
Quitte marmelo

R

Raclette queijo derretido com batatas e picles
Radieschen rabanetes
Radlermaß cerveja com limonada
Räucheraal enguia defumada
Räucherhering arenque defumado
Rebhuhn perdiz
Regensburger salsicha fortemente temperada e defumada
Reh(pastete) patê de veado
Reibekuchen panqueca de batata
reif maduro

Reis arroz
Reisgerichte pratos com arroz
Rettichsalat salada de rabanete branco
Rhabarber ruibarbo
Ribisel groselhas
Rindfleisch carne bovina
Rindswurst salsicha grelhada de carne bovina
Rippensteak bife de costela
Rochen arraia
Roggenbrot pão de centeio
Rohschinken presunto cru
Rollmops arenque em conserva
Rosenkohl couve-de-bruxelas
Rosinen passas
Rosinenbrot pão de passas
Rosmarin alecrim
Rösti batata ralada e frita
Röstkartoffeln batatas fritas
rot vermelho/tinto
Rotbarsch cantarilho (peixe)
Rote Grütze compota de frutas vermelhas
rote Beete beterraba
rote Johannisbeeren groselhas vermelhas
Rotkohl repolho roxo
Rotkrautsalat salada de repolho roxo
Rotwurst morcela
Rouladen fatias de carne de boi ou vitela, enroladas e assadas na panela
Rüben tipo de beterraba
-rücken dorso
Rüdesheimer Kaffee café com brandy e chantilly
Rüebli cenouras
Rühreier ovos mexidos
Rum rum
Russische Eier ovos cozidos com maionese

S

Safran açafrão
saisonbedingt sazonal
Salate saladas
Salbei sálvia
Salm salmão
Salz sal
Salzgurke pepino em conserva
Salzkartoffeln batatas cozidas
Sardinen sardinhas
Sauerbraten carne de boi, marinada e assada na panela
Sauerkirsch-Kaltschale sopa fria de cereja azeda
Sauerkraut chucrute
Sauerkraut und Rippchen chucrute e costelas
Schalotten chalotas (cebolas pequenas)
scharf picante
Schellfisch hadoque
Schillerlocke cone de massa com recheio de creme de baunilha
Schillerwein tipo de vinho rosé
Schinken presunto
Schinkenröllchen mit Spargel rolinhos de presunto recheados com aspargos
Schlachtplatte tábua de salsichas e frios

LENDO O CARDÁPIO

Schlesisches Himmelreich carne suína defumada, cozida com frutas secas
Schmelzkäse queijo cremoso
Schnaps aguardente
Schnecken escargots
Schnepfe maçarico (ave)
Schnittlauch cebolinha
Schnitzel escalope
(heiße) Schokolade chocolate quente
Schokoladen- ... de chocolate
Scholle linguado
Schupfnudeln bolinhos de massa de batata
schwarze Johannisbeeren groselhas pretas
schwarzer Kaffee café preto
Schwarzwälder Kirschtorte bolo Floresta Negra
Schwarzwurzeln salsifi (erva)
Schweinefleisch carne de porco
Schweinekamm paleta suína
Schweinekotelett costeleta de porco
Schweinshaxe joelho de porco
Seebarsch peixe semelhante ao robalo
Seebutt peixe semelhante ao rodovalho
Seehecht abrótea (peixe)
Seezunge solha (peixe)
sehr trocken extra seco
Sekt vinho espumante
selbstgemacht caseiro
Sellerie aipo
Selleriesalat salada de raiz de aipo

Semmelknödel bolinhos de pão da Baváría
Semmelsuppe sopa de bolinhos
Senf mostarda
Seniorenmenü refeições para idosos
Serbische Bohnensuppe sopa de feijão temperada
Sesambrötchen pãezinhos de gergelim
Soleier ovos em conserva
Spanferkel leitão
Spargel(spitzen) (pontas de) aspargos
Spätlese classificação de vinho
Spätzle tipo de macarrão
Speck bacon
Speckknödel bolinhos de pão com bacon
Spekulatius biscoitos de amêndoa
Spezialität des Hauses especialidade da casa
Spezialitäten der Region especialidades locais
Spiegeleier ovos fritos
Spiegeleier mit Schinken/Speck ovos com presunto/bacon
-spießchen no espeto
Spinat espinafre
Sprotten espécie de arenque
Stachelbeeren groselhas
Starkbier cerveja forte
Steckrüben nabos
Steinbutt peixe semelhante ao linguado
Steinhäger brandy de junípero, semelhante ao gim

Steinpilze cogumelos silvestres amarelos
Steinpilze Försterinnenart cogumelos à moda forestiere
Stolzer Heinrich salsicha ao molho de cerveja
Stör esturjão (peixe)
Strammer Max pão com presunto, ovos fritos e às vezes cebolas
Streichkäse queijo cremoso
Streuselkuchen bolo de café com cobertura quebradiça
Stückchen bolos/confeitos/salgados
Sülze gelatina (de cabeça) de porco
Sülzkotelett costeletas de porco em *aspic*
Suppen sopas
süß doce
Süßspeisen sobremesas
Süßstoff adoçante

T

Tafelspitz mit Meerrettich cozido de carne bovina com molho cremoso de raiz-forte
Tagesgedeck menu do dia
Tagesgericht prato do dia
Taube pombo, borracho
Tee chá
Teewurst salsicha macia, cremosa
Teig massa
Teigwaren massas
Teilchen bolos/confeitos/salgados
Teltower Rübchen brotos de nabo
Thymian tomilho
Tintenfisch lula/polvo
Tomaten tomates
Tomatenketchup ketchup
Tomatensaft suco de tomate
Tomatensalat salada de tomate
Tomatensuppe sopa de tomate
Topfbraten cozido (de panela)
Topfenstrudel confeito de massa folhada, recheado com queijo cremoso sabor baunilha, enrolado e assado
Torte/-torte bolo confeitado
Töttchen cozido agridoce de vitela da Vestfália
Träsch brandy de pêra e maçã
Trauben uvas
Traubensaft suco de uva
trocken seco
Trockenbeerenauslese classificação de vinho
Truthahn peru

U

überbacken dourado (ao forno), gratinado
ungarisch húngaro
unser Küchenchef empfiehlt ... o chef recomenda ...

V

Vanille baunilha
VDP (Verband Deutscher Prädikats- & Qualitäts Weingüter) associação alemã de vinhos
Vollkornbrot pão integral
Vollmilch leite integral
vollmundig encorpado
vom Rost grelhado
Vorspeisen entradas/tira-gostos

W

Wacholder junípero
Wachsbohnen feijão-manteiga
Wachtel codorna
Waldmeister aspérula (especiaria doce)
Walnüsse nozes
warme Getränke bebidas quentes
Wasser água
Wassermelone melancia
weich macio/mole
Wein vinho
Weinbrand brandy
Weincreme sobremesa de creme de vinho
Weintrauben uvas
weiß branco
Weißbier cerveja clara e leve
Weißbrot pão branco
weiße Bohnen feijões brancos
Weißherbst tipo de vinho rosé
Weißkohl/-kraut repolho branco
Weißwurst salsicha de vitela e bacon com salsa e cebola
Weizenkorn destilado de trigo, semelhante ao uísque
Wermut vermute
Whisky uísque
Wiener Schnitzel escalope empanado
Wienerli salsicha viena
Wild carne de caça
Wildschwein javali selvagem
Windbeutel profiteroles
Wirsing couve-de-sabóia
Wodka vodca
Würste salsichas ou lingüiças
Wurstplatte frios sortidos
Würze tempero
würzig aromático

Z

Zander lucioperca (peixe)
Zervelat(wurst) salsicha de carne suína, bovina e bacon
Zimmertemperatur temperatura ambiente
Zimt canela
Zitrone limão
zu allen Gerichten servieren wir ... todos os pratos são servidos com...
Zucchetti abobrinha
Zucker açúcar
Zuckererbsen tipo de ervilha
Zunge/-zunge língua
Zungenwurst chouriço com pedaços de língua e banha em cubinhos
Zuschlag taxa extra/cobrança adicional
Zwetschgen ameixas
Zwetschgenkuchen torta de ameixa
Zwetschgenwasser brandy de ameixa
Zwiebelbrot pão de cebola
Zwiebeln cebolas
Zwiebelsuppe sopa de cebola
Zwiebelwurst salsicha de fígado e cebola
Zwischengerichte lanches rápidos

VIAGEM

Alemanha, Áustria e Suíça são países com sistemas de transporte público bem desenvolvido. Você poderá se locomover sem grandes complicações.

SEGURANÇA

Você me acompanharia até o ponto de ônibus?	**Würden Sie mich zur Bushaltestelle begleiten?** *vyrrdânn zi: miH zua buss-ha-l-tâchtélá bâglaitânn*
Não quero ... sozinho(a).	**Ich möchte nicht allein ...** *iH mœHtâ niHt alainn*
ficar aqui	**hier bleiben** *hia blaibânn*
voltar para casa a pé	**zu Fuß nach Hause gehen** *tsu: fuss naH hauzâ ghê:ânn*
Não me sinto seguro(a) aqui.	**Ich fühle mich hier nicht sicher.** *iH fy:lâ miH hia niHt ziHâ*
Boa noite.	**Guten Abend.** *gu:tânn a:bânt*

ESSENCIAL

Uma passagem para ...	**Eine Fahrkarte nach ...** *ainâ fa:rrkarrtâ naH*
Quanto é ...?	**Wie viel kostet ...?** *vi:fi:-l kóstât*
Quando?	**Wann?** *vánn*
Quando ... vai chegar?	**Wann kommt ... an?** *vánn kómmt ... á-nn*
Quando ... vai partir?	**Wann fährt ... ab?** *vánn fêat ... ap*

CHEGADA

Foram diminuídas as restrições de importação entre países da União Européia sobre itens para uso ou consumo pessoal comprados dentro da União Européia. Máximo sugerido: 90 l de vinho ou 60 l de vinho espumante, 20 l de vinho fortificado, 10 l de destilados e 110 l de cerveja.

Controle de passaporte

Temos um passaporte conjunto.	**Wir haben einen gemeinsamen Pass.** *via ha:bânn ainânn gâmainn-za-mâ-nn pass*
As crianças estão neste passaporte.	**Die Kinder sind auf diesem Pass eingetragen.** *d-i: kinda zint auf d-i:zâmm pass ainn-gâtrra:gânn*
Qual é o propósito da sua visita?	**Was ist der Zweck Ihres Aufenthalts?** *vass isst dêa tsvék i:rrass auf-ent-ha-ltss*
Estou aqui de férias.	**Ich bin im Urlaub hier.** *iH binn imm urrlaup hia*
Estou aqui a negócios.	**Ich bin geschäftlich hier.** *iH binn gâchéft-liH hia*
Estou apenas de passagem.	**Ich bin nur auf der Durchreise.** *iH binn nua auf dêa durrH-raizâ*
Estou viajando ...	**Ich reise ...** *iH raizâ*
sozinho(a)	**allein** *alainn*
com minha família	**mit meiner Familie** *mit maina fá-mi:liâ*
com um grupo	**mit einer Gruppe** *mit aina grupâ*

Documentos exigidos

Cidadãos brasileiros não precisam de visto para entrar na Alemanha, Suíça e Áustria, por um período máximo de 90 dias. Recomenda-se, porém, ter passagem de ida e volta e um seguro-saúde com cobertura de no mínimo € 30.000.

Quant. permitidas para entrada:

país	cigarros	charutos	tabaco	destilados	vinho
Alemanha	200	50	250g	1 litro	2 litros
Suíça/Áustria	1) 200 ou	50 ou	250g	1 litro	e 2 litros
	2) 400 ou	100 ou	500g	1 litro	e 2 litros
Canadá	200 e	50 e	200g	1 litro	ou 1 litro
Reino Unido	200 ou	50 ou	250g	1 litro	e 2 litro
EUA	200 e	100 e	discr.	1 litro	ou 1 litro

1) residentes da União Européia 2) não-residentes da União Européia

Alfândega

Tenho apenas itens permitidos.	**Ich habe nur die erlaubten Mengen.** *iH ha:bâ nua d-i: errlauptânn mengânn*
É um presente.	**Es ist ein Geschenk.** *éss isst ainn gâchenk*
É para meu uso pessoal.	**Es ist für meinen persönlichen Gebrauch.** *éss isst fyrr mainânn pérrzœ:nn-liHânn gâ-brrauH*

VOCÊ PODE OUVIR

Haben Sie etwas zu verzollen?	Você tem algo a declarar?
Das müssen Sie verzollen.	Você tem que pagar imposto sobre isto.
Wo haben Sie das gekauft?	Onde você comprou isto?
Bitte öffnen Sie diese Tasche.	Por favor abra esta mala.
Haben Sie noch mehr Gepäck?	Você tem mais alguma bagagem?

Compras no *free shop*

Em que moeda está este preço?	**In welcher Währung ist das?** *inn vé-l-Ha vê:rruN isst dass*
Posso pagar em ... ?	**Kann ich mit ... bezahlen?** *ká-nn iH mit ... bâtsa:lânn*
dólares	**Dollars** *dólarss*
euros	**Euro** *óirrô*
libras	**Pfund** *pfunt*

VOCÊ PODE VER

PASSKONTROLLE	controle de passaporte
GRENZÜBERGANG	travessia de fronteira
POLIZEI	polícia
ZOLL	alfândega
ANMELDEFREIE WAREN	nada a declarar
ANMELDEPFLICHTIGE WAREN	itens a declarar
ZOLLFREIE WAREN	itens isentos de imposto

AVIÃO

As companhias aéreas nacionais da Alemanha, Áustria e Suíça prestam serviços internacionais. Geralmente há boas conexões entre o aeroporto e o centro da cidade.

Passagens e reservas

Quando é o ... vôo para Berlim?	**Wann geht der ... Flug nach Berlin?** vánn ghê:t dêa ... flu:k naH bérrli:nn
primeiro/próximo/último	**erste/nächste/letzte** e:rrsstâ/nékstâ/létstâ
Queria duas ... para ...	**Ich hätte gern zwei ... nach ...** iH hétâ ghéann tsvai ... naH ...
passagens só de ida	**einfache Flugtickets** ainnfaHâ flu:kt-ikêts
passagens de ida e volta	**Rückflugtickets** rykflu:kt-ikêts
de primeira classe	**erste Klasse** êrrsstâ klassâ
de classe executiva	**Businessklasse** bizness-klassâ
de classe econômica	**Touristenklasse** turristânklassâ
Quanto é um vôo para ...?	**Wie viel kostet ein Flug nach ...?** vi:fi:-l kóstât ainn flu:k naH
Há alguma taxa adicional?	**Kommen da noch Zuschläge hinzu?** kómann da: nóH tsu:chlêgâ hinn-tsu:
Eu queria ... minha reserva.	**Ich möchte meine Reservierung ...** iH mœHtâ mainâ rêzérrvi:rruN.
cancelar	**stornieren** chtórrni:rrânn
mudar	**ändern** énn-dârrn
confirmar	**bestätigen** bechtê:t-igânn

Informações sobre o vôo

Qual é a duração do vôo?	**Wie lange dauert der Flug?** vi: lá-ngâ dauat dêa flu:k
A que horas o avião decola?	**Wann fliegt die Maschine ab?** vá-nn fli:kt d-i: machi:nâ ap
A que horas vamos chegar?	**Wann kommen wir an?** vá-nn kómânn via á-nn
A que horas preciso fazer o check-in?	**Wann muss ich einchecken?** vá-nn muss iH ainn-chékânn

Check-in

Onde é o guichê de check-in para o vôo ...?	**Wo ist der Abfertigungsschalter für den Flug ...?** *vô: isst dêa: apférrt-iguNss-cha-l-ta fyrr dênn flu:k*
Eu tenho ...	**Ich habe ...** *iH ha:bâ*
três malas para despachar	**drei Koffer für die Abfertigung** *drrai kófa fyrr d-i: apférrt-iguN*
duas peças de bagagem de mão	**zwei Stück Handgepäck** *tsvai chtyk há-nt-gâpék*

VOCÊ PODE OUVIR

Ihr Flugticket/Ihren Pass, bitte.	Sua passagem/passaporte, por favor.
Möchten Sie am Fenster oder am Gang sitzen?	Você prefere um assento na janela ou no corredor?
Raucher oder Nichtraucher?	Fumante ou não-fumante?
Wie viele Gepäckstücke haben Sie?	Quantas peças de bagagem você tem?
Sie haben Übergepäck.	Você tem excesso de bagagem.
Sie müssen pro Kilo Übergepäck einen Zuschlag von ... Euro zahlen.	Você terá que pagar uma taxa de ... euros por quilo de bagagem em excesso.
Das ist als Handgepäck zu schwer/groß.	Isso é pesado/grande demais para bagagem de mão.
Haben Sie diese Taschen selbst gepackt?	Você mesmo fez essas malas?

VOCÊ PODE VER

ANKUNFT	chegadas
ABFLUG	partidas
SICHERHEITSKONTROLLE	controle de segurança
LASSEN SIE IHR GEPÄCK NICHT UNBEWACHT!	Não deixe suas malas desacompanhadas!

VIAGEM

Informações

O vôo está com atraso?	**Hat der Flug Verspätung?** *hat dêa flu:k féa-chpê:tuN*
Quanto vai atrasar?	**Wie viel Verspätung hat er?** *vi:fi:-l féa-chpê:tuN hat êa*
O vôo de ... já aterrissou?	**Ist der Flug aus ... gelandet?** *isst dêa flu:k auss ... gâlá-ndât*
De que portão parte o vôo para ...?	**An welchem Flugsteig geht der Flug nach ...?** *á-nn vé-l-Hâm flu:k-chtaik ghê:t dêa flu:k naH*

Embarque/Durante o vôo

Seu cartão de embarque, por favor.	**Ihre Bordkarte, bitte.** *i:rrâ bórrtkarrtâ bitâ*
Você pode me trazer algo para beber/comer, por favor?	**Kann ich bitte etwas zu trinken/essen haben?** *ká-nn iH ét-vass tsu: trrinkânn/éssânn ha:bânn*
Por favor me acorde para a refeição.	**Bitte wecken Sie mich zum Essen.** *bitâ vékânn zi: miH tsumm éssânn*
A que horas vamos chegar?	**Wann kommen wir an?** *vá-nn kómânn via á-nn*
Estou com enjôo.	**Ich bin luftkrank.** *iH binn luft-krrá-nk*
Um saco para enjôo, por favor.	**Eine Spucktüte, bitte.** *ainâ chpuk-ty:tâ bitâ*

Chegada

Onde ficam ...?	**Wo ist/sind ...?** *vô: isst/zint*
a casa de câmbio	**die Wechselstube** *d-i: véksâ-l-chtu:bâ*
os ônibus	**die Busse** *d-i: bussâ*
o aluguel de carros	**die Autovermietung** *d-i: autô-féami:tuN*
a saída	**der Ausgang** *dêa auss-gá-N*
os táxis	**die Taxis** *d-i: taksiss*
o telefone	**das Telefon** *dass têlêfô:nn*
Tem algum ônibus para o centro?	**Gibt es einen Bus in die Stadt?** *ghipt éss ainânn buss inn d-i: chtát*
Como eu chego ao hotel ...?	**Wie komme ich zum ... Hotel?** *vi: kómâ iH tsumm ... hoté-l*

Bagagem

Onde não houver carregadores disponíveis, você encontrará carrinhos para bagagem (Kofferkulis). Na Alemanha eles geralmente exigem o uso de uma moeda (de 1-2 euro, devolvida após o uso).

Carregador! Com licença!	**Gepäckträger! Entschuldigung.** *gâpék-trrê:ga ént-chu-ld-iguN*
Você pode levar minha bagagem ...?	**Können Sie mein Gepäck ... tragen?** *kœnânn zi: mainn gâpék ... trra:gânn*
para o táxi/ônibus	**zu einem Taxi/Bus** *tsu ainâmm taksi/buss*
Onde ficam ...?	**Wo ist/sind ...?** *vô: isst/zint*
carrinhos para bagagem	**die Kofferkulis** *d-i: kófa-ku:liss*
armários para bagagem	**die Schließfächer** *d-i: chli:ss-féHa*
depósito de bagagem	**die Gepäckaufbewahrung** *d-i: gâpék-aufbâwa:rruN*
recebimento (esteira) de bagagem	**die Gepäckausgabe** *d-i: gâpék-auss-ga:bâ*
Onde está a bagagem do vôo ...?	**Wo ist das Gepäck vom Flug ...?** *vô: isst dass gâpék fómm flu:k*

Perdas e roubos

Minha bagagem foi extraviada/roubada.	**Mein Gepäck ist verloren gegangen/ gestohlen worden.** *mainn gâpék ist férrlô:rrânn gâgá-ngânn/gâchtô:lânn vórrdânn*
Minha bagagem foi danificada.	**Mein Koffer ist beschädigt worden.** *mainn kófa isst bâchè:dikt vórrdânn*
Nossa bagagem não chegou.	**Unser Gepäck ist nicht angekommen.** *unza gâpék ist niHt á-ngâkómânn*

VOCÊ PODE OUVIR

Wie sieht Ihr Gepäck aus?	Como é sua bagagem?
Haben Sie den Gepäckschein?	Você tem o canhoto de recebimento?
Ihr Gepäck könnte heute später ankommen.	Sua bagagem pode chegar hoje mais tarde.
Rufen Sie diese Nummer an, um nachzufragen, ob Ihr Gepäck angekommen ist.	Telefone para este número para saber se sua bagagem chegou.

TREM

Crianças menores de quatro anos viajam de graça nas ferrovias alemãs, crianças de 4-11 anos pagam metade da tarifa. Crianças menores de seis anos viajam de graça na Áustria. Na maioria dos trens você pode reservar um compartimento para pais e filhos (**Baby-Kleinkindabteil**), que é projetado para pais com crianças e tem uma mesa para trocar fraldas (**Wickeltisch**).

Fique atento a descontos e *travel cards* existentes (Eurailpass, Freedom Pass, Inter-Rail, Euro-Minigruppe); crianças (Puzzle-Ticket Junior); viagem por um número fixo de dias em um único país (Euro-Domino, Swiss Flexipass, German Rail Pass); grupos (Euro-Minigruppe); idade abaixo de 26 anos (Inter-Rail, Freedom).

InterCityExpress (ICE)	trem de alta velocidade dentro da Alemanha; instalações de luxo.
EuroCity/InterCity (EC/IC)	trens de longa distância que conectam cidades alemãs a outras da Europa.
InterRegio (IR)	trens regionais conectados à rede ferroviária.
Nahverkehrszug	trem regional, que pára em todas as estações (Áustria: Personenzug; Suíça: Regionalzug).
RegionalExpress (RE)	trem de média distância, que conecta áreas periféricas à cidade.
RegionalBahn (RB)	trem regional, que pára em todas as estações.
StadtExpress (SE)	trem que conecta comunidades periféricas à cidade.
S-Bahn (S)	trem mais rápido que percorre uma distância mais curta que o StadtExpress.
Nachtzüge	trens noturnos com vagões-leito (Schlafwagen) ou beliches (Liegewagen); taxa adicional para roupa de cama; geralmente é necessário fazer reserva.
Inter-City-Night (ICN)	trem noturno, com o conforto de vagões com padrão de hotel; classe turística disponível com assentos reclináveis (Liegesessel); carros, motocicletas e bicicletas também são transportados pelo ICN.
City-Night-Line (CNL)	semelhante ao ICN, funciona entre Viena e Colônia, Hamburgo e Zurique.

Rumo à estação

Como eu chego à estação de trem/estação de trem principal?	**Wie komme ich zum Bahnhof/Hauptbahnhof?** *vi: kómâ iH tsumm bá-n-hô:f/haupt-bá-n-hô:f*
Os trens para Heidelberg partem da estação Mannheim?	**Fahren die Züge nach Heidelberg vom Mannheimer Bahnhof ab?** *fa:rrânn d-i: tsy:gâ naH haidâ-l-bérrk fómm má-n-haima bá-n-hô:f ap*
É longe?	**Ist es weit?** *isst éss vait*
Posso deixar meu carro ali?	**Kann ich mein Auto dort stehen lassen?** *ká-nn iH mainn autô dórrt chtê:ânn lassânn*

Na estação

Onde ficam ...?	**Wo ist/sind ...?** *vô: isst/zint*
a casa de câmbio	**die Wechselstube** *d-i: véksâ-l-chtu:bâ*
o guichê de informações	**die Auskunft** *d-i: ausskunft*
o depósito de bagagem	**die Gepäckaufbewahrung** *d-i:gâpék-aufbâva:rruN*
os achados e perdidos	**das Fundbüro** *dass funt-byrrô:*
os armários para bagagem	**die Schließfächer** *d-i: chli:ss-féHa*
as plataformas	**die Bahnsteige** *d-i: bá-n-chtaigâ*
a bilheteria	**der Fahrkartenschalter** *dêa farr-karrtânn-cha-l-ta*
a sala de espera	**der Wartesaal** *dêa varrtâ-za:-l*

VOCÊ PODE VER

ABFAHRT	partidas
ANKUNFT	chegadas
AUSGANG	saída
AUSKUNFT	informações
EINGANG	entrada
ZU DEN BAHNSTEIGEN	para as plataformas

Passagens

Onde posso comprar passagens?	**Wo kann ich Fahrkarten kaufen?** *vô: ká-nn iH fa:rr-karrtânn kaufânn*
Quero ... para ...	**Ich hätte gern ... nach ...** *iH hétâ ghéann ... naH ...*
uma passagem só de ida	**eine einfache Fahrkarte** *ainâ ainn-faHâ fa:rr-karrtâ*
uma passagem de ida e volta	**eine Rückfahrkarte** *ainâ ryk-fa:rr-karrtâ*
uma passagem de primeira/segunda classe	**eine Fahrkarte erster/zweiter Klasse** *ainâ fa:rr-karrtâ êrrssta/tsvaita klassâ*
Eu gostaria de reservar um assento.	**Ich möchte einen Platz reservieren.** *iH mœHtâ ainânn plats rrêzérrvi:rrânn*
um assento no corredor	**einen Platz am Gang** *ainânn plats á-mm gá-N*
um assento na janela	**einen Fensterplatz** *ainânn fé-nssta-plats*
uma vaga em beliche	**einen Liegewagenplatz** *ainânn li:gâ-va:gânn-plats*
O trem tem vagão-leito?	**Gibt es einen Liegewagen?** *ghipt éss ainânn li:gâ-va:gânn*
Eu gostaria de dormir ...	**Ich möchte ... schlafen.** *iH mœHtâ ... chla:fânn*
no lugar superior/inferior	**oben/unten** *ô:bânn/untânn*
Posso comprar a passagem a bordo do trem?	**Kann ich im Zug eine Fahrkarte lösen?** *ká-nn iH imm tsu:k ainâ farr-karrtâ lœ:zânn*

Preço

Quando custa?	**Wie viel kostet das?** *vi:fi:-l kósstât dass*
Tem desconto para ...?	**Gibt es eine Ermäßigung für ...?** *ghipt éss ainâ érrmê:ssiguN fyrr*
crianças/famílias	**Kinder/Familien** *kinda/fá-mi:liânn*
idosos	**Senioren** *zêniô:rrânn*
estudantes	**Studenten** *chtudé-ntânn*
Existe uma taxa adicional de ...	**Sie müssen einen Zuschlag von ... zahlen.** *zi: myssânn ainânn tsu:chla:k fónn ... tsa:lânn*

Dúvidas

Preciso trocar de trem?
Muss ich umsteigen?
muss iH umm-chtaigânn

Você precisa trocar (baldear) em ...
Sie müssen in ... umsteigen.
zi: myssânn inn ... umm-chtaigânn

Por quanto tempo vale esta passagem?
Wie lange ist diese Fahrkarte gültig?
vi: lá-ngâ isst d-i:zâ fa:rr-karrtâ gy-l-t-iH

Posso levar minha bicicleta no trem?
Kann ich mein Fahrrad im Zug mitnehmen? *ká-nn iH mainn fa:rr-rra:t imm tsu:k mit-nê:mânn*

Posso voltar com a mesma passagem?
Kann ich mit derselben Fahrkarte zurückfahren? *ká-nn iH mit dêazé-l-bânn fa:rr-karrtâ tsurry:k-fa:rrânn*

Em que vagão fica meu assento?
In welchem Wagen ist mein Platz?
inn vé-l-Hâmm va:gânn isst mainn plats

Tem um vagão-restaurante no trem?
Führt der Zug einen Speisewagen?
fyrrt dêa tsu:k ainânn chpaizâ-va:gânn

Horário de trem

Você pode me dar uma tabela de horários?
Kann ich einen Fahrplan haben?
ká-nn iH ainânn fa:rr-plá:nn ha:bânn

Quando parte o ... trem para Berna?
Wann fährt der ... Zug nach Bern?
vá-nn fêat dêa ... tsu:k naH bérrn

primeiro/próximo/último
erste/nächste/letzte
ê:rrsstâ/nékstâ/létstâ

Com que freqüência partem os trens para ...?
Wie oft fahren die Züge nach ...?
vi: óft fa:rrânn d-i: tsy:gâ naH

uma/duas vezes ao dia
einmal/zweimal am Tag
ainn-ma:-l/tsvai-ma:-l ámm ta:k

cinco vezes ao dia
fünfmal am Tag *fynf-ma:-l ámm ta:k*

a cada hora
jede Stunde *iê:dâ chtundâ*

VOCÊ PODE VER

NOTBREMSE	freios de emergência
AUTOMATIKTÜREN	portas automáticas

A que horas eles partem?	**Wann fahren sie ab?** *vá-nn fa:rrânn zi:ap*
na hora cheia	**zur vollen Stunde** *tsua fólânn chtundâ*
às ... e vinte minutos	**um zwanzig Minuten nach** *umm tsvá-ntsiH minu:tânn naH*
A que horas o trem pára em ...?	**Wann hält der Zug in ...?** *vá-nn hé-l-t dêa tsu:k inn*
A que horas o trem chega a ...?	**Wann kommt der Zug in ... an?** *vá-nn kómmt dêa tsu:k inn ... á-nn*
Quanto dura a viagem?	**Wie lange dauert die Fahrt?** *vi: lá-ngâ dauat d-i: fa:rrt*
O trem está no horário?	**Ist der Zug pünktlich?** *isst dêa tsu:k pynkt-liH*

Partidas

De que plataforma parte o trem para ...? taik	**Auf welchem Bahnsteig fährt der Zug nach ... ab?** *auf vé-l-Hâmm bá:nnch-fêat dêa tsu:k naH ... ap*
Onde é a plataforma 4?	**Wo ist Bahnsteig vier?** *vô: isst bá:nnchtaik fia*
por ali	**dort drüben** *dórrt drry:bânn*
do lado esquerdo/direito	**auf der linken/rechten Seite** *auf dêa linkânn/réH-tânn zaitâ*
depois da passagem subterrânea	**durch die Unterführung (hindurch)** *durr-H d-i: unta-fy:rruN (hinn-durr-H)*
Onde troco de trem para ...?	**Wo muss ich nach ... umsteigen?** *vô: muss iH naH ... umm-chtaigânn*
Quanto terei que esperar para fazer a conexão?	**Wie lange muss ich auf einen Anschluss warten?** *vi: lá-ngâ muss iH auf ainânn á-nchluss varrtânn*

NA ESTAÇÃO DE TREM

Zweimal nach Berlin, bitte. *tsvaima-l nah bérrli:nn bitâ*
(Duas passagens para Berlim, por favor.)
Einfach oder hin und zurück? *ainfaH ôda hinn unt tsury:k*
(Só de ida ou ida e volta?)
Hin und zurück, bitte. *hinn unt tsury:k bitâ*
(Ida e volta, por favor.)

Embarque

Esta é a plataforma para o trem que vai para ...?	**Ist das der Bahnsteig für den Zug nach ...?** *isst dass dêa bá:nnchtaik fyrr dênn tsu:k naH*
Este é o trem para ...?	**Ist dies der Zug nach ...?** *isst d-i:ss dêa tsu:k naH*
Este assento está vago?	**Ist dieser Platz frei?** *isst d-i:za plats frrai*
Acho que esse é meu assento.	**Ich glaube, das ist mein Platz.** *iH glaubâ dass isst mainn plats*
Há ainda assentos/beliches disponíveis?	**Sind noch Plätze/Schlafplätze frei?** *zint nóH plétsâ/chla:f-plétsâ frrai*
Você se incomoda ...?	**Stört es Sie, ...?** *chtœ:rrt éss zi:*
se eu sentar aqui?	**wenn ich hier sitze?** *vénn iH hia zitsâ*
se eu abrir a janela?	**wenn ich das Fenster öffne?** *vénn iH dass fé-nsta œfnâ*

Durante a viagem

Por quanto tempo vamos parar aqui?	**Wie lange halten wir hier?** *vi: lá-ngâ ha-l-tânn via hia*
Quando chegamos a ...?	**Wann kommen wir in ... an?** *vánn kómânn via inn ... á-nn*
Já passamos por ...?	**Sind wir schon an ... vorbeigekommen?** *zint via chô:nn á-nn ... forrbaigâkómânn*
Onde fica o vagão-restaurante/-leito?	**Wo ist der Speisewagen/Schlafwagen?** *vô: isst dêa chpaizâva:gânn/chla:fva-gânn*
Onde é meu beliche?	**Wo ist mein Schlafplatz?** *vô: isst mainn chla:f-plats*
Perdi minha passagem.	**Ich habe meine Fahrkarte verloren.** *iH ha:bâ mainâ fa:rrkarrtâ férrlô:rrânn*

VOCÊ PODE VER

BUSHALTESTELLE	Ponto de ônibus
RAUCHEN VERBOTEN	Proibido fumar
NOTAUSGANG	Saída de emergência

ÔNIBUS DE VIAGEM

Onde é a rodoviária?	**Wo ist der Busbahnhof?**
	vô: isst dêa buss-bá:n-hô:f
Quando parte o próximo ônibus para ...?	**Wann fährt der nächste Bus nach ...?** *vá-nn fêat dêa nékstâ buss naH*
De que ponto ele sai?	**Von welcher Haltestelle fährt er ab?**
	fónn vé-l-Ha ha-l-tâ-chtélâ fêat êa ap
Onde são os pontos de ônibus?	**Wo sind die Bushaltestellen?**
	vô: zint d-i: buss-ha-l-tâ-chtélâ
O ônibus pára em ...?	**Hält der Bus in ...?**
	hé-l-t dêa buss inn

ÔNIBUS/BONDE

Procure cartões ou carnês (para uma semana/mês) válidos em ônibus, bondes e metrôs. Carnês de dez bilhetes (**10er Karten**) são outro jeito barato de se locomover. Valide sempre o seu bilhete na máquina marcada com os dizeres **Hier Fahrschein entwerten**. Se você for apanhado sem bilhete, terá que pagar uma multa considerável.

Onde fica o terminal de ônibus?	**Wo ist der Busbahnhof?**
	vô: isst dêa buss-bá:n-hô:f
Onde posso pegar um ônibus/bonde para ...?	**Wo hält der Bus/die Straßenbahn zum ...?** *vô: hé-l-t dêa buss/d-i: chtrra:ssânbá:nn tsumm*
o aeroporto	**Flughafen**
	flu:k-ha:fânn
a estação de trem	**Bahnhof**
	bá:n-hô:f
o centro da cidade	**Stadtzentrum**
	chtáts-tsé-n-trrum

VOCÊ PODE VER

Gehen Sie zu der Haltestelle dort drüben.	Vá para aquele ponto ali.
Nehmen Sie die Linie zehn.	Pegue o ônibus número 10.
Sie müssen in ... umsteigen.	Você tem que trocar de ônibus em ...

Comprando bilhetes

Onde posso comprar bilhetes?	**Wo kann ich Fahrscheine kaufen?** *vô: ká-nn iH fa:rrchainâ kaufânn*
Um bilhete só de ida para ...	**Eine einfache Fahrt nach ...** *ainâ ainn-fa-Hâ fa:rrt naH*
Um bilhete de ida e volta para ...	**Einmal nach ... und zurück.** *ainn-ma-l naH... unt tsurryk*
Um carnê de bilhetes, por favor	**Ein Fahrscheinheft, bitte.** *ainn fa:rr-chainn-héft bitâ*
Quanto é o bilhete para ... ?	**Wie viel kostet die Fahrt nach ... ?** *vi:fi:-l kóstât d-i: fa:rrt naH*

No percurso

Este é o ônibus certo para a prefeitura?	**Ist dies der richtige Bus zum Rathaus?** *isst d-i:ss dêa: riH-t-igâ buss tsumm ra:t-hauss*
Você pode me avisar a hora de descer (saltar)?	**Können Sie mir sagen, wann ich aussteigen muss?** *kœnânn zi: mia za:gânn vá-nn iH auss-chtaigânn muss*
Tenho que trocar de ônibus?	**Muss ich umsteigen?** *muss iH umm-chtaigânn*
Quantos pontos são até ...?	**Wie viele Haltestellen sind es bis ...?** *vi:fi:lâ ha-l-tâchtélânn zint éss biss*
É daqui a três pontos.	**Es sind drei Haltestellen von hier.** *éss zint drrai ha-l-tâchtélânn fónn hia*
Próximo ponto, por favor!	**Die nächste Haltestelle, bitte!** *d-i: nékstâ ha-l-tâchtélâ bitâ*

NO TERMINAL DE ÔNIBUS

Entschuldigung, welcher Bus fährt in die Stadt?
ént-chu-l-d-iguN vé-l-Ha buss fêat inn d-i: chtat
(Com licença, que ônibus vai para o centro?)
Die Linie 17. *d-i: li:niâ zi:ptsê:nn* *(O número 17.)*
Vielen Dank. *fi:lânn dá-nk* *(Muito obrigado.)*
Bitte bitte. *bitâ bitâ* *(Não há de quê.)*

Metrô

Há sistemas excelentes de metrô em Berlim, Bonn, Düsseldorf, Colônia, Frankfurt, Hamburgo e Munique, e um sistema menor em Viena. Grandes mapas do lado de fora de cada estação tornam os sistemas muito fáceis de usar. Os bilhetes devem ser comprados nas máquinas que existem em qualquer estação de U-Bahn, antes de entrar no trem. É comum haver inspeções de bilhetes, e há multas altas para bilhetes inválidos.

Procure bilhetes múltiplos e passes para um dia ou um mês, que barateiam os custos de transporte e valem para todos os sistemas de transporte (ônibus, bonde, metrô e trem de superfície).

Dúvidas gerais

Onde fica a estação de metrô mais perto?	**Wo ist die nächste U-Bahnstation?** vô: isst d-i: nékstâ u:bá:nn-chtatsiô:nn
Onde compro um bilhete?	**Wo kann ich eine Fahrkarte kaufen?** vô: ká-nn iH ainâ fa:rrkarrtâ kaufânn
Posso pegar um mapa?	**Kann ich einen Plan haben?** ká-nn iH ainânn pla:nn ha:bânn

No percurso

Que linha vai para a estação principal?	**Welche Linie fährt zum Hauptbahnhof?** vé-l-Ha li:niâ fêat tsumm haupt-bá:-n-hô:f
Este é o trem certo para ...?	**Ist dies die richtige U-Bahn nach ...?** isst d-i:ss d-i: riH-t-igâ u:-bá:-n naH
Onde devo descer para ir a ...?	**An welcher Haltestelle muss ich für ... aussteigen?** á-nn vé-l-Ha ha-l-tachtélâ muss iH fyrr ... auss-chtaigânn
Quantas estações faltam até ...?	**Wie viele Haltestellen sind es bis ...?** vi: fi:lâ ha-l-tachtélânn zint éss biss
A próxima estação é ...?	**Ist die nächste Haltestelle ...?** isst d-i: nékstâ ha-l-tachtélâ
Onde estamos?	**Wo sind wir?** vô: zint via
Onde troco de trem para ir a ...?	**Wo muss ich nach ... umsteigen?** vô: muss iH naH ... umm-chtaigânn
A que horas passa o último trem para ...?	**Wann fährt die letzte U-Bahn nach ...?** vánn fêat d-i: létstâ u:ba:nn naH

BALSA OU *FERRY BOAT*

Há empresas que realizam o transporte do Reino Unido para o continente, incluindo: Stena, Sealink, Hoverspeed, Brittany Ferries, P&O, Sally Ferries, North Sea Ferries, Scandinavian Seaways. Os serviços de balsa para as ilhas do mar do Norte e do mar Báltico são bastante utilizados, e é recomendável fazer reservas.

primeira/próxima/última	**erste/nächste/letzte** *ê:rrsstâ/nékstâ/létstâ*
Um bilhete de ida e volta para ...	**Eine Rückfahrkarte für ...** *ainâ rykfa:rrkarrtâ fyrr*
um carro e um trailer	**ein Auto und einen Wohnwagen** *ainn autô unt ainânn vô:n-va:gânn*
Quero reservar uma	**Ich möchte eine ... buchen.** *iH mœH-tâ ainâ ... bu:Hânn*
cabine simples/dupla	**Einzelkabine/Doppelkabine** *ainn-tsâ-l-kabi:nâ/dópâ-l-kabi:nâ*

VOCÊ PODE VER

RETTUNGSRING	bóia salva-vidas
RETTUNGSBOOT	bote salva-vidas
SAMMELPLATZ	estação de emergência
KEIN ZUGANG ZU DEN AUTODECKS	sem acesso a deques para carros

VIAGENS DE BARCO

Aqui tem ...?	**Gibt es ...?** *ghipt éss*
viagem/passeio de barco	**eine Schiffsfahrt** *ainâ chifs-fa:rrt*
cruzeiro pelo rio	**eine Flussfahrt** *ainâ fluss-fa:rrt*
A que horas o barco sai?	**Wann fährt das Schiff ab?** *vá-nn fêat dass chif ap*
A que horas o barco volta?	**Wann kommt das Schiff wieder?** *vá-nn kó-mmt dass chif vi:da*
Onde o barco pára?	**Wo hält das Schiff?** *vô: hé-l-t dass chif*
Onde podemos comprar bilhetes?	**Wo können wir Fahrkarten kaufen?** *vô: kœnânn via fa:rrkarrtânn kaufânn*

VIAGEM

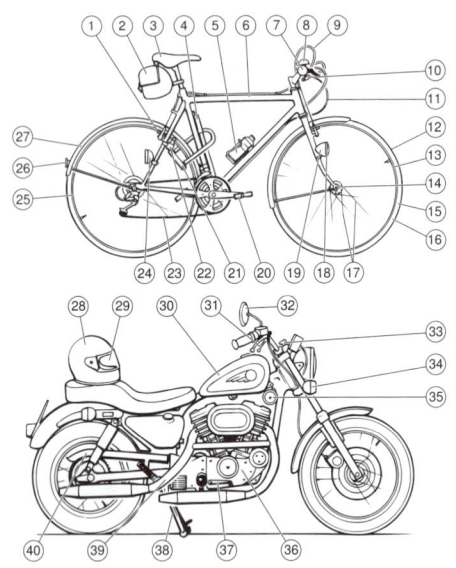

#		#	
1	sapata do freio **Bremsbelag** m	20	pedal **Pedal** nt
2	bolsa **Fahrradtasche** f	21	cadeado **Schloss** nt
3	selim **Sattel** m	22	dínamo **Dynamo** m
4	bomba **Luftpumpe** f	23	corrente **Kette** f
5	garrafa de água **Wasserflasche** f	24	luz traseira **Rücklicht** nt
6	quadro **Rahmen** m	25	aro **Felge** f
7	guidão **Lenker** m	26	refletores **Rückstrahler** mpl
8	buzina **Klingel** f	27	pára-lama **Schutzblech** nt
9	cabo do freio **Bremskabel** nt	28	capacete **Helm** m
10	alavanca de marchas **Schalthebel** m	29	visor **Visier** nt
11	cabo de marchas **Schaltkabel** nt	30	tanque **Tank** m
12	câmara de ar **Schlauch** m	31	embreagem **Kupplungshebel** m
13	roda da frente/de trás **Vorderrad** nt/**Hinterrad** nt	32	espelho **Spiegel** m
		33	ignição **Zündung** f
14	eixo **Achse** f	34	seta **Blinker** m
15	pneu **Reifen** m	35	buzina **Hupe** f
16	roda **Rad** nt	36	motor **Motor** m
17	raios **Speichen** fpl	37	caixa de marchas **Schalthebel** m
18	lâmpada **Glühbirne** f	38	pé de descanso **Ständer** m
19	farol **Scheinwerfer** m	39	escapamento **Auspuff** m
		40	corrente **Kette** f

BICICLETA/MOTO

Eu queria alugar ...	**Ich möchte ... mieten.** *iH mœH-tâ ... mi:tânn*
uma bicicleta de três/dez marchas	**ein drei/zehn-Gang-Rad** *ainn drrai/tsê:nn-gáN-ra:t*
um ciclomotor	**ein Moped** *ainn mô:pét*
uma mountain bike	**ein Mountainbike** *ainn mauntânnbaik*
uma moto	**ein Motorrad** *ainn môtô:rr-ra:t*
Quando custa por dia/semana?	**Wie viel kostet es pro Tag/Woche?** *vi:fi:-l kóstât éss prrô: ta:k/vóHâ*
Tenho que deixar um depósito?	**Muss ich eine Kaution hinterlegen?** *muss iH ainâ kautsiô:nn hintalê:gânn*
Os freios não funcionam.	**Die Bremsen funktionieren nicht.** *d-i: brrémm-zânn funktsioní:rrânn niHt*
Faltam as luzes.	**Die Beleuchtung fehlt.** *d-i: bâlóiH-tuN fê:-l-t*
O pneu dianteiro/traseiro está furado.	**Der Vorderreifen/Hinterreifen hat einen Platten.** *dêa fórrda-raifânn/hinta-raifânn hat ainânn platânn*

PEDINDO CARONA

Pedir carona é permitido em qualquer lugar, exceto em vias expressas e suas estradas de acesso, mas não é um hábito recomendado a ninguém. Uma opção melhor é ir até a **Mitfahrzentrale** (geralmente encontrada em cidades grandes) que reúne motoristas e pessoas procurando carona; você paga uma taxa para a **Mitfahrzentrale** e dá uma contribuição para a gasolina.

Para onde você está indo?	**Wohin fahren Sie?** *vô:-hinn fa:rrânn zi:*
Estou indo para ...	**Ich fahre nach ...** *iH fa:rrâ naH*
Você pode me deixar ...?	**Können Sie mich ... absetzen?** *kœnânn zi: miH ... ap-zétsânn*
aqui	**hier** *hia*
na saída ...	**an der ... Ausfahrt** *á-nn dêa auss-farrt*
no centro	**im Zentrum** *imm tsén-trrumm*
Obrigado(a) pela carona.	**Danke für's Mitnehmen.** *dá-nkâ fyrrss mit-nê:mânn*

TÁXI

Pegue um táxi em um ponto de táxi (Taxistand) ou telefone de onde você estiver; os números estão listados na seção Taxi na lista telefônica local, ou são divulgados em cabines telefônicas. Os táxis na Alemanha são de cor bege, e todos têm taxímetros.

Sugestões de gorjeta:
Alemanha: arredonde para cima; Áustria: 10%; Suíça: 15%.

Onde posso pegar um táxi?	**Wo finde ich ein Taxi?** *vô: findâ iH ainn taksi*
Eu queria um táxi ...	**Ich hätte gern ... ein Taxi.** *iH hétâ ghéann ... ainn taksi*
agora mesmo	**sofort** *zô-fóat*
daqui a uma hora	**in einer Stunde** *inn aina chtundâ*
para amanhã às 9h	**für morgen um neun Uhr** *fyrr mórrgânn umm nóinn ua*
O endereço é ...	**Die Adresse ist ...** *d-i: adrréssâ isst*
Por favor, me leve ...	**Bitte bringen Sie mich ...** *bitâ brringânn zi: miH*
ao aeroporto	**zum Flughafen** *tsumm flu:k-ha:fânn*
à estação de trem	**zum Bahnhof** *tsumm bá:nn-hô:f*
ao hotel ...	**zum ... Hotel** *tsumm hôté-l*
a este endereço	**zu dieser Adresse** *tsu d-i:za adréssâ*
Quanto vai custar?	**Wie viel kostet das?** *vi:fi:-l kóstât dass*
Por favor pare aqui.	**Bitte halten Sie hier.** *bitâ ha-l-tânn zi: hia*
Quanto é?	**Was kostet das?** *vass kóstât dass*
Fique com o troco.	**Der Rest ist für Sie.** *dêa résst isst fyrr zi:*

NO PONTO DE TÁXI

Was kostet es zum Flughafen? *vass kóstât éss tsumm flu:k-ha:fânn* (*Quanto é até o aeroporto?*)
Dreißig Euro. *drraissiH óirrô* (*30 euros.*)
Dann fahren Sie uns, bitte. *dá-nn fa:rrânn zi: unss bitâ* (*Então nos leve até lá, por favor.*)

CARRO

Ao dirigir, o motorista deve carregar os seguintes documentos: carteira de motorista válida (**Führerschein**), registro (**Kraftfahrzeugzulassung**) e documentação de seguro (**Versicherungsschein**). Na Europa, é obrigatório o seguro mínimo contra terceiros. É recomendável contratar seguro automotivo internacional através da sua seguradora.

Tabela de conversão de velocidade

km	1	10	20	30	40	50	60	70	80	90	100	110	120	130
milhas	0.6	6	12	19	25	31	37	44	50	56	62	68	75	81

Rede de estradas

Alemanha & Áustria	**E** – via expressa internacional (verde – sem pedágio); **A** (**Autobahn**) – via expressa nacional (números brancos, fundo azul); **B** (**Bundesstraße**) – estrada federal; **L** (**Landstraße**) – estrada estadual; **G** (**Gemeindestraße**) – estrada local
Suíça	**A** – via expressa (sem pedágio); **N** – estrada principal; **E** – estrada secundária

Limites de velocidade (km/h)

	Área urbana	Fora da área urbana	Via expressa
Alemanha	50	100	130
Áustria	50	100	130
Suíça	50	80	100-120

Equipamento obrigatório: triângulo, placa de nacionalidade e kit de primeiros socorros; os faróis devem ser ajustados se o veículo tem volante do lado direito; é obrigatório o uso de cinto de segurança (na frente e atrás).

Idade mínima para dirigir: Áustria, Suíça, Alemanha – 18.

Em algumas estradas da Áustria é preciso pagar pedágio, principalmente naquelas que atravessam montanhas. Todas as estradas são gratuitas na Alemanha, mas para viajar nas rodovias suíças é necessário um selo — que pode ser comprado em agências de turismo, postos da alfândega, correios e oficinas. Ele tem a validade de um ano, é intransferível e deve ser afixado ao pára-brisa. Um selo adicional é necessário para trailers. Os veículos piscam farol alto para avisar que estão se aproximando — não é um sinal para você passar. Note que o uso de buzina é proibido em área urbana. Limite de álcool no sangue: máx. 50mg/100ml. Lembre que qualquer quantidade de álcool atrapalha a concentração.

Aluguel de carros

Na Áustria ou na Suíça, você precisará apresentar uma carteira de motorista com pelo menos um ano, ou seis meses, na Alemanha.

Assentos de segurança para crianças (**Kindersitze**) são obrigatórios para crianças abaixo de 12 anos e estão disponíveis em agências de aluguel de carros; é recomendado reservar com antecedência.

Idade mínima para alugar um carro: Alemanha, Áustria, Suíça – 21 (25 em algumas agências).

Onde posso alugar um carro?	**Wo kann ich ein Auto mieten?** vô: ká-nn iH ainn autô mi:tânn
Quero alugar um carro.	**Ich möchte ein Auto mieten.** iH mœH-tâ ainn autô mi:tânn
um carro de 2/4 portas	**ein zweitüriges/viertüriges Auto** ainn tsvaity:rrigâss/fiaty:rrigâss autô
um automático	**einen Automatikwagen** ainânn autôma:t-ik-va:gânn
com tração nas quatro rodas	**mit Vierradantrieb** mit fia-ra:t-ántrri:p
com ar condicionado	**mit Klimaanlage** mit kli:ma-ánn-la:gâ
Quero alugar por um dia/semana.	**Ich möchte es für einen Tag/eine Woche.** iH mœH-tâ éss fyrr ainânn ta:k/ainâ vóHâ
Quanto custa por dia/semana?	**Wie viel kostet es pro Tag/Woche?** vi:fi:-l kóstât éss prrô: ta:k/vóHâ
O seguro está incluso?	**Ist die Versicherung inbegriffen?** isst d-i: férrzi-HârruN inn-bâgrrifânn
sem limite de quilometragem	**ohne Kilometerbegrenzung** ô:nâ kilômê:tabâgrrénntsuN
Que tipo de combustível ele usa?	**Welchen Treibstoff braucht es?** vé-l-Hânn trraip-chtóf brrauH-t éss

VOCÊ PODE VER

Kann ich Ihren Führerschein sehen?	Posso ver sua carteira de motorista?
Wer fährt?	Quem vai dirigir?

Quero seguro completo, por favor.	**Kann ich bitte eine Vollkaskoversicherung haben?** *kánn iH bitâ ainâ fó-l-kasskô-férrzi-HârruN ha:bânn*

Posto de gasolina

Onde fica o posto mais próximo, por favor?	**Wo ist die nächste Tankstelle, bitte?** *vô: isst d-i: nékstâ tá-nk-chtélâ bitâ*
Encha o tanque, por favor.	**Volltanken, bitte.** *fó-l-tá-nkânn bitâ*
... litros de ..., por favor.	**... Liter ..., bitte.** *... li:ta bitâ*
super/premium	**Super** *zu:pa*
normal	**Normal** *nórrma:-l*
sem chumbo	**bleifreies Benzin** *blaifrraiâss bénntsi:nn*
diesel	**Diesel** *d-i:zâ-l*
Bomba número ...	**Zapfsäule Nummer ...** *tsapf-zóilâ numa*
Onde fica a bomba de ar/a água?	**Wo ist die Luftpumpe/das Wasser?** *vô: isst d-i: luft-pumpâ/dass vassa*

VOCÊ PODE VER	
PREIS PRO LITER	preço por litro

Estacionamento

Na maioria das Zonas Azuis, você pode estacionar de graça por um tempo limitado com um disco de estacionamento (disponível em postos de gasolina, agências de turismo e clubes do automóvel). Exceto em ruas de mão única, só é permitido estacionar do lado direito da rua. Não estacione em lugares onde houver as placas: **Halten verboten; Stationierungsverbot**. Veículos estacionados irregularmente podem ser multados ou guinchados.

Há um estacionamento próximo?	**Gibt es in der Nähe einen Parkplatz?** *ghipt éss inn dêa nêa ainânn parrkplats*
Quanto custa por hora/dia?	**Wie viel kostet es pro Stunde/Tag?** *vi:fi:-l kóstât éss prrô: chtundâ/ta:k*
Onde eu pago?	**Wo muss ich bezahlen?** *vô: muss iH bâtsa:lânn*

Você tem troco para o parquímetro?	**Haben Sie Kleingeld für die Parkuhr?** ha:bânn zi: klainn-ghé-l-t fyrr d-i: parrk-ua
Meu carro foi preso por um bloqueador de rodas.	**Mein Auto ist mit einer Parkkralle festgesetzt worden.** mainn autô isst mit aina parrk-krralâ fésst-gâzétst vórrdânn

Falha do motor

Em caso de pane, consulte os seus documentos de assistência automotiva ou entre em contato com o serviço de assistência: Alemanha: **ADAC** ☎ 01802/22 22 22; Áustria: **ÖAMTC** ☎ 120 ou **ARBÖ** ☎ 123; Suíça: ☎ 140. Nas rodovias da Alemanha, os telefones de emergência conectam você com o operador; peça pelo **Pannendienst**.

Onde fica a oficina mais próxima?	**Wo ist die nächste Reparaturwerkstatt?** vô: isst d-i nékstâ rêparratua-vérrk-chtat
Meu carro quebrou.	**Ich habe eine Panne.** iH ha:bâ ainâ panâ
Você pode mandar um mecânico/um guincho?	**Können Sie einen Mechaniker/Abschleppwagen schicken?** kœnânn zi: ainânn mê-Ha:nika/ap-chlép-va:gânn chikânn
Sou membro do ...	**Ich bin Mitglied im ...** iH binn mit-gli:t imm
O número da minha placa é ...	**Mein Kraftfahrzeugkennzeichen ist ...** mainn krraft-fa:rr-tsóik-kénn-tsai-Hann iss
O carro está ...	**Das Auto steht ...** dass autô chtê:t
na estrada	**auf der Autobahn** auf dêa autôba:nn
a dois quilômetros de ...	**zwei km von ... entfernt** tsvai kilômê:ta fónn ... ént-férrnt
Quanto tempo vocês vão demorar?	**Wie lange dauert es, bis Sie kommen?** vi: lá-ngâ dauat éss biss zi: kómânn

Qual é o problema?

Meu carro não dá partida.	**Mein Auto springt nicht an.** mainn autô chprringt niHt á-nn
A bateria arriou.	**Die Batterie ist leer.** d-i: batârri: isst lêa
Acabou a gasolina.	**Ich habe kein Benzin mehr.** iH ha:bâ kainn bénn-tsi:nn mêa

O pneu está furado.	**Ich habe einen Platten.** *iH ha:bâ ainânn platânn*
O(a) ... não funciona.	**... funktioniert nicht.** *... funk-tsioni:rrt niHt*
Tranquei as chaves no carro.	**Ich habe die Schlüssel im Auto eingeschlossen.** *iH ha:bâ d-i chlyssâ-l imm autô ainn-gâchlóssânn*

Consertos

Você faz consertos?	**Führen Sie Reparaturen aus?** *fy:rrânn zi: rêparratu:rrânn auss*
Você pode dar uma olhada no meu carro?	**Können Sie sich mein Auto ansehen?** *kœnânn zi: ziH mainn autô á-n-zê:ânn*
Você pode consertar (provisoriamente)?	**Können Sie es (provisorisch) reparieren?** *kœnânn zi: éss prrovizô:rrich rêparri:rrânn*
Por favor, faça apenas os reparos indispensáveis.	**Bitte reparieren Sie nur das Nötigste.** *bitâ rêparri:rrânn zi: nua dass nœ:t-ikstâ*
Posso esperar?	**Kann ich darauf warten?** *ká-nn iH darrauf varrtânn*
Você pode consertar ainda hoje?	**Können Sie es heute reparieren?** *kœnânn zi: éss hóitâ rêparri:rrânn*
Quando vai ficar pronto?	**Wann wird es fertig?** *vá-nn virrt éss férrt-iH*

VOCÊ PODE OUVIR

... funktioniert nicht.	... não funciona.
Ich habe die Ersatzteile nicht.	Não tenho as peças necessárias.
Ich muss die Ersatzteile bestellen.	Vou ter que encomendar as peças.
Ich kann es nur provisorisch reparieren.	Só posso consertar provisoriamente.
Es kann nicht repariert werden.	Não tem conserto.
Es wird ... fertig.	Vai ficar pronto ...
heute noch	hoje ainda
morgen	amanhã
in ... Tagen	daqui a ... dias

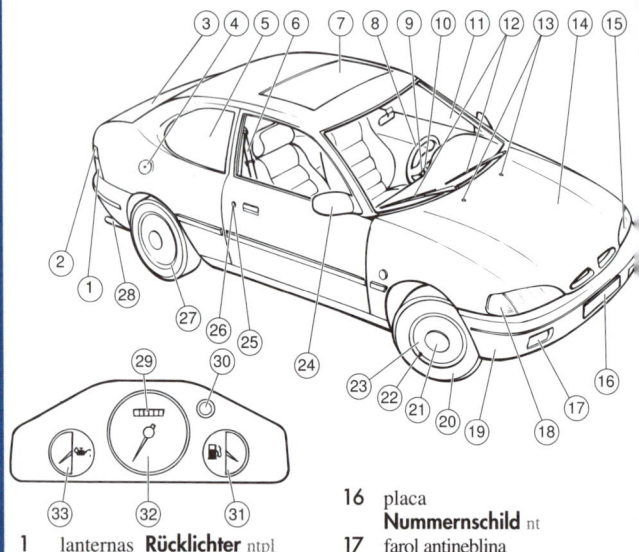

1. lanternas **Rücklichter** ntpl
2. luzes de freio **Bremslichter** ntpl
3. porta-malas **Kofferraum** m
4. tampa do tanque **Tankdeckel** m
5. janela **Fenster** nt
6. cinto de segurança **Sicherheitsgurt** m
7. teto solar **Schiebedach** nt
8. volante **Lenkrad** nt
9. ignição **Zündung** f
10. chave de ignição **Zündschlüssel** m
11. pára-brisas **Windschutzscheibe** nt
12. limpador de pára-brisas **Scheibenwischer** mpl
13. lavador de pára-brisas (esguicho) **Scheibenwaschanlage** f
14. capô **Motorhaube** f
15. faróis **Scheinwerfer** mpl
16. placa **Nummernschild** nt
17. farol antineblina **Nebelscheinwerfer** m
18. setas **Blinker** mpl
19. pára-choque **Stoßstange** f
20. pneus **Reifen** nt f
21. calota **Radkappe** f
22. válvula de ar **Ventil** nt
23. rodas **Räder** ntpl
24. espelho lateral **Außenspiegel** m
25. trava **Zentralverriegelung** f
26. fechadura **Schloss** nt
27. aro da roda **Felge** nt
28. escapamento **Auspuffroh** nt
29. conta-giros **Kilometerzähler** m
30. pisca-alerta **Warnlampe** f
31. nível de combustível **Benzinuhr** f
32. velocímetro **Tachometer** m
33. nível de óleo **Ölstandsanzeiger** m

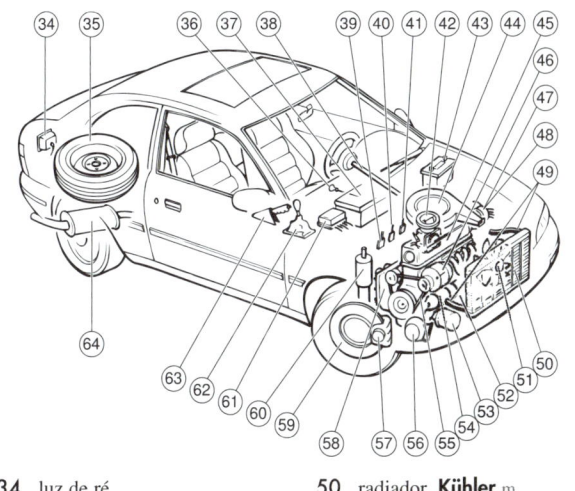

34 luz de ré
   Rückfahrscheinwerfer mpl
35 estepe **Ersatzrad** nt
36 afogador *(em carros mais antigos)* **Choke** m
37 calefação **Heizung** f
38 coluna de direção **Lenksäule** f
39 acelerador **Gaspedal** nt
40 pedal de freio **Bremspedal** nt
41 embreagem **Kupplung** f
42 carburador **Vergaser** m
43 bateria **Batterie** f
44 filtro de ar **Luftfilter** m
45 árvore de cames **Nockenwelle** f
46 alternador **Lichtmaschine** f
47 distribuidor **Verteiler** m
48 ruptores *(em carros mais antigos)* **Unterbrecherkontakte** mpl
49 mangueira do radiador *(pontas)* **Kühlwasserleitung** f
50 radiador **Kühler** m
51 ventoinha **Ventilator** m
52 motor **Motor** m
53 filtro de óleo **Ölfilter** m
54 motor de arranque **Anlasser** m
55 correia de ventilação **Keilriemen** m
56 buzina **Hupe** f
57 pastilhas de freio **Bremsbeläge** mpl
58 transmissão **Getriebe** nt
59 freios **Bremsen** fpl
60 amortecedores **Stoßdämpfer** mpl
61 fusíveis **Sicherungen** fpl
62 alavanca de câmbio **Schaltknüppel** m
63 freio de mão **Handbremse** f
64 cano de descarga **Auspufftopf** m

Quanto vai custar?	**Wie viel wird das kosten?**
	vi:fi:-l virrt dass kóstânn
Isso é um roubo (muito caro)!	**Das ist unverschämt!**
	dass isst unn-férr-chémmt
Posso pegar um recibo para o seguro?	**Kann ich eine Quittung für die Versicherung haben?** *ká-nn iH ainâ kvituN fyrr d-i: férrzi-HârruN ha:bânn*

ACIDENTES

Em caso de acidente:

1. monte seu triângulo cerca de 100 metros atrás do carro;
2. comunique o acidente à polícia (obrigatório se houver pessoas feridas) não abandone o local antes de a polícia chegar;
3. mostre sua carteira de habilitação e os documentos do seguro, e dê seu nome, endereço e dados da seguradora para a outra parte envolvida;
4. entre em contato com a seguradora de terceiros, e com sua própria seguradora;
5. não faça nenhuma declaração por escrito sem consultar um advogado;
6. anote todos os detalhes da outra parte envolvida, e de quaisquer testemunhas imparciais.

Aconteceu um acidente.	**Es ist ein Unfall passiert.** *éss isst ainn unn-fa-l passiat*
Foi ...	**Es ist ...** *éss isst*
na rodovia	**auf der Autobahn** *auf dêa autô-ba:-nn*
perto ...	**in der Nähe von ...** *inn dêa nêa fónn*
Onde fica o telefone mais próximo?	**Wo ist das nächste Telefon?** *vô: isst das nékstâ têlêfô:nn*
Chame ...	**Rufen Sie ..** *ru:fânn zi:*
a polícia	**die Polizei** *d-i: pôlitsai*
uma ambulância	**einen Krankenwagen** *ainânn krrá-nkânn-va:gânn*
um médico	**einen Arzt** *ainân arrtst*
os bombeiros	**die Feuerwehr** *d-i: fóia-vêa*
Você pode me ajudar, por favor?	**Können Sie mir bitte helfen?** *kœnânn zi: mia bitâ hé-l-fânn*

Ferimentos

Há pessoas feridas.	**Es gibt Verletzte.** *éss ghipt férrlétstâ*
Ninguém está ferido.	**Es ist niemand verletzt.** *éss isst ni:mant férrlétst*
Ele/ela está sangrando.	**Er/Sie blutet.** *êa/zi: blu:tât*
Ela está inconsciente.	**Sie ist bewusstlos.** *zi: isst bâvusst-lô:ss*
Ele não consegue respirar.	**Er bekommt keine Luft.** *êa bâkómmt kainâ luft*
Não o tirem do lugar.	**Bewegen Sie ihn nicht.** *bâvê:gânn zi: i:nn niHt*

Questões legais

Qual é a sua seguradora?	**Ihre Versicherungsgesellschaft, bitte?** *i:rrâ férrzi-HârruNss-gâzé-l-chaft bitâ*
Qual é o seu nome e seu endereço?	**Ihr Name und Ihre Adresse?** *ia na:mâ unt adrréssâ*
Ele bateu em mim.	**Er ist mit mir zusammengestoßen.** *êa isst mit mia tsuzá-mânn-gâchtôssânn*
Ela estava dirigindo rápido demais.	**Sie ist zu schnell gefahren.** *zi: isst tsu: chné-l gâfa:rrânn*
Eu estava dirigindo a (apenas) ... km/h.	**Ich bin (nur) ... km/h gefahren.** *iH binn (nua) ... kilômê:ta prrô: chtundâ gâfa:rrânn*
Eu tinha a preferência.	**Ich hatte Vorfahrt.** *iH hatâ fórrfarrt*

VOCÊ PODE OUVIR

Kann ich bitte Ihren ... sehen?	Posso ver seu(sua) ..., por favor?
Führerschein	carteira de habilitação
Versicherungsschein	certificado de seguro
Kraftfahrzeugschein	registro do veículo
Wann ist es passiert?	A que horas aconteceu?
Wo ist es passiert?	Onde aconteceu?
Gibt es Zeugen?	Tem alguma testemunha?
Sie sind zu schnell gefahren.	Você estava em excesso de velocidade.
Ihre Beleuchtung funktioniert nicht.	Suas luzes não estão funcionando.
Sie müssen (sofort) ein Bußgeld bezahlen.	Você terá que pagar uma multa (imediatamente).
Sie müssen auf der Wache eine Aussage machen.	Precisamos que você deponha na delegacia.

Preciso de um intérprete.	**Ich brauche einen Dolmetscher.** *iH brrau-Hâ ainânn dó-l-métchar*
Ele/ela viu tudo.	**Er/Sie hat alles gesehen.** *êa/zi: hat alâss gâzê:ânn*
O número da placa era ...	**Das Kraftfahrzeugkennzeichen war ...** *dêa krraft-fa:rr-tsôik-kénn-tsai-Hânn varr*

PEDINDO INDICAÇÕES

Com licença.	**Entschuldigung** *ént-chu-ld-iguN*
Como eu chego a ...?	**Wie komme ich nach ...?** *vi: kómâ iH naH*
Onde é ...?	**Wo ist ...?** *vô: isst*
Você pode me mostrar no mapa o lugar onde eu estou?	**Können Sie mir auf der Karte zeigen, wo ich bin?** *kœnânn zi: mia auf dêa karrtâ tsaigânn vô: iH binn*
Você pode repetir isso, por favor?	**Können Sie das bitte wiederholen?** *kœnânn zi: dass bitâ vi:da-hô:lânn*
Mais devagar, por favor.	**Langsamer, bitte.** *lá-ngzá-ma bitâ*
Obrigado(a) pela ajuda.	**Vielen Dank für Ihre Hilfe.** *fi:lânn dá-nk fyrr i:rrâ hi-l-fâ*

Viajando de carro

Esta é a estrada certa para ...?	**Ist dies die richtige Straße nach ...?** *isst d-i:ss d-i: riH-t-igâ chtrra:ssâ naH*
Qual é a distância até ...?	**Wie weit ist es nach ...?** *vi: vait isst éss naH*
Para onde leva esta estrada?	**Wohin führt diese Straße?** *vôhi:nn fyrrt d-i:zâ chtrra:ssâ*
Como eu chego até a rodovia?	**Wie komme ich auf die Autobahn?** *vi: kómâ iH auf d-i: autôbá:nn*
Como se chama a próxima cidade?	**Wie heißt die nächste Stadt?** *vi: haisst d-i: nékstâ chtát*
Quanto tempo leva de carro?	**Wie lange dauert es mit dem Auto?** *vi: lá-ngâ dauat éss mit dêm autô*

NA RUA

Entschuldigung, wie weit ist es zum Bahnhof?
ént-chu-ld-iguN vi: vait isst éss tsumm bá:nn-hô:f
(*Com licença, qual é a distância até a estação de trem?*)

Ungefähr 3 Kilometer. *ungâféa drrai kilômê:ta* (*Cerca de 3 quilômetros.*)

Vielen Dank. *fi:lânn dá-nk* (*Muito obrigado.*)

VOCÊ PODE OUVIR

Es ist ...	É ...
geradeaus	em frente
auf der linken/rechten Seite	à esquerda/direita
am Ende der Straße	no final da rua
an der Ecke	na esquina
um die Ecke	dobrando a esquina
in Richtung ...	na direção de ...
gegenüber .../hinter ...	em frente a .../atrás de ...
neben .../nach ...	ao lado de .../depois de ...
Gehen Sie die ... entlang.	Vá até o fim do(a) ...
Seitenstraße/Hauptstraße	rua transversal/principal
Gehen Sie über ...	Cruze a ...
den Platz/die Brücke	praça/ponte
Nehmen Sie ...	Pegue a ...
die dritte Straße rechts	terceira rua à direita
Biegen Sie ... links ab.	Vire à esquerda ...
nach der ersten Ampel	depois do primeiro semáforo
an der zweiten Kreuzung	no segundo cruzamento
Es liegt ... von hier.	É a ... daqui.
nördlich/südlich	norte/sul
östlich/westlich	leste/oeste
Nehmen Sie die Straße nach ...	Pegue a estrada para ...
Sie sind auf der falschen Straße.	Você está na estrada errada.
Folgen Sie den Schildern nach ...	Siga as placas para ...
Es ist ...	É ...
nah/nicht weit/weit	perto/não longe/longe
fünf Minuten zu Fuß	5 minutos a pé
zehn Minuten im Auto	10 minutos de carro
etwa zehn Kilometer entfernt	a cerca de 10 km de distância

Sinais de trânsito

VOCÊ PODE VER

ANLIEGER FREI	apenas para moradores
AUSWEICHSTRECKE	rota alternativa
EINBAHNSTRASSE	rua de mão única
EINORDNEN	entrar em fila
GESPERRT	interditado
LICHT AN	farol ligado
UMLEITUNG	desvio
VORFAHRT GEWÄHREN	dar preferência

Locais da cidade

VOCÊ PODE VER

Altstadt	parte antiga da cidade
Bahnhof	estação
Bushaltestelle	ponto de ônibus
Buslinie	rota de ônibus
Flughafen	aeroporto
Fußgängerüberweg	travessia de pedestres
Fußgängerzone	zona de pedestres
Kino	cinema
Kirche	igreja
öffentliches Gebäude	edifício público
Park	parque
Parkplatz	estacionamento
Polizei	polícia
Postamt	correios
Sportplatz	quadra esportiva
Stadion	estádio
Standort	você está aqui
Taxistand	ponto de táxi
Theater	teatro
Toiletten	sanitários
U-Bahnstation	estação de metrô
Verkehrsbüro	guichê de informações

Pontos turísticos

Os postos de informações turísticas muitas vezes ficam situados no centro da cidade; procure **Fremdenverkehrsamt** ou **Verkehrsbüro**.

Eventos de especial interesse são festivais de vinho e cerveja (ex. a Oktoberfest em Munique), Fasching (época de carnaval, até a quarta-feira de Cinzas).

Onde fica o posto de informações turísticas?	**Wo ist das Fremdenverkehrsbüro?** *vô: isst dass frémm-dân-férrkêass-byrrô:*
Quais são os principais pontos de interesse?	**Welche sind die wichtigsten Sehenswürdigkeiten?** *vé-l-Hâ zint d-i: viH-t-ikstânn zê:ânnss-vyrrd-iH-kaitânn*
Estamos aqui por ...	**Wir sind ... hier.** *via zint ... hia*
apenas algumas horas	**nur ein paar Stunden** *nua ainn pa:rr chtundânn*
um dia	**einen Tag** *ainânn ta:k*
uma semana	**eine Woche** *ainâ vó-Hâ*
Você pode recomendar ...?	**Können Sie ... empfehlen?** *kœnânn zi: émp-fe:lânn*
um passeio pelos pontos turísticos	**eine Stadtrundfahrt** *ainâ chtat-runt-fa:rrt*
uma excursão	**einen Ausflug** *ainânn auss-flu:k*
um passeio de barco	**eine Schiffsfahrt** *ainâ chifs-fa:rrt*
Você tem informações sobre ...?	**Haben Sie Informationen über ...?** *ha:bânn zi: infórrmatsiô:nânn y:ba*
Existem viagens para ...?	**Gibt es Ausflüge nach ...?** *ghipt éss aussfly:gâ naH*

ESSENCIAL

Wo bekommt man Karten?	Onde consigo bilhetes?
Wie lange dauert die Führung?	Quanto tempo dura o passeio guiado?
Zwei Karten, bitte.	Dois bilhetes, por favor.
Wo sind die Toiletten?	Onde ficam os sanitários?
Wo gibt's Souvenirs?	Onde posso comprar suvenires?
Wann müssen wir zurück sein?	Quando precisamos estar de volta?

Excursões

Quanto custa o passeio?	**Wie viel kostet die Rundfahrt?**	
	vi:fi:-l kóstât d-i: runt-fa:rrt	
O almoço está incluso?	**Ist das Mittagessen inbegriffen?**	
	isst dass mit-ta:k-éssânn inn-bâgrrifânn	
De onde partimos?	**Wo fahren wir ab?** *vô: fa:rrânn via ap*	
A que horas começa o passeio?	**Wann beginnt die Rundfahrt?**	
	vá-nn bâghinnt d-i: runt-fa:rrt	
A que horas estaremos de volta?	**Wann sind wir zurück?**	
	vá-nn zint via tsurryk	
Temos tempo livre em ...?	**Haben wir in ... Zeit zur freien Verfügung?**	
	ha:bânn via inn ... tsait tsu-â frraiânn férrfy:guN	
Tem algum guia que fale português?	**Gibt es einen Portugiesisch sprechenden Führer?** *ghipt éss ainânn pórrtughi:zich chprréHândânn fy:rra*	

Durante o passeio

Vamos ver ...? **Werden wir ... sehen?**
vérrdânn via ... zê:ânn

Queríamos dar uma olhada em ... **Wir möchten ... sehen.**
via mœH-tânn ... zê:ânn

Podemos parar aqui ...? **Können wir hier anhalten, ...?**
kœnânn via hia á-nn-ha-l-tânn

para tirar fotos **um Fotos zu machen**
umm fô:tôss tsu: ma-Hânn

para comprar suvenires **um Reiseandenken zu kaufen**
umm raizâ-án-dén-kânn tsu: kaufânn

para ir ao banheiro **um zur Toilette zu gehen**
umm tsua twalétâ tsu: ghê:ânn

Você pode tirar uma foto de nós, por favor? **Würden Sie bitte ein Foto von uns machen?**
vyrrdânn zi: bitâ ainn fô:tô fónn unss ma-Hânn

Quanto tempo temos aqui/em ....? **Wie viel Zeit haben wir hier/in ... zur Verfügung?** *vi:fi:-l tsait ha:bânn via hia/inn ... tsua férrfy:guN*

LOCAIS

Mapas da cidade ficam expostos no centro, nas estações de trem e bonde, e nos guichês de informações turísticas.

Onde fica o(a) ...	**Wo ist ...**	*vô: isst*
abadia	**die Abtei**	*d-i: aptai*
galeria de arte	**die Kunstgalerie**	*d-i: kunsst-galârri:*
jardim botânico	**der Botanische Garten**	*der bôta:nichâ garrtânn*
castelo	**das Schloss**	*dass chlóss*
catedral	**der Dom**	*dêa dô:mm*
cemitério	**der Friedhof**	*dêa frri:t-hô:f*
igreja	**die Kirche**	*d-i: kirr-Hâ*
centro da cidade	**die Innenstadt**	*d-i: inânn-chtat*
fonte	**der Brunnen**	*dêa brrunânn*
porto	**der Hafen**	*dêa ha:fânn*
mercado	**der Markt**	*dêa marrkt*
monastério	**das Kloster**	*dass klóssta*
museu	**das Museum**	*dass muzê:umm*
parte velha da cidade	**die Altstadt**	*d-i: a-l-t-chtat*
ópera	**das Opernhaus**	*dass ô:pârrnn-hauss*
palácio	**der Palast**	*dêa palasst*
parque	**der Park**	*dêa parrk*
prédio do parlamento	**das Parlamentsgebäude**	*dass parrlamênts-gâbóidâ*
área de compras	**das Geschäftsviertel**	*dass gâchéfts-firrtâ-l*
estátua	**die Statue**	*d-i: chta:tuâ*
teatro	**das Theater**	*dass tê:a:ta*
prefeitura	**das Rathaus**	*dass ra:t-hauss*
universidade	**die Universität**	*d-i: univérrzitê:t*
Você pode me mostrar isso no mapa?	**Können Sie es mir auf der Karte zeigen?**	*kœnânn zi: éss mia auf dêa karrtâ tsaigânn*

PONTOS TURÍSTICOS

Horário de funcionamento

Os museus geralmente fecham às segundas-feiras e em feriados importantes (Natal, Ano Novo etc.). Geralmente, o horário de funcionamento é das 9 às 16h.

O ... está aberto ao público?	**Ist ... der Öffentlichkeit zugänglich?** *isst ... dêa œfânt-liH-kait tsu:génk-liH*
Podemos dar uma olhada?	**Können wir uns umsehen?** *kœnânn via unss umm-zê:ânn*
Qual é o horário de visitação?	**Was sind die Öffnungszeiten?** *vass zint d-i: œfnuNss-tsaitânn*
A que horas fecha?	**Wann schließt er/sie/es?** *vá-nn chli:sst êa/zi:/éss*
O ... fica aberto aos domingos?	**Ist ... sonntags geöffnet?** *isst ... zónn-taks gâ-œfnât*
Quando é a próxima visita guiada?	**Wann ist die nächste Führung?** *vá-nn isst d-i: nékstâ fy:rruN*
Você tem um guia (em português)?	**Haben Sie einen Reiseführer (auf Portugiesisch)?** *ha:bânn zi: ainânn raizâfy:rra (auf pórrtughi:zich)*
Posso tirar fotos?	**Darf ich fotografieren?** *darrf iH fôtôgrrafi:rrânn*
Tem acesso para deficientes físicos?	**Ist es für Behinderte zugänglich?** *isst éss fyrr bâ-hindârrtâ tsu:génk-liH*
Você tem um áudio-guia em português?	**Gibt es einen Audio-Führer auf Portugiesisch?** *ghipt éss ainânn aud-iô-raizâfy:rra (auf pórrtughi:zich)*

Pagamentos/Ingressos

Quanto custa o ingresso?	**Was kostet der Eintritt?** *váss kóstât dêa ain-trrit*
Tem desconto para ...?	**Gibt es Ermäßigungen für ...?** *ghipt éss errmê:ssiguN fyrr*
crianças	**Kinder** *kinda*
deficientes físicos	**Behinderte** *bâ-hindârrtâ*
grupos	**Gruppen** *grrupânn*
aposentados	**Rentner** *rént-na*
estudantes	**Studenten** *chtudén-tânn*
Um adulto e duas crianças, por favor.	**Ein Erwachsener und zwei Kinder, bitte.** *ainn érrvaksâna unt tsvai kinda, bitâ*

PONTOS TURÍSTICOS

VOCÊ PODE VER

Eintritt frei	Entrada gratuita
Eintritt verboten	Proibida a entrada
Fotografieren verboten	Proibido fotografar
Geöffnet	Aberto
Geschlossen	Fechado
Nächste Führung um …	Próxima visita guiada às …
Öffnungszeiten	Horário de visitação

IMPRESSÕES

É …	**Es ist …**	éss isst
impressionante	**erstaunlich**	érr-chtaunn-liH
belo	**schön**	chœ:nn
chato/maçante	**langweilig**	lá-N-vailiH
de tirar o fôlego	**atemberaubend**	a:tâmm-bârraubânt
brilhante	**großartig**	grrô-ss-arrt-iH
interessante	**interessant**	intârrâssá-nt
bonito	**hübsch**	hyp-ch
romântico	**romantisch**	rômá-n-t-ich
fantástico	**phantastisch**	fá-ntass-t-ich
horrível	**schrecklich**	ch-rrék-liH
feio	**hässlich**	héss-liH
É um bom preço.	**Es ist preiswert.**	éss isst prraiss-vêat
É um roubo (abuso).	**Es ist Wucher.**	éss isst vu:-Ha
Eu (não) gosto.	**Es gefällt mir (nicht).** éss gâfé-l-t mia (niHt)	
É divertido.	**Es macht Spaß.**	éss maH-t chpass

NA BILHETERIA

Zwei Erwachsene, bitte. tsvai érrvaksânâ bitâ
(Dois adultos, por favor.)
Das macht acht Euro. dass maH-t aH-t óirrô *(São 8 euros.)*
Hier, bitte. hia, bitâ *(Aqui está.)*

GLOSSÁRIO TURÍSTICO

Altarbild retábulo
Altertum Antiguidade
Aquarell aquarela
ausgeliehen an emprestado a
Ausgrabungen escavações
Ausstellung exposição
Ausstellungsstück peça *(de exposição)*
Backsteingotik prédios de tijolo em estilo gótico
Badeanlagen banhos públicos/termas
begonnen iniciado em
Bernstein âmbar
Bibliothek biblioteca
Bild quadro
Bildhauer(in) escultor(a)
Bogen arco
Bronzezeit idade do bronze
Bühne palco
Burg castelo
Chor(stuhl) coro *(igreja)*
Dach telhado
Dom catedral
Druck gravura
Edelstein pedra preciosa
Ehrenmal cenotáfio *(túmulo honorário)*
Eingang entrada
Einzelheit detalhe
Elfenbein mármore
Empore/Galerie galeria
entdeckt descoberto em
entworfen von projetado por
Entwurf projeto
erbaut construído em
Erker sacada *(de janela)*
fertiggestellt concluído em
Fachwerk tabique *(método de construção)*, enxaimel
Festung forte/fortaleza
Friedhof cemitério
Flohmarkt mercado de pulgas
Flügel ala, asa
Gartenanlage jardim
Gasse viela, rua estreita
Gebäude prédio
Geburtshaus von local de nascimento de
geboren nascido em
Gefäß recipiente
gegründet fundado em
Gemächer aposentos reais
Gemälde tela *(quadro)*, pintura
gemalt von pintado por
gestiftet von doado por
gestorben morto em
Gewölbe abóbada
Grab túmulo
Grabmal tumba
Grabstein lápide
Gründerzeit Época dos Fundadores *(período histórico alemão)*
Grundriss planta *(de baixa construção)*
Hallenkirche igreja-salão
Hauptschiff nave (igreja) principal
Herrenhaus solar *(mansão)*
Herrschaft reino, domínio
Hof corte, pátio
im Stil des/der ao estilo de
in Auftrag gegeben von encomendado por
interaktives Ausstellungsstück peça interativa
Jahrhundert século
Jugendstil Art Nouveau
Jungsteinzeit período Neolítico
Kaiser imperador
Kaiserin imperadora
Kanzel púlpito
Kapelle capela

Keramik cerâmica
König rei
Königin rainha
Kreuz cruz
Kreuzzug cruzada
Krone coroa
Kunst arte
Kunsthandwerk artesanato
Künstler(in) artista
Kupferstich água-forte
Kuppel cúpula
Landschaft paisagem
lebte viveu
Leinwand tela
Leuchtturm farol
Maler(in) pintor(a)
Marmor mármore
Maßstab 1:100 escala 1:100
Mauer muro
Meisterwerk obra-prima
Mittelalter Idade Média
mittelalterlich medieval
Mittelschiff nave *(igreja)* central
Möbel mobília
Münze moeda
Ölfarben pinturas a óleo
Orgel órgão
Pfeiler pilar
Plastik escultura
Platz praça, local
Portal portal
Prunkzimmer aposentos de luxo
Rathaus prefeitura
Romanik românico
Römer romanos
Querhaus transepto
Sammlung coleção
Säule pilar/coluna
Schloss castelo, palácio
Schmuck decoração, jóias
Schiefer ardósia
Schnitzerei entalhe *(em madeira)*

Schule des/der escola de
Seitenschiffe naves laterais
silbern de prata
Sims parapeito
Skizze esboço
Sockel base
Spätgotik gótico tardio
Stadtmauer muro da cidade
Stein pedra
Steinzeit Idade da Pedra
Stich gravura
Stil estilo
Strebepfeiler contraforte
Tafel placa
Taufstein fonte batismal
Ton argila
Töpferwaren cerâmica
Tor portão
Treppe escadas
Turm torre
Uhr relógio
vergoldet banhado a ouro
versilbert banhado a prata
Vierung cruzeiro *(arquitetura)*
von por *(pessoa)*
Vortrag palestra
vorübergehend temporário
Wachsfigur figura de cera
Waffe arma
Wand parede
Wandgemälde mural
Wandteppich tapeçaria
Wassergraben fosso
Wasserleitung aqueduto
Wasserspeier gárgula
wieder aufgebaut reconstruído em
Zeichnung desenho
zeitgenössische Kunst arte contemporânea
zerstört von destruído por
Ziegel tijolo
Zinne ameia

Que ...?

Que construção é essa?	**Was ist das für ein Gebäude?**
	vass isst dass fyrr ainn gâbóidâ
Que estilo é esse?	**Was ist das für ein Stil?**
	vass isst dass fyrr ainn cht-i:-l
Que período é esse?	**Aus welcher Zeit ist das?**
	auss vé-l-Ha tsait isst dass

Estilos

Karolinger/karolingisch (de meados do séc. VIII ao séc. X)
Estilo arquitetônico pré-românico, caracterizado por igrejas poligonais circulares (ex. a Capela Palatina na Catedral de Aachen) e igrejas com duas absides (ex. a Abadia Beneditina de Corvey).

Romanik (meados do séc. XI a meados do séc. XIII)
Um estilo predominantemente geométrico na arquitetura de igrejas e escultura e nas iluminuras de manuscritos (ex. a região de Colônia, Speyer, Mainz).

Gotik/Spätgotik (meados do séc. XIII a meados do séc. XVI)
Caracterizado por torres esbeltas, abóbadas altas e pontudas, arcobotantes e decoração escultural (ex. as catedrais de Colônia, Regensburg e Freiburg-Breisgau).

Barock/Rokoko (1630–1780)
Este estilo foi caracterizado pela irregularidade da forma e grande variedade, visando a dar o efeito geral de movimento. O rococó foi a forma extrema deste período, e resultou numa decoração elaborada.

Biedermeier (1816–1848)
Estilo de arte e mobília caracterizado por móveis confortáveis e leves, com contornos fluidos, e armários com portas de vidro. Pintores deste estilo foram Ferdinand Waldmüller e Karl Spitzweg.

Jugendstil (1890–1905)
Este equivalente do Art Nouveau surgiu na Alemanha e na Áustria como uma reação à extravagância da decoração interior contemporânea. Apareceu primeiro na pintura, depois na mobília, em vasos e fachadas de construções. Um exemplo utilizado em design interior está na Schauspielhaus em Munique. Arquitetos: Peter Behrens, Hans Poelzig; pintor: Gustav Klimt.

Bauhaus (1920–1930)
Escola de arquitetura inspirada no tema fundamental do casamento entre a arte e a técnica (ex. a Bauhaus, Dessau; seções da Weissenhof Siedlung; a Hauptbahnhof de Stuttgart; Chilehaus, Hamburgo).

Política
das Fränkische Reich (481–919)
A dinastia dos francos, fundada por Clóvis I, presenciou a propagação do cristianismo e um período de colonização. No ano 800, Carlos Magno foi coroado imperador do Sacro Império Romano e expandiu o império pelo território europeu.
die Reformation (1500–1550)
Em 1517, Martinho Lutero publicou suas "95 teses" em Wittenberg.
Friedrich der Große (1740–1786)
Sob o reinado de Frederico, o Grande, as fronteiras da Prússia foram expandidas.
das Deutsche Reich (1871–1918)
Este período foi caracterizado pelo domínio prussiano e conflitos entre a Igreja e o Estado. A Primeira Guerra Mundial foi o ápice e a derrocada desse império.
Weimarer Republik (1918–1933)
Após a abdicação do Kaiser, a Alemanha adotou uma Constituição Republicana e fez sua primeira tentativa de democracia.
das Dritte Reich (1933–1945)
Hitler fundou um estado totalitário, liderado por ele em um regime de ditadura, o Terceiro Reich, cujo objetivo era a dominação do mundo. A derrota da Alemanha na Segunda Guerra Mundial finalmente resultou na queda de Hitler.
Wiedervereinugung (1989–1990)
O Muro de Berlim caiu em 1989 e, em março de 1990, os alemães orientais participaram de eleições livres pela primeira vez. O tratado de reunificação foi assinado em agosto de 1990 e entrou em vigor em outubro de 1990.

Igrejas/Serviço religioso

Embora as igrejas grandes geralmente fiquem abertas para o público durante o dia, o serviço religioso deve ser respeitado e a maioria das igrejas proíbe a entrada de visitantes com ombros descobertos.

igreja católica	**katholische Kirche**	katô:lichâ kirr-Hâ
igreja protestante	**evangelische Kirche**	êván-ghê:lichâ kirr-Hâ
mesquita	**Moschee**	móchê:
sinagoga	**Synagoge**	zynagô:gâ
A que horas é ...?	**Wann ist ...?**	vá-nn isst
a missa/o serviço	**die Messe/der Gottesdienst**	d-i: méssâ/dêa gótâss-d-i:nst

Fora da cidade

Eu queria um mapa ...	**Ich hätte gern eine Karte ...**	
	iH hétâ ghéann ainâ karrtâ	
desta região	**von dieser Gegend** *fónn d-i:za ghê:gânt*	
com trilhas a pé	**mit Wanderwegen** *mit vá-nda-vê:gânn*	
com rotas de ciclismo	**mit Radwegen** *mit ra:t-vê:gânn*	
A que distância fica ...?	**Wie weit ist es nach ...?**	
	vi: vait isst éss naH	
É permitido ir até ali/lá?	**Darf man dort hingehen?**	
	darrf má-nn dórrt hinn-ghê:ânn	
Existe uma trilha para ...?	**Gibt es einen Wanderweg nach ...?**	
	ghipt éss ainânn vá-nda-vê:k naH	
Você pode me mostrar isso no mapa?	**Können Sie es mir auf der Karte zeigen?** *kœnânn zi: mia auf dêa karrtâ tsaigânn*	
Estou perdido (a pé/de carro).	**Ich habe mich verlaufen/verfahren.** *iH ha:bâ miH férrlaufânn/férrfa:rránn*	

Caminhadas/Trilhas

A que horas começa a caminhada com guia?	**Wann beginnt die geführte Wanderung?** *vá-nn bâghinnt d-i: gâfy:rrtâ vá-ndârruN*	
Quando vamos estar de volta?	**Wann kommen wir zurück?** *vá-nn kó-mân via tsurryk*	
Como é a caminhada/trilha?	**Wie ist die Wanderung?** *vi: isst d-i: vá-ndârruN*	
fácil/média	**leicht/mittel** *laiHt/mitâ-l*	
difícil	**anstrengend** *á-nchtrréngânt*	
Estou exausto.	**Ich bin erschöpft.** *iH binn érr-chœpft*	
Qual é a altura desta montanha?	**Wie hoch ist dieser Berg?** *vi: hô:H isst d-i:za bérrk*	
Que tipo de ... é aquele(a)?	**Was für ... ist das?** *vass fyrr ... isst dass*	
animal/ave	**ein Tier/ein Vogel** *ainn t-ia/ainn fô:gâ-l*	
flor/árvore	**eine Blume/ein Baum** *ainâ blu:mâ/ainn baumm*	

Pontos geográficos

ponte	**Brücke**	*brryká*
caverna	**Höhle**	*hœ:lâ*
penhasco	**Klippe**	*klipâ*
campo	**Feld**	*fé-l-t*
calçada, caminho (a pé)	**Fußweg**	*fussvê:k*
floresta	**Wald**	*va-l-t*
geleira	**Gletscher**	*glét-cha*
cânion	**Schlucht**	*chluH-t*
colina	**Hügel**	*hy:gâ-l*
lago	**See**	*zê:*
montanha	**Berg**	*béak*
serra	**Gebirge**	*gâbirrgâ*
reserva natural	**Naturschutzgebiet**	*natu:rr-chuts-gâbi:t*
panorama	**Panorama**	*panôrra:ma*
parque	**Park**	*parrk*
passagem	**Pass**	*pass*
caminho	**Weg**	*vê:k*
pico	**Gipfel**	*ghipfâ-l*
área de piquenique	**Picknickplatz**	*piknikplats*
lagoa, tanque	**Teich**	*taiH*
corredeiras	**Stromschnellen**	*chtrrô:m-chnélânn*
rio	**Fluss**	*fluss*
mar	**Meer**	*mêa*
spa	**Heilbad**	*hai-l-bá:t*
fonte	**Quelle**	*kvélâ*
riacho	**Bach**	*baH*
trilha	**Wanderweg**	*va-n-dâvê:k*
vale	**Tal**	*ta:-l*
mirante	**Aussichtspunkt**	*auss-ziH-tspunkt*
vinhedo	**Weinberg**	*vainn-béak*
cachoeira	**Wasserfall**	*vassa-fa-l*
bosque	**Wald**	*va-l-t*

PONTOS TURÍSTICOS

LAZER

EVENTOS

Os jornais locais — e, em cidades grandes, guias semanais de entretenimento — informam o que está acontecendo. Em muitas cidades grandes, como Berlim, Frankfurt e Munique, você pode até encontrar publicações em inglês.

Você tem um programa de eventos?	**Haben Sie einen Veranstaltungskalender?** *ha:bânn zi: ainâ véa-án-chta-l-tuNsskalénda*
Você pode me recomendar um ...?	**Können Sie ... empfehlen?** *kœnânn zi: ... émpfê:lânn*
Tem algum ... em cartaz?	**Wird irgendwo ... gegeben?** *virrt irrgântvô: ... gâghê:bânn*
balé	**ein Ballett** *ainn balét*
concerto	**ein Konzert** *ainn kón-tséat*
Tem um bom filme em cartaz?	**Wird irgendwo ein guter Film gezeigt?** *virrt irrgântvô: ainn gu:ta fi-l-m gâtsaikt*
ópera	**eine Oper** *ainâ ô:pa*
teatro	**das Theater** *dass têa:ta*

Ingressos para concertos, teatro e outros eventos culturais são vendidos a preços promocionais em agências de ingressos especializadas. Em cidades pequenas, esses ingressos podem ser vendidos em quiosques, lojas de livros ou de música. Pergunte ao posto de informações turísticas do local.

NA BILHETERIA

Zwei Karten für "Faust", bitte. *tsvai karrtânn fyrr faust, bitâ*
(Dois ingressos para Fausto, por favor.)
Vierundsechzig Euro, bitte. *fia-unt-zéH-tsiH óirrô bitâ*
(64 euros, por favor.)
Nehmen Sie Kreditkarten? *nê:mânn zi: krred-i:tkarrtânn*
(Vocês aceitam cartão de crédito?)
Aber ja. *a:ba ia:* *(Mas é claro.)*

VOCÊ PODE VER	
VORVERKAUF	reservas com antecedência
AUSVERKAUFT	esgotado
KARTEN FÜR HEUTE	ingressos para hoje
GARDEROBE	guarda-volumes

Disponibilidade

Onde eu posso comprar ingressos?
Wo kann ich Karten kaufen?
vô: kánn iH karrtánn kaufánn

Tem ingressos para hoje à noite?
Gibt es für heute Abend noch Karten?
ghipt éss fyrr hóita a:bânt nóH karrtânn

Somos ... pessoas.
Wir sind ... Personen.
via zint ... pérrzô:nânn

A que horas começa/termina?
Wann fängt es an/hört es auf?
vá-nn féngt éss á-nn/hœrrt éss auf

Ingressos

Eu gostaria de reservar ...
Ich möchte ... vorbestellen.
iH mœHtâ fôa-bâchtélânn

três para domingo à noite
drei für Sonntagabend
drrai fyrr zón-ta:k-a:bânt

um para a matinê de sexta
eine für die Nachmittagsvorstellung am Freitag *ainâ fyrr d-i: naH-mit-ta:ks-fôa-chtéluN á-mm frraita:k*

Quanto custam estes assentos?
Wie viel kosten diese Plätze?
vi:fi:-l kóstânn d-i:zâ plétsâ

Você tem alguma coisa mais barata?
Haben Sie etwas Billigeres?
ha:bânn zi: ét-vass biligârrâs

VOCÊ PODE OUVIR	
Ihre Kreditkartennummer, bitte.	O número do seu cartão de crédito, por favor.
Welche Kreditkarte ist es?	Qual é o seu cartão de crédito?
Bis wann ist Ihre Kreditkarte gültig?	Qual é a data de validade?
Holen Sie die Karten ... ab vor neunzehn Uhr an der Vorverkaufskasse	Retire os ingressos ... antes das 19h no balcão de reservas.

Cinema

Filmes estrangeiros geralmente são dublados em alemão, mas cada vez mais salas exibem também filmes em versão original.

Tem algum cinema aqui perto?	**Gibt es hier in der Nähe ein Kino?** *ghipt éss hia in dêa nêa ainn ki:nô*
O que está passando no cinema?	**Was läuft im Kino?** *vass lóift imm ki:nô*
O filme é dublado?	**Ist der Film synchronisiert?** *isst dêa fi-l-m zynkrrônizirrt*
O filme é legendado?	**Hat der Film Untertitel?** *hat dêa fi-l-m unta-t-i:tâ-l*
O filme é na versão original em inglês?	**Ist der Film in der englischen Originalfassung?** *isst dêa fi-l-m inn dêa énglichânn orrighina:-l-fassuN*
Quem é o ator principal?	**Wer spielt die Hauptrolle?** *vêa chpi:-l-t d-i: haupt-rólâ*
Um(a) ..., por favor.	**Ein/Eine ... bitte.** *ainn/ainâ ... bitâ*
saco de pipoca	**eine Schachtel Popcorn** *ainâ chaH-tâ-l pópkórrn*
sorvete de chocolate	**ein Schokoladeneis** *ainn chôkôla:dânn-aiss*
refrigerante	**ein Erfrischungsgetränk** *ainn érrfrrichuNss-gâtré-nk*
pequeno/médio/grande	**klein/mittel/groß** *klainn/mitâ-l/grrô:ss*

Teatro

O que está passando no teatro ... ?	**Was wird im ...-Theater gegeben?** *vass virrt imm têa:ta gâghê:bânn*
Quem é o autor?	**Wer ist der Autor?** *vêa isst dêa autôa*
Você acha que eu ia gostar?	**Glauben Sie, dass es mir gefallen würde?** *glaubânn zi: dass éss mia gâfalânn vyrrdâ*
Não sei falar muito alemão.	**Ich spreche nicht viel Deutsch.** *iH chprré-Hâ niHt fi:-l dóitch*

Ópera/Balé/Dança

Todas as grandes cidades têm uma sala de ópera, e você verá que há concertos acontecendo mesmo nas cidades menores. A Bayreuther Festspiele (óperas de Wagner) é um evento anual espetacular.

Quem é o compositor?	**Wer ist der Komponist?** *vêa isst dêa kóm-pônist*
Quem é a solista?	**Wer ist der Solist/die Solistin?** *vêa isst dêa zolist/d-i: zolist-inn*
O traje formal é obrigatório?	**Ist Abendgarderobe Pflicht?** *isst a:bânt-gardârrô:bâ pfliH-t*
Onde fica a ópera?	**Wo ist das Opernhaus?** *vô: isst dass ô:pann-hauss*
Eu me interesso por dança contemporânea.	**Ich interessiere mich für modernen Tanz.** *iH intêrrêssi:rrâ miH fyrr môdérrnânn tants*

Música/Concertos

Onde fica a sala de concerto?	**Wo ist die Konzerthalle?** *vô: isst d-i: kóntsért-halâ*
Que orquestra/banda vai tocar?	**Welches Orchester/Welche Band spielt?** *vé-l-Hâss órr-Héss-ta/vé-l-Hâ bá-nt chpi:-l-t*
O que eles vão tocar?	**Was wird gespielt?** *vass virrt gâchpi:-l-t*
Quem é o regente?	**Wer ist der Dirigent?** *vêa isst dêa d-irrighé-nt*
Eu gosto de ouvir ...	**Ich höre gern ...** *iH hœrrâ ghéann*
música country	**Countrymusik** *ká-ntrri-muzi:k*
música folclórica	**Volksmusik** *fó-l-ksmuzi:k*
jazz	**Jazz** *djéss*
música dos anos 1960	**Musik aus den Sechzigern** *muzi:k auss dêa zéH-tsigann*
rock	**Rockmusik** *rók-muzi:k*
soul	**Soul** *sou-l*
Eles são famosos/fazem sucesso?	**Sind sie beliebt?** *zint zi: bâli:pt*

LAZER

Vida noturna

O que tem para fazer à noite?	**Was kann man abends unternehmen?** *vass ká-n ma-n a:bânts unterrnê:mânn*
Você pode recomendar um ...?	**Können Sie ein ... empfehlen?** *kœnânn zi: ainn ... émpfê:lânn*
Existe um(a) ... na cidade?	**Gibt es in der Stadt ...?** *ghipt éss inn dêa chtat*
bar	**eine Bar** *ainâ barr*
casino	**ein Spielkasino** *ainn chpi:-l-kazi:nô*
discoteca	**eine Diskothek** *ainâ d-iskôtê:k*
clube gay	**einen Gay Club** *ainânn ghêi klup*
clube noturno	**einen Nachtklub** *ainânn na-H-t-klup*
Existe um cabaré?	**Wird dort ein Varieté gezeigt?** *virrt dórrt ainn varriêtê: gâtsaikt*
Que música eles tocam?	**Welche Musik wird dort gespielt?** *vé-l-Hâ muzi:k virrt dórrt gâchpi:-l-t*
Como eu chego lá?	**Wie komme ich dahin?** *vi: kómâ iH da-hi:nn*

Entrada

A que horas começa o show?	**Wann fängt die Show an?** *vá-nn fénkt d-i: shou á-n*
O traje formal é obrigatório?	**Wird Abendgarderobe verlangt?** *virrt a:bântgarrdârrô:bâ férrlá-Nt*
É preciso pagar entrada?	**Muss man Eintritt bezahlen?** *muss má-n ainntrrit bâtsa:lânn*
É necessário fazer reservas?	**Muss man reservieren?** *muss má-n rêzérrvi:rrânn*
Quanto tempo vamos ter que ficar na fila?	**Wie lange müssen wir Schlange stehen?** *vi: lá-ngâ myssânn via chlá-ngâ chtê:ânn*
Eu queria uma boa mesa.	**Ich hätte gern einen guten Tisch.** *iH hétâ ghéann ainânn gu:tânn t-ich*

Crianças

Você pode recomendar algo para as crianças?	**Können Sie etwas für die Kinder empfehlen?** *kœnânn zi: ét-vass fyrr d-i: kinda émpfê:lânn*
Posso entrar com um carrinho de bebê?	**Kann ich mit einem Kinderwagen hinein?** *ká-n iH mit ainâmm kinda-va:gânn hinainn*
Tem fraldário?	**Gibt es hier einen Wickelraum für Babys?** *ghipt éss hia ainânn vikâ-l-raumm fyrr bêi-biss*
piscina infantil	**das Planschbecken** *dass plá-n-ch-békânn*
playground	**der Spielplatz** *dêa chpi:-l-plats*
grupo de recreação	**die Spielgruppe** *d-i: chpi:-l-grrupâ*
teatro de fantoches/marionetes	**das Puppenspiel** *dass pupânnchpi:-l*
zoológico	**der Zoo** *dêa tsô:*

Babás

Você pode recomendar uma babá confiável?	**Können Sie eine zuverlässige Kinderbetreuung empfehlen?** *kœnânn zi: ainâ tsu:férrlétsigâ kinda-bâtrróiuN émpfê:lânn*
As crianças ficam sob supervisão constante?	**Werden die Kinder ständig beaufsichtigt?** *vérrdânn d-i: kinda chténdiH bâ-auf-ziH-t-ikt*
Os funcionários são bem-treinados?	**Sind die Helfer ausgebildet?** *zint d-i: hé-l-fa aussgâbi-l-dât*
Quando/Onde posso deixar as crianças?	**Wann/Wo kann ich sie abliefern?** *vá-n/vô: ká-n iH zi: ap-li:fârrnn*
Venho buscá-las às ...	**Ich hole sie um ... ab.** *iH hô:lâ zi: umm ... ap*
Estaremos de volta antes das ...	**Wir sind spätestens um ... wieder da.** *via zint chpê:tâstânss umm ... vi:da da:*
Que idade ele/ela tem?	**Wie alt ist er/sie?** *vi: a-l-t isst êa/zi:*
Ela tem três anos e ele tem dezoito meses.	**Sie ist drei Jahre und er ist achtzehn Monate alt.** *zi: isst drrai ia:rrâ a-l-t unt êa isst aH-tsê:nn mô:natâ a-l-t*

Esportes

O futebol é de longe o esporte mais popular, embora todos os esportes tenham sua representação. Trilhas e ciclismo são atividades populares: na maioria das áreas rurais há **Wanderwege** (trilhas marcadas) e ciclovias ao longo das estradas. Esportes aquáticos, golfe, tênis, pesca e hipismo também são populares e as condições para esqui estão entre as melhores do mundo.

Público de esportes

Haverá algum jogo de futebol neste sábado?	**Findet diesen Samstag ein Fußballspiel statt?** findât d-i:zânn zá-msta:k ainn fuss ba-l-chpi:-l chtat
Que times vão jogar?	**Welche Mannschaften spielen?** vé-l-Hâ má-nchaftânn chpi:lânn
Você pode me conseguir um ingresso?	**Können Sie mir eine Karte besorgen?** kœnânn zi: mia ainâ karrtâ bâzórrgânn
Quanto custa o ingresso?	**Was kostet der Eintritt?** vass kóstât dêa ainntrrit
Onde fica o hipódromo?	**Wo ist die Pferderennbahn?** vô: isst d-i: pfêrrdâ-rénn-ba:n
Onde posso fazer uma aposta?	**Wo kann ich eine Wette abschließen?** vô: ká-n iH ainâ vétâ ap-chli:ssânn
Quais são as chances de ... ?	**Wie stehen die Chancen für …?** vi: chtê:ânn d-i cháN-sânn fyrr

atletismo	**Leichtathletik** laiH-t-atlê:t-ik
basquete	**Basketball** ba:skét-ba-l
ciclismo	**Rad fahren** ra:t fa:rrânn
golfe	**Golf** gó-l-f
hipismo	**Pferderennen** pfêrrdâ-ré-nânn
pingue-pongue	**Tischtennis** t-i-ch-té-niss
futebol	**Fußball** fuss-ba-l
natação	**Schwimmen** chvimânn
tênis	**Tennis** té-niss
voleibol	**Volleyball** vóliba-l

Informações

Onde fica o(a) ... mais próximo(a)?	**Wo ist der nächste …?**	*vô: isst dêa nékstâ*
campo de golfe	**Golfplatz**	*gó-l-f-plats*
quadra de tênis	**Tennisplatz**	*té-niss-plats*
Qual é o preço por ...?	**Wie viel kostet es pro …?**	*vi:fi:-l kóstât éss prrô:*
dia/rodada/hora	**Tag/Runde/Stunde**	*ta:k/rundâ/chtundâ*
É preciso ser sócio?	**Muss man Mitglied sein?**	*muss má-n mit-gli:t zainn*
Onde posso alugar ...?	**Wo kann ich … mieten?**	*vô: ká-n iH … mi:tânn*
sapatos	**Schuhe**	*chu:â*
tacos/bastões	**Schläger**	*chlê:ga*
equipamento	**die Ausrüstung**	*d-i:auss-rystuN*
uma raquete	**einen Schläger**	*ainânn chlê:ga*
Posso fazer aulas?	**Kann ich Stunden nehmen?**	*ká-n iH chtundânn nê:mânn*
Vocês têm uma sala de *fitness*?	**Haben Sie einen Fitness-Raum?**	*ha:bânn zi: ainânn fitness-raumm*

VOCÊ PODE VER

Umkleideräume	Vestiários
Angeln verboten	Pesca proibida
Angeln nur mit Angelschein	Pesca apenas com autorização

VOCÊ PODE OUVIR

Wir sind leider ausgebucht.	Sinto muito, estamos lotados.
Sie müssen eine Kaution von … hinterlegen.	Você precisa deixar um depósito de ...
Welche Größe haben Sie?	Qual é o seu tamanho?

NA PRAIA

Procure o mar do Norte e a costa do mar Báltico para nadar e velejar; as ilhas Frísias e Bálticas oferecem praias mais tranqüilas para aqueles que não se incomodam com o vento.

Os lagos na área ao redor dos Alpes oferecem boas condições de velejo e pesca e muitas vezes têm pequenas praias isoladas.

A praia é de pedras/areia?	**Ist es ein Kiesstrand/Sandstrand?** *isst éss ainn ki:ss-chtrrá-nt/zá-nt-chtrrá-nt*
Tem um(a) ... aqui?	**Gibt es hier ...?** *ghipt éss hia*
piscina infantil	**ein Kinderbecken** *ainn kinda-békânn*
piscina	**ein Schwimmbad** *ainn chvimm-ba:t*
É seguro nadar aqui?	**Kann man hier gefahrlos baden?** *ká-n má-n hia gâfa:rrlô:ss ba:dânn*
É seguro para crianças?	**Ist es für Kinder ungefährlich?** *isst éss fyrr kinda unn-gâférrliH*
Existe um salva-vidas?	**Gibt es einen Rettungsschwimmer?** *ghipt éss ainânn rétuNss-chvima*
Quero alugar um(a) ...	**Ich möchte ... mieten.** *iH mœHtâ ... mi:tânn*
espreguiçadeira	**einen Liegestuhl** *ainânn li:gâ-chtu:-l*
jet-ski	**Jet-Ski** *gjét-ski:*
lancha	**ein Motorboot** *ainn môtôa-bô:t*
barco a remo	**ein Ruderboot** *ainn ru:da-bô:t*
veleiro	**ein Segelboot** *ainn zê:gâ-l-bô:t*
equipamento de mergulho	**eine Taucherausrüstung** *ainâ tau-Hâ-auss-rystuN*
guarda-sol	**einen Sonnenschirm** *ainânn zónânn-chirrm*
prancha de surfe	**ein Surfbrett** *ainn zœrrf-brét*
par de esquis aquáticos	**Wasserskier** *vassa-chi:a*
uma prancha de windsurfe	**einen Windsurfer** *ainânn vint-zœrrfa*
Por ... horas.	**Für ... Stunden.** *fyrr chtundânn*

Estações de esqui

A Áustria e a Suíça abrigam as maiores estações de esqui da Europa, com excelentes descidas e muitas vezes um clima tradicional. As opções vão desde locais muito luxuosos e caros até pequenos recantos aconchegantes.

Tem muita neve?	**Liegt viel Schnee?** li:kt fi:-l chnê:
Como é a neve?	**Wie ist der Schnee?** vi: isst dêa chnê:
Eu gostaria de alugar ...	**Ich möchte ... mieten.** iH mœHtâ ... mi:tânn
bastões/sticks	**Skistöcke** chi:chtókâ
patins	**Schlittschuhe** chlit-chu:â
botas de esqui	**Skischuhe** chi:-chu:â
esquis	**Skier** chi:a
Estes são muito ...	**Sie sind zu ...** zi: zint tsu:
grandes/pequenos	**groß/klein** grô:ss/klainn
folgados/apertados	**locker/eng** lóka/é-Nk
desconfortáveis	**unbequem** unn-bâkvê:mm
Um passe de teleférico de um dia/cinco dias, por favor.	**Eine Liftkarte für einen Tag/fünf Tage, bitte.** ainâ lift-karrtâ fyrr ainânn ta:k/fynf ta:gâ, bitâ
Eu queria ter aulas de esqui. Sou ...	**Ich möchte Skiunterricht nehmen. Ich bin ...** iH mœHtâ chi:-unnta-riHt nê:mânn
iniciante	**Anfänger** á-nfénga
avançado	**fortgeschritten** fórrt-gâch-rritânn

VOCÊ PODE VER

DRAHTSEILBAHN/GONDEL	bondinho
SESSELLIFT	teleférico
SCHLEPPLIFT	ski lift

Fazendo amigos

Apresentações

A forma de cumprimentar varia de acordo com o quanto você conhece uma pessoa: o aperto de mão é um gesto educado, tanto na hora do encontro quanto na despedida; ao ser apresentado a um grupo, um homem deve apertar primeiro as mãos das mulheres e depois as dos homens.

Há três formas de tratamento para se referir a "você(s)": **du** (informal/singular) e **ihr** (informal/plural) são usados ao falar com parentes, amigos íntimos, crianças e jovens; **Sie** (formal) é usado em todos os outros casos (singular e plural). É educado dirigir-se aos adultos como Sr. e Sra. (**Herr und Frau**) e falar com eles usando a forma de respeito **Sie** até que eles lhe dêem permissão para usar a forma familiar **du**.

Meu nome é ...	**Ich heiße ...** *iH haissâ*
Quero lhe apresentar ...	**Darf ich ... vorstellen?** *darrf iH fôa-chtélânn*
... , este é ...	**..., das ist ...** *..., dass isst*
Muito prazer em conhecê-lo(a).	**Sehr angenehm.** *zêa á-ngânê:mm*
O prazer é todo meu.	**Ganz meinerseits.** *gá-nts maina-zaits*
Como o sr./a sra./ se chama?	**Wie heißen Sie?** *vi: haissânn zi:*
Sinto muito. Não entendi o seu nome.	**Es tut mir leid, ich habe Ihren Namen nicht verstanden.** *éss tut mia lait, iH ha:bâ i:rrânn na:mânn niHt féa-chtá-ndânn*
Como vai?	**Wie geht es Ihnen?** *vi: ghê:t éss i:nânn*
Bem, obrigado. E o sr.?	**Danke, gut. Und Ihnen?** *dá-nkâ gu:t unt i:nânn*

EM UMA FESTA

Ich heiße Sheryl Borg. *iH haissâ* (*Meu nome é Sheryl Borg.*)

Jürgen Lorenz. Sehr angenehm. *iyrrgânn lô:rrénts zêa á-ngânê:mm* (*Jürgen Lorenz. Muito prazer.*)

Ganz meinerseits. *gá-nts maina-zaits* (*O prazer é todo meu.*)

DE ONDE VOCÊ É?

De onde você é?	**Woher kommen Sie?** *vô:hêa kómânn zi:*
Onde você nasceu?	**Wo sind Sie geboren?** *vô: zint zi: gâbô:rrânn*
Eu sou do(a) ...	**Ich komme aus ...** *iH kómâ auss*
Austrália	**Australien** *au-chtra-liânn*
Grã-Bretanha	**Großbritannien** *grrô-ss-brritániânn*
Canadá	**Kanada** *kánada*
Inglaterra	**England** *éng-lant*
Irlanda	**Irland** *irr-lant*
Nova Zelândia	**Neuseeland** *nói-zê:lant*
Escócia	**Schottland** *chót-lant*
Estados Unidos	**den USA** *dênn u:éss-a:*
País de Gales	**Wales** *uêi-l-ss*
Brasil	**Brasilien** *brrazi:liânn*
Portugal	**Portugal** *pórrtuga:-l*
Onde você mora?	**Wo wohnen Sie?** *vô: vô:nânn zi:*
De que parte do(a) ... você é?	**Aus welchem Teil von ... kommen Sie?** *auss vé-l-Hâmm tai-l fónn ... kómânn zi:*
Áustria	**Österreich** *œsta-raiH*
Alemanha	**Deutschland** *dóitch-lánt*
Suíça	**der Schweiz** *dêa chvaits*
Nós viajamos para cá todo ano.	**Wir kommen jedes Jahr hierher.** *via kómânn iê:dâss iarr hia-hêa*
É minha/nossa primeira visita.	**Ich bin/Wir sind zum ersten Mal hier.** *iH binn/via zint tsumm ê:rrsstânn ma:-l hia*
Você já foi ao Brasil/a Portugal?	**Waren Sie schon einmal in Brasilien/Portugal?** *vva:rrânn zi: chô:nn ainn-ma:-l inn brrazi:liânn/pórrtuga:-l*
Eu adoro o(a) ... aqui.	**... hier gefällt mir sehr gut.** *hia gâfé-l-t mia zêa gu:t*
paisagem	**die Landschaft** *d-i: lá-nt-chaft*
culinária	**die Küche** *d-i: ky:Hâ*

COM QUEM VOCÊ ESTÁ?

Estou sozinho.	**Ich bin allein hier.**	*iH binn alainn hia*
Estou com meu(minha) ...	**Ich bin mit ... hier.**	*iH binn mit ... hia*
mulher (esposa)	**meiner Frau**	*maina frrau*
marido	**meinem Mann**	*mainâmm má-nn*
família	**meiner Familie**	*maina fá-mi:liâ*
filhos	**meinen Kindern**	*mainânn kindann*
pais	**meinen Eltern**	*mainânn é-l-tann*

namorado/namorada **meinem Freund/meiner Freundin**
mainâmm frróint/maina frróind-inn

pai/mãe **der Vater/die Mutter**
dêa fa:ta/d-i: muta

filho/filha **der Sohn/die Tochter**
dêa zô:-n/d-i: tóH-ta

irmão/irmã **der Bruder/die Schwester**
dêa brrú:da/d-i: chvéssta

tio/tia **der Onkel/die Tante**
dêa ó-nkâ-l/d-i: tá-ntâ

Qual é o nome do seu **Wie heißt Ihr Sohn/Ihre Frau?**
filho/da sua esposa? *vi: haisst i:rr zô:-n/i:rrâ frrau*

Eu sou ... **Ich bin ...** *iH binn ...*

casado/solteiro **verheiratet/unverheiratet (ledig)**
féa-hairratât/unn-féa-hairratât (lê:d-iH)

divorciado **geschieden** *gâchi:dânn*

Eu sou separado. **Ich lebe getrennt.** *iH lê:bâ gâtrrénnt*

Nós moramos juntos. **Wir leben zusammen.**
via lê:bânn tsuzá-mânn

Você tem filhos? **Haben Sie Kinder?** *ha:bânn zi: kinda*

Dois meninos e uma menina. **Zwei Jungen und ein Mädchen.**
tsvai iungânn unt ainn mét-Hânn

Que idade eles têm? **Wie alt sind sie?** *vi: a-l-t zint zi:*

Eles têm dez e doze. **Sie sind zehn und zwölf.**
zi: zint tsê:-n unt tsvœ-l-f

O QUE VOCÊ FAZ?

O que você estuda?	**Was studieren Sie?** *vass chtud-i:rrânn zi:*
Eu estudo ...	**Ich studiere ...** *iH chtud-i:rrâ*
ciências exatas	**Naturwissenschaften** *natua-vissân-chaftânn*
ciências humanas	**Geisteswissenschaften** *gaistâss-vissân-chaftânn*
Sou um executivo/uma executiva.	**Ich bin Geschäftsmann/Geschäftsfrau.** *iH binn gâchéfts-má-n/gâchéfts-frrau*
Trabalho com ...	**Ich bin im ... tätig.** *iH binn imm ... tê:t-iH*
engenharia	**Ingenieurwesen** *injêniœ-rrvê:zânn*
varejo	**Einzelhandel** *aintsâ-l-há-ndâ-l*
vendas	**Verkauf** *férrkauf*
Em qual empresa você trabalha?	**Bei welcher Firma arbeiten Sie?** *bai vé-l-Ha firrma arrbaitânn zi:*
Eu trabalho para ...	**Ich arbeite bei ...** *iH arrbaitâ bai*
Eu sou ...	**Ich bin ...** *iH binn*
contador(a)	**Buchhalter[in]** *bu:H-ha-l-ta/bu:H-ha-l-târrinn*
dona de casa	**Hausfrau** *haussfrrau*
estudante	**Student[in]** *chtudé-nt/chtudé-nt-inn*
Eu sou ...	**Ich bin ...** *iH binn*
aposentado(a)	**pensioniert** *pénziôniat*
autônomo(a)	**selbständig** *zé-l-p-chté-ndiH*
Quais são os seus passatempos?	**Was haben Sie für Hobbys?** *vass ha:bânn zi: fyrr hóbiss*
Eu gosto de música.	**Ich höre gern Musik.** *iH hœ:rrâ ghéann muzi:k*
Eu gosto de ler.	**Ich lese gern.** *iH lê:zâ ghéann*
Eu gosto de esportes.	**Ich treibe gern Sport.** *iH trraibâ ghéann chpórrt*
Eu jogo ...	**Ich spiele ...** *iH chpi:lâ*
xadrez/cartas	**Schach/Karten** *chaH/karrtânn*

FAZENDO AMIGOS

QUE TEMPO!

Que lindo dia!	**Was für ein herrlicher Tag!** *vass fyrr ainn hérrliHa ta:k*
Que tempo horrível!	**Was für ein schreckliches Wetter!** *vass fyrr ainn chrékliHâss véta*
Como está frio/quente hoje!	**Was für eine Kälte/Hitze heute!** *vass fyrr ainâ ké-l-tâ/hitsâ hóitâ*
Aqui é sempre quente/frio assim?	**Ist es hier immer so warm/kalt?** *isst éss hia imâ zô: varrm/ka-l-t*
Você acha que vai ... amanhã?	**Glauben Sie, es wird morgen ...?** *glaubânn zi: éss virrt mórrgânn*
fazer sol	**schön** *chœ:-n*
chover	**regnen** *rê:gnânn*
nevar	**schneien** *chnaiânn*
O que diz a previsão do tempo?	**Was sagt der Wetterbericht?** *vass za:kt dêa véta-bârriHt*
Está ...	**Es ist ...** *éss isst*
nublado	**bewölkt** *bâvœ-l-kt*
com neblina	**neblig** *nê:bliH*
geando	**frostig** *frróstiH*
gelado	**eisig** *aiziH*
chuvoso	**regnerisch** *rê:gnârrich*
ventando	**windig** *vind-iH*
trovejando	**gewitterig** *gâvitârriH*
Está nevando.	**Es schneit.** *éss chnait*
Faz tempo que está assim?	**Ist das Wetter schon lange so?** *isst dass véta chô:-n lá-ngâ zô:*
Qual é o índice de pólen?	**Wie hoch ist der Pollenflug?** *vi: hô:H isst dêa pólânn-flu:k*
alto/médio/baixo	**hoch/mittel/niedrig** *hô:H/mitâ-l/ni:driH*
Qual é a previsão para esqui?	**Wie ist der Wintersportbericht?** *vass isst dêa vinta-chpórrt-bârriHt*

Está aproveitando a viagem?

Estou aqui ...	**Ich bin ... hier.**
	iH binn ... hia
a negócios	**geschäftlich** *gâchéft-liH*
de férias	**im Urlaub** *imm urrlaup*
Viemos de ...	**Wir sind mit ... gekommen.**
	via zint mit ... gâkómânn
trem/ônibus/avião	**der Bahn/dem Bus/dem Flugzeug**
	dêa bá:-n/dêmm buss/dêmm flu:k-tsóik
carro/balsa	**dem Auto/der Fähre**
	dêmm autô/dêa fê:rrâ
Estamos hospedados em ...	**Wir wohnen ...**
	via vô:nânn
um apartamento	**in einer Ferienwohnung**
	inn aina fê:riânn-vô:nuN
um hotel	**in einem Hotel**
	inn ainâmm hôté-l
com amigos	**bei Freunden** *bai frróindânn*
Nós já visitamos ...	**Wir haben ... besichtigt.**
	via ha:bânn ... bâziH-tikt
Estamos ficando em um camping.	**Wir sind auf einem Campingplatz.**
	via zint auf ainâmm kémpiN-plats
Você pode sugerir ...?	**Können Sie vorschlagen, ...?**
	kœnânn zi: fôa-chlágânn
coisas para fazer	**was wir unternehmen können**
	vass via unta-nê:mânn kœnânn
lugares para comer	**wo wir essen können**
	vô: via éssânn kœnânn
lugares para visitar	**was wir besichtigen können**
	vass via bâziH-tigânn kœnânn
Estamos adorando/detestando.	**Es gefällt uns sehr gut/überhaupt nicht.**
	éss gâfé-l-t unss zêa gu:t/y:ba-haupt niHt

FAZENDO AMIGOS

VOCÊ PODE OUVIR

Sind Sie im Urlaub?	Você está de férias?
Wie sind Sie hergekommen?	Como você chegou aqui?
Wo wohnen Sie?	Onde você está hospedado?
Wie lange sind Sie schon hier?	Há quanto tempo está aqui?
Wie lange bleiben Sie?	Por quanto tempo vai ficar?
Gefällt Ihnen Ihr Urlaub?	Você está gostando das férias?

CONVITES

Posso convidar você para almoçar? **Darf ich Sie zum Mittagessen einladen?** *darrf iH zi: tsumm mit-ta:k-éssânn ainn-la:dânn*

Você quer tomar um drinque hoje à noite? **Kommen Sie heute Abend auf ein Gläschen?** *kó-mânn zi: hóitâ a:bânt auf ainn gléss-Hânn*

Vamos dar uma festa. Você pode vir? **Wir geben eine Party. Können Sie kommen?** *via ghê:bânn ainâ parrt-i. kœnânn zi: kó-mânn*

Podemos sentar com vocês? **Dürfen wir uns zu Ihnen setzen?** *dyrrfânn via unss tsu: i:nânn zé-tsânn*

Vocês querem sentar conosco? **Möchten Sie sich zu uns setzen?** *mœH-tânn zi: ziH tsu: unss zé-tsânn*

Para sair

Quais são os seus planos para...? **Was haben Sie ... vor?** *vass ha:bânn zi: fôa*

hoje/esta noite **heute/heute Abend** *hóitâ/hóitâ a:bânt*

amanhã **morgen** *mórrgânn*

Você está livre hoje à noite? **Sind sie heute Abend frei?** *zint zi: hóitâ a:bânt frrai*

Você gostaria de... ? **Möchten Sie gern ...?** *mœH-tânn zi: ghéann*

sair para dançar **tanzen gehen** *tá-ntsânn ghê:ânn*

sair para beber **ein Gläschen trinken gehen** *ainn gléss-Hânn trrinkânn ghê:ânn*

sair para comer **essen gehen** *éssânn ghê:ânn*

Aonde você gostaria de ir? **Wohin möchten Sie gehen?** *vô:hinn mœH-tânn zi: ghê:ânn*

Aceitar/Recusar

Ótimo. Eu adoraria.	**Danke, sehr gern.** *dá-nkâ zêa ghéann*
Obrigado(a), mas não vou ter tempo.	**Vielen Dank, aber ich habe keine Zeit.** *fi:lânn dá-nk a:ba iH ha:bâ kainâ tsait*
Posso levar um amigo/ uma amiga?	**Darf ich einen Freund/eine Freundin mitbringen?** *darrf iH ainânn frróint/ainâ frróind-inn mit-brringân*
Onde nos encontramos?	**Wo treffen wir uns?** *vô: trréfânn via unss*
Vamos nos encontrar ...	**Wir treffen uns ...** *via trréfânn unss*
no bar	**in der Bar** *inn dêa barr*
em frente ao seu hotel	**vor Ihrem Hotel** *fôa i:rrâmm hôté-l*
Vou pegar você às oito.	**Ich hole Sie um acht Uhr ab.** *iH hô:lâ zi: umm aHt ua ap*
Pode ser um pouco mais tarde/cedo?	**Geht es etwas später/früher?** *ghê:t éss ét-vass chpê:ta/frry:a*
Que tal outro dia?	**Vielleicht ein andermal?** *fi:l-laiHt ainn á-nda-ma-l*
Para mim está bom.	**Das ist in Ordnung.** *dass isst inn órrt-nuN*

Jantares

Se você for convidado à casa de alguém para uma refeição, leve sempre um presente — uma garrafa de vinho, vinho espumante, chocolates ou, de preferência, flores (mas não rosas).

Você quer beber alguma coisa?	**Möchten Sie etwas trinken?** *mœH-tânn zi: ét-vass trrinkânn*
Você gosta de ...?	**Mögen Sie ...?** *mœ:gânn zi:*
O que você vai querer?	**Was nehmen Sie?** *vass nê:mânn zi:*
Você está gostando da refeição?	**Schmeckt Ihnen das Essen?** *chmékt i:nânn dass éssânn*
Foi uma ótima refeição.	**Das war ein herrliches Essen.** *dass varr ainn hérr-li-Hâss éssânn*

ENCONTROS

Está esperando alguém?	**Warten Sie auf jemanden?** *varrtânn zi: auf iê:mantânn*	
Você se importa se eu ... ?	**Stört es Sie, wenn ich …?** *chtœrrt éss zi: vé-n iH*	
me sentar aqui/fumar	**hier sitze/rauche** *hia zitsâ/rau-Hâ*	
Quer que eu pegue uma bebida para você?	**Möchten Sie etwas trinken?** *mœH-tânn zi: ét-vass trrinkânnn*	
Por que você está rindo?	**Warum lachen Sie?** *varrumm laHânn zi:*	
O meu alemão é tão ruim assim?	**Ist mein Deutsch so schlecht?** *isst mainn dóitch zô: chléH-t*	
Vamos a algum lugar mais tranqüilo?	**Sollen wir irgendwohin gehen, wo es ruhiger ist?** *zólânn via irrgântvô:hinn ghê:ânn vô: éss ru:iga isst*	
Deixe-me em paz, por favor!	**Lassen Sie mich bitte in Ruhe!** *lassânn zi: miH bitâ inn ru:â*	
Você está maravilhoso(a)!	**Du siehst wunderbar aus!** *du: zi:sst vundabarr auss*	
Infelizmente precisamos ir agora.	**Wir müssen jetzt leider gehen.** *via myssânn iétst laida ghê:ânn*	
Obrigado(a) por esta noite.	**Danke für den Abend.** *dá-nkâ fyrr dênn á:bânt*	
Posso ver você de novo amanhã?	**Kann ich Sie morgen wiedersehen?** *ká-n iH zi: mórrgânn vi:dazê:ânn*	
Até breve.	**Bis bald.** *biss ba-l-t*	
Posso pegar o seu endereço?	**Kann ich Ihre Adresse haben?** *ká-n iH i:rrâ adrréssâ ha:bânn*	

NO BAR

Stört es Sie, wenn ich hier sitze? *chtœrrt éss zi: vé-n iH hia zitsâ* (*Você se importa se eu me sentar aqui?*)
Aber nein. *a:ba nainn* (*De modo algum.*)
Danke. *dá-nkâ* (*Obrigado.*)

TELEFONEMAS

Os telefones públicos aceitam cartões telefônicos ou moedas. Os cartões telefônicos (**Telefonkarten**) são vendidos nas agências de correios, algumas bancas de jornal e em casas de câmbio.

Para telefonar ao Brasil do exterior, disque 0055.

Note que ao telefone **zwei** vira **zwo**.

Posso pegar o seu telefone?	**Kann ich Ihre Telefonnummer haben?** *ká-n iH i:rrâ têlêfô:n-numa ha:bânn*
Este é o meu número.	**Das ist meine Nummer.** *dass isst mainâ numa*
Ligue-me, por favor.	**Bitte rufen Sie mich an.** *bitâ ru:fânn zi: miH á-n*
Eu ligo para você.	**Ich rufe Sie an.** *iH ru:fâ zi: á-n*
Onde fica o telefone público mais próximo?	**Wo ist die nächste Telefonzelle?** *vô: isst d-i: nékstâ têlêfô:n-tsélâ*
Posso usar o seu telefone?	**Darf ich Ihr Telefon benutzen?** *darrf iH i:rr têlêfô:n bânutsânn*
Trata-se de uma emergência	**Es handelt sich um einen Notfall.** *éss há-ndâ-l-t ziH umm ainânn nô:tfa-l*
Quero fazer uma ligação para Brasil/Portugal.	**Ich möchte nach Brasilien/Portugal telefonieren.** *iH mœHtâ naH brrazi:liânn/pórrtuga-l têlêfôni:rrânn*
Qual é o código de área de ...?	**Was ist die Vorwahl von ...?** *vass isst d-i: fôa-va:-l fónn*
Quero um cartão telefônico, por favor.	**Ich hätte gern eine Telefonkarte.** *iH hétâ ghéann ainâ têlêfô:n-karrtâ*
Qual é o número de informações?	**Welche Nummer hat die Auskunft?** *vé-l-Hâ numa hat d-i: ausskunft*
Eu queria o número do ...	**Ich möchte die Nummer für ...** *iH mœHtâ d-i: numa fyrr*
Quero fazer uma ligação a cobrar.	**Ich möchte ein R-Gespräch anmelden.** *iH mœHtâ ainn érr-gâchprréH á-nmé-l-dânn*

FAZENDO AMIGOS

Falando ao telefone

Alô. Aqui é ...	**Hallo. Hier spricht ...** *halô: hia chprriH-t*
Eu gostaria de falar com ...	**Ich möchte mit ... sprechen.** *iH mœHtâ mit ... chprré-Hânn*
Ramal ...	**Apparat ...** *aparrá:t*
Fale mais alto/mais devagar, por favor.	**Sprechen Sie bitte etwas lauter/langsamer.** *chprré-Hânn zi: bitâ ét-vass lauta/ lá-Nzá-ma*
Você pode repetir, por favor?	**Können Sie das bitte wiederholen?** *kœnânn zi: dass bitâ vi:da-hô:lânn*
Sinto muito, ele/ela não está.	**Er/Sie ist leider nicht da.** *êa/zi: isst laida niHt da:*
Você discou o número errado.	**Sie sind falsch verbunden.** *zi: zint fa-l-ch féa-bundânn*
Um momento, por favor.	**Einen Augenblick, bitte.** *ainânn augânn-blik bitâ*
Quando ele/ela volta?	**Wann ist er/sie wieder da?** *vá-n isst êa/zi: vi:da da:*
Você pode dizer a ele/ela que eu liguei?	**Würden Sie ihm/ihr sagen, dass ich angerufen habe?** *vyrrdânn zi: i:mm/i:rr za:gânn dass iH á-ngârru:fânn ha:bâ*
Meu nome é ...	**Mein Name ist ...** *mainn na:mâ isst*
Você pode pedir para ele/ela me telefonar?	**Würden Sie ihn/sie bitten, mich anzurufen?** *vyrrdânn zi: i:nn/zi: bitân miH á-ntsurru:fânn*
Você pode anotar um recado, por favor?	**Würden Sie bitte etwas ausrichten?** *vyrrdânn zi: bitâ ét-vass auss-riH-tânn*
Preciso desligar agora.	**Ich muss jetzt aufhören.** *iH muss iétst auf-hœ:rrânn*
Foi bom falar com você.	**Es war nett, mit Ihnen zu sprechen.** *éss varr nét mit i:nânn tsu:chprré-Hânn*
Eu entro em contato.	**Ich melde mich wieder.** *iH mé-l-dâ miH vi:da*
Até logo (ao telefone).	**Auf Wiederhören.** *auf vi:da-hœ:rrânn*

Lojas e serviços

A Alemanha ainda dá prioridade a lojas pequenas, tradicionais e especializadas, oferecendo uma experiência mais pessoal. Mesmo assim, existem shoppings modernos (**Einkaufszentrum**) nas regiões periféricas da maioria das cidades; nesses lugares, freqüentemente se aceita cartão de crédito.

Os mercados e feiras locais podem ser encontrados em qualquer lugar, das cidades grandes às menores vilas.

Ao fazer compras, reserve alguns minutos para sentar-se em um Café ou Kaffeehaus e degustar o lanche vespertino tradicional (**Kaffee und Kuchen**).

Eu queria ...	**Ich hätte gern …** *iH hétâ ghéann*
Você tem ...?	**Haben Sie …?** *ha:bânn zi:*
Quando custa isso?	**Was kostet das?** *vass kóstât dass*
Obrigado(a).	**danke** *dá-nkâ*

Nos estabelecimentos comerciais
Onde fica ...?

Onde fica o(a) ... mais próximo(a)?	**Wo ist der/die/das nächste …?** *vô: isst dêa/d-i:/dass nékstâ*
Onde tem um(a) ...?	**Wo ist ein/eine …?** *vô: isst ainn/ainâ*
Onde fica o shopping center?	**Wo ist das Einkaufszentrum?** *vô: isst dass ainkaufs-tsé-ntrrumm*
É longe daqui?	**Ist es weit von hier?** *isst éss vait fónn hia*
Como eu chego lá?	**Wie komme ich dorthin?** *vi: kó-mâ iH dórrt-hinn*

Lojas

loja de antigüidades	**das Antiquitätengeschäft** *dass á-nt-ikvitê:tânn-gâchéft*
padaria	**die Bäckerei** *d-i: békârrai*
livraria	**die Buchhandlung** *d-i: bu:H-há-ndluN*
açougue	**die Metzgerei** *d-i: métsgârrai*
loja de artigos fotográficos	**das Fotogeschäft** *dass fô-tô-gâchéft*
loja de roupas	**das Bekleidungsgeschäft** *dass bâklaiduNss-gâchéft*

delicatéssen	**das Feinkostgeschäft** *dass fainn-kóst-gâchéft*
loja de departamentos	**das Kaufhaus** *dass kauf-hauss*
farmácia	**die Apotheke** *d-i: apôtê:kâ*
peixaria	**das Fischgeschäft** *dass fich-gâchéft*
floricultura	**das Blumengeschäft** *dass blu:mânn-gâchéft*
loja de presentes	**der Geschenkladen** *dêa gâchénk-la:dânn*
mercadinho/venda	**das Lebensmittelgeschäft** *dass lê:bânnss-mitâ-l-gâchéft*
loja de alimentos naturais	**der Naturkostladen** *dêa natua-kóst-la:dânn*
loja de ferramentas e construção	**die Eisenwarenhandlung** *d-i: aizânn-va:rrân-há-ndluN*
joalheria	**der Juwelier** *dêa juvâlia*
mercado	**der Markt** *dêa marrkt*
confeitaria	**die Konditorei** *d-i: kón-d-itôrrai*
hortifruti	**die Gemüsehandlung** *d-i: gâmy:zâ-há-ndluN*
loja de música	**das Musikgeschäft** *dass musi:k-gâchéft*
sapataria	**das Schuhgeschäft** *dass chu:-gâchéft*
shopping center	**das Einkaufszentrum** *dass ainnkaufs-tséntrrumm*
loja de suvenires	**der Andenkenladen** *dêa á-ndé-nkânn-la:dânn*
loja de artigos esportivos	**das Sportgeschäft** *dass chpórrt-gâchéft*
supermercado	**der Supermarkt** *dêa zu:pa-marrkt*
tabacaria	**das Tabakgeschäft** *dass taba:k-gâchéft*
loja de brinquedos	**das Spielwarengeschäft** *dass chpi:-l-va:rrânn-gâchéft*
loja de bebidas/adega	**die Wein- und Spirituosenhandlung** *d-i: vainn unt chpirrituô:zânn-há-ndluN*

Serviços

clínica (ambulatório)	**die Poliklinik**	d-i: pôlikli:nik
dentista	**der Zahnarzt**	dêa tsá:-n-arrtsst
médico	**der Arzt**	dêa arrtsst
lavagem a seco	**die Reinigung**	d-i: rainiguN
cabeleireiro (masculino/feminino)	**der Friseur (Damen/Herren)**	dêa frrizœ:rr (da:mânn/hérrânn)
hospital	**das Krankenhaus**	dass krrá-nkânn-hauss
lavanderia automática	**der Waschsalon**	dêa vách-zaló-N
livraria	**die Bücherei**	d-i: by-Harrai
ótica	**der Optiker**	dêa ópt-ika
posto de polícia	**die Polizei**	d-i: pôlitsai
agência de correios	**das Postamt**	dass póst-á-m-t
agência de viagens	**das Reisebüro**	dass raizâbyrrô:

Horário de funcionamento

A que horas ... abre/fecha?	**Wann öffnet/schließt …?**	vá-n œfnât/chli:sst
Vocês ficam abertos à noite?	**Haben Sie abends geöffnet?**	ha:bânn zi: a:bânts gâ-œfnât
Vocês fecham para o almoço?	**Haben Sie mittags geschlossen?**	ha:bânn zi: mit-taks gâchlóssânn
Onde é o ...?	**Wo ist …?**	vô: isst
elevador	**der Fahrstuhl/Lift**	dêa fa:rrchtu:-l/lift
É no ...	**Er/sie/es ist im …**	êa/zi:/éss isst imm
térreo	**Erdgeschoss**	ê:rrt-gâchóss
primeiro andar	**ersten Stock**	ê:rrsstânn chtók

NA LOJA

Kann ich Ihnen helfen? ká-n iH i:nânn hé-l-fânn
(Posso ajudar?)
Danke. Ich sehe mich nur um. dá-nkâ iH zê:â miH nua umm
(Obrigado. Só estou olhando.)

LOJAS E SERVIÇOS

Horários gerais

	Abrem	Fecham	Almoço	Não abrem
Lojas	8/9 (8)	6h30(8h30 quin.) (6)[6h30]	12–1/2	sáb. (sex. 14h), exc. 1 sáb./mês, domingos
Correios	8 (7h30)[9]	6 (5) (6h30)[6]	não há (12–2) 12–2[1h45]	domingos fins de semana
Bancos	8h30 (9)[8h30]	4 (5h30 às quintas) (3h30/4)[4h30–5h30]	1–2h30 12h30–1h30	fins de semana fins de semana

Os horários comerciais na Alemanha, (Áustria) e [Suíça] são diferentes. O regulamento para lojas sofreu um relaxamento nos últimos anos. Nas cidades maiores, muitas lojas em aeroportos e estações de trem ficam abertas nos fins de semana.

Atendimento

Você pode me ajudar?	**Können Sie mir helfen?** *kœnânn zi: mia hé-l-fânn*
Estou procurando ...	**Ich suche ...** *iH zu:Hâ*
Só estou dando uma olhada.	**Ich sehe mich nur um.** *iH zê:â miH nua umm*
Você tem ... ?	**Haben Sie ...?** *ha:bânn zi:*
Eu queria ...	**Ich hätte gern ...** *iH hétâ ghéann*
Você pode me mostrar ...?	**Können Sie mir ... zeigen?** *kœnânn zi: mia ... tsaigânn*
Quanto custa isto/aquilo?	**Was kostet dies/das?** *vass kóstât d-i:ss/dass*
É só isso, obrigado(a).	**Danke, das ist alles.** *dá-nkâ dass isst álâss*
Onde é o caixa?	**Wo ist die Kasse?** *vô: isst d-i: kassâ*

VOCÊ PODE VER

GESCHÄFTSZEITEN	horário comercial
GESCHLOSSEN	fechado
DURCHGEHEND GEÖFFNET	aberto o dia todo
AUSGANG	saída
NOTAUSGANG	saída de emergência/incêndio
ROLLTREPPE	escada rolante
STANDORT	você está aqui

ESSENCIAL

Welche … möchten Sie?	Qual … você quer?
Farbe/Form	cor/forma
Qualität/Menge	qualidade/quantidade
Welche Art möchten Sie?	De que tipo você quer?
An welche Preislage	Em que faixa de preço
haben Sie gedacht?	você pensou?

Preferências

Cerca de … euros.	**Um die … Euro.** umm d-i: … óirrô
Precisa ser …	**Es muss … sein.** éss muss … zainn
grande/pequeno	**groß/klein** grrô:ss/klainn
barato/caro	**preiswert/teuer** prraiss-vêat/tóia
escuro/claro	**dunkel/hell** dunkâ-l/hé-l
leve/pesado	**leicht/schwer** laiH-t/chvêa
oval/redondo/quadrado	**oval/rund/quadratisch** ô:va:-l/runt/kvadrra:t-ich
legítimo/imitação	**echt/imitiert** éH-t/imit-i:rrt
Você tem alguma coisa …?	**Haben Sie etwas …?** ha:bânn zi: ét-vass
maior/menor	**Größeres/Kleineres** grœ:ssârrâss/klainârrâss
de melhor qualidade	**Besseres** béssârrâss
Você pode me mostrar …?	**Können Sie mir … zeigen?** kœnânn zi: mia … tsaigânn
aquele/este	**das da/dieses hier** dass da:/di:zâss hia
aqueles/estes	**die da/diese hier** d-i da:/d-i:zâ hia

VOCÊ PODE OUVIR

Werden Sie schon bedient?	Você já foi atendido?
Kann ich Ihnen helfen?	Posso ajudar?
Wer ist der Nächste?	Quem é o próximo?
Was wünschen Sie?	O que você deseja?
Ist das alles?	É só isso?
Sonst noch etwas?	Mais alguma coisa?

Condições de compra

Tem garantia?
Ist darauf Garantie?
isst darrauf garrá-nt-i:

Tem manual de instruções?
Ist eine Gebrauchsanweisung dabei?
isst ainâ gâbrrauHss-á-nvaizuN dabai

Fora de estoque

Você pode encomendar um para mim?
Können Sie es mir bestellen?
kœnânn zi: éss mia ... bâchté-lânn

Quanto tempo vai demorar?
Wie lange dauert das?
vi: lá-ngâ dauat dass

Em que outra loja eu posso comprar ...?
Wo sonst könnte ich ... bekommen?
vô: zó-nsst kœntâ iH ... bâkó-mânn

Decisão

Vou levar.
Ich nehme es.
iH nê:mâ éss

Não era isso que eu queria.
Es ist nicht ganz das, was ich möchte.
éss isst niHt gá-nts dass vass iH mœH-tâ

Não, eu não gosto.
Nein, das gefällt mir nicht.
nainn dass gâfé-l-t mia niHt

É caro demais.
Das ist zu teuer. *dass isst tsu: tóia*

VOCÊ PODE OUVIR

Es tut mir leid, wir haben keine.	Sinto muito, não temos.
Können Sie mir etwas anderes/ ein anderes Modell zeigen?	Você pode me mostrar alguma outra coisa/um outro modelo?
Sollen wir es Ihnen bestellen?	Devemos encomendar para você?

NA LOJA

Guten Tag. Haben Sie Sweatshirts? *gu:tânn ta:k ha:bânn zi:swét-shâ:ts (Bom dia. Vocês vendem suéteres?)*
Nein. Tut mir leid. *nainn tu:t mia lait (Não, sinto muito.)*
Vielen Dank. *fi:lânn dá-nk (Muito obrigado.)*

PAGAMENTO

O imposto sobre produtos (MwSt) é cobrado sobre quase todos os bens e serviços. É possível obter restituição dos impostos pagos em compras grandes ao voltar para casa (fora da União Européia), nos aeroportos.

Pequenas lojas tendem a não aceitar cartões de crédito e usa-se dinheiro vivo com muito mais freqüência. Lojas grandes, restaurantes e hotéis muitas vezes aceitam os principais cartões — procure as placas na porta.

VOCÊ PODE VER

KASSE	caixa
KASSE GESCHLOSSEN	caixa fechado

Onde pago?	**Wo kann ich zahlen?** *vô: ká-n iH tsa:lânn*
Quanto custa?	**Was kostet das?** *vass kóstât dass*
Você pode escrever, por favor?	**Können Sie das bitte aufschreiben?** *kœnânn zi: dass bitâ auf-chrraibânn*
Você aceita ...?	**Nehmen Sie ...?** *nê:mânn zi:*
este cartão de crédito?	**diese Kreditkarte** *d-i:zâ krrêd-i:t-karrtâ*
traveler's checks?	**Reiseschecks** *raizâ-chéks*
Vou pagar ...	**Ich zahle ...** *iH tsa:lâ*
em dinheiro	**bar** *barr*
Posso pegar um recibo, por favor?	**Kann ich bitte eine Quittung haben?** *ká-n iH bitâ ainâ kvituN ha:bânn*
Acho que você me deu o troco errado.	**Ich glaube, Sie haben mir falsch herausgegeben.** *iH glaubâ zi: ha:bânn mia fa-l-ch herrauss-gâghê:bânn*
Você pode me dar uma sacola?	**Kann ich eine Tragetasche haben?** *ká-n iH ainâ trra:gâtachâ ha:bânn*

VOCÊ PODE OUVIR

Wie bezahlen Sie?	Como você vai pagar?
Diese Transaktion ist nicht akzeptiert worden.	A transação não foi aprovada.
Diese Karte ist ungültig.	Este cartão é inválido.
Darf ich Ihren Ausweis sehen?	Você pode me mostrar um documento?

RECLAMAÇÕES

Isso não funciona.	**Das ist nicht in Ordnung.** *dass isst niHt inn órrdnuN*
Você pode trocar isso, por favor?	**Können Sie das bitte umtauschen?** *kœnânn zi: dass bitâ ummtauchânn*
Eu quero meu dinheiro de volta.	**Ich hätte gern mein Geld zurück.** *iH hétâ ghéann mainn ghé-l-t tsurryk*
Aqui está o recibo.	**Hier ist die Quittung.** *hia isst d-i: kvituN*
Eu não tenho o recibo.	**Ich habe die Quittung nicht.** *iH ha:bâ d-i: kvituN niHt*
Quero falar com o gerente.	**Ich möchte mit dem Geschäftsführer sprechen.** *iH mœHtâ mit dêmm gâchéfts-fyrra chprré-Hânn*

Reinigung é lavagem a seco, às vezes com serviço rápido (**Schnellreinigung**). Se você preferir uma lavanderia automática self-service, procure um **Waschsalon**.

REPAROS/LIMPEZA

Isso está quebrado. Você pode consertar?	**Das ist kaputt. Können Sie es reparieren?** *dass isst kaput kœnânn zi: éss rêparri:rrânn*
Você tem ... para isto?	**Haben Sie ... hierfür?** *ha:bânn zi: ... hiafyrr*
uma bateria/pilha	**eine Batterie** *ainâ batârri:*
peças de reposição	**Ersatzteile** *érrzats-tailâ*
Vocês podem ... isso, por favor?	**Können Sie das bitte ...?** *kœnânn zi: dass bitâ*
limpar/passar	**reinigen/bügeln** *rainigânn/by:gâ-l-n*
Você pode ... isso?	**Können Sie das ...?** *kœnânn zi: dass*
alterar/consertar/remendar	**ändern/reparieren/flicken** *é-n-dârrn/rêparri:rrânn/flikânn*
Quando vai/vão ficar pronto(s)?	**Wann ist es/sind sie fertig?** *vá-n isst éss/zint zi: féa-t-iH*
Está faltando ...	**Es fehlt ...** *éss fê-l-t*

Banco/Casas de Câmbio

Em alguns bancos, é possível sacar dinheiro em caixas eletrônicos com cartões de banco ou de crédito. Muitas vezes há instruções em inglês. Você também pode trocar dinheiro em agências de viagem, aeroportos, estações de trem e hotéis, mas a taxa pode não ser tão boa. **Lembre-se de levar seu passaporte quando quiser trocar dinheiro.**

> Em 2002, a moeda da maioria dos países da União Européia, incluindo Alemanha e Áustria, mudou para euro (€), dividido em 100 cents. Na Suíça, a moeda ainda é o franco suíço, dividido em 100 **Rappen**.
>
> **Alemanha e Áustria** *Moedas:* 1, 2, 5, 10, 20, 50 c.; €1, 2
> *Cédulas:* €5, 10, 20, 50, 100, 200, 500
>
> **Suíça** *Moedas:* 5, 10, 20, 50 rp.; 1, 2, 5 SF.
> *Cédulas:* 10, 20, 50, 100, 500, 1000 SF.

Onde fica o(a) ... mais próximo(a)?	**Wo ist die nächste …?** *vô: isst d-i: nékstâ*
banco	**Bank** *bá-nk*
casa de câmbio	**Wechselstube** *véksâ-l-chtu:bâ*

Trocando dinheiro

Posso trocar moeda estrangeira aqui?	**Kann ich hier Devisen wechseln?** *ká-n iH dêvi:zânn véksâ-l-n*
Eu gostaria de trocar alguns dólares/libras por euros.	**Ich möchte Dollar/Pfund in Euro wechseln.** *iH mœHtâ dólarr/pfunt in óirrô véksâ-l-n*
Quero descontar alguns *traveler's checks*.	**Ich möchte Reiseschecks einlösen.** *iH mœHtâ raizâ-chéks ainn-lœ:zânn*
Qual é a taxa de câmbio?	**Wie ist der Wechselkurs?** *vi: isst dêa véksâ-l-kurrss*
Quanto vocês cobram de comissão?	**Welche Gebühr nehmen Sie?** *vé-l-Hâ gâby:rr nê:mânn zi:*
Quero dinheiro trocado, por favor.	**Kann ich bitte Kleingeld haben?** *ká-n iH bitâ klainn-ghé-l-t ha:bânn*

VOCÊ PODE VER	
DEVISEN	moeda estrangeira
BANKGEBÜHREN	tarifas bancárias
ALLE TRANSAKTIONEN	todas as transações
KASSEN	caixas
WECHSELSTUBE	guichê de câmbio
GELDAUTOMAT	caixa eletrônico

Segurança

VOCÊ PODE OUVIR	
Kann ich … sehen?	Posso ver …?
Ihren Pass	seu passaporte
Ihren Ausweis	sua identificação
Ihre Scheckkarte	seu cartão de banco
Ihre Adresse, bitte.	Qual é seu endereço?
Wo wohnen Sie?	Onde você está hospedado?
Füllen Sie bitte dieses Formular aus.	Preencha este formulário, por favor.
Bitte unterschreiben Sie hier.	Por favor, assine aqui.

Caixa eletrônico

Posso sacar dinheiro com meu cartão de crédito aqui?	**Kann ich hier mit meiner Kreditkarte Geld abheben?** *ká-n iH hia mit maina krrêd-i:t-karrtâ ghé-l-t ap-hê:bânn*
Onde ficam os caixas eletrônicos?	**Wo sind die Geldautomaten?** *vô: zint d-i: ghé-l-t-autôma:tânn*
O caixa eletrônico aceita meu cartão?	**Nimmt der Geldautomat meine Karte?** *nimm-t dêa ghé-l-t-autôma:t mainâ karrtâ*
O caixa eletrônico engoliu meu cartão.	**Der Geldautomat hat meine Karte einbehalten.** *dêa ghé-l-t-autôma:t hat mainâ karrtâ ainn-bâha-l-tânn*

Farmácia

É fácil reconhecer as farmácias pelo símbolo: uma cruz verde, geralmente iluminada. Se você estiver procurando uma farmácia à noite, num domingo ou feriado, você encontrará o endereço de farmácias 24 horas (**Apotheken- Notdienst**) no jornal ou em vitrines de farmácias.

Onde fica a farmácia (24h) mais próxima?	**Wo ist die nächste Apotheke (mit Nachtdienst)?** *vô: isst d-i: nékstâ apôtê:kâ (mit naHt-di:nnst)*
Posso esperar?	**Kann ich darauf warten?** *ká-n iH darrauf varrtânn*
Venho buscar depois.	**Ich hole es später ab.** *iH hô:lâ éss chpê:ta ap*
Sou ...	**Ich bin ...** *iH binn*
diabético	**Diabetiker** *d-iabê:t-ika*
epilético	**Epileptiker** *êpilékt-ika*
Estou tomando pílula.	**Ich nehme die Pille.** *iH nê:mâ d-i: pilâ*

Posologia

Quanto devo tomar?	**Wie viel soll ich einnehmen?** *vi:fi:-l zó-l iH ainn-nê:mânn*
Com que freqüência devo tomar?	**Wie oft soll ich es einnehmen?** *vi: óft zó-l iH éss ainn-nê:mânn*
É apropriado para crianças?	**Ist es für Kinder geeignet?** *isst éss fyrr kinda gâ-aignât*

VOCÊ PODE OUVIR

Nehmen Sie zwei Tabletten/ Teelöffel ...	Tome dois comprimidos/colheres de chá ...
vor/nach dem Essen	antes/depois das refeições
mit etwas Wasser	com água
ganz	inteiro
morgens/abends	de manhã/à noite
... Tage lang	por ... dias

VOCÊ PODE VER	
GIFT	veneno
NUR ÄUSSERLICH ANWENDEN	uso externo
NICHT EINNEHMEN	não ingerir

Pedindo orientação

O que você recomendaria para ...?	**Was empfehlen Sie gegen …?** *vass é-mpfê:lân zi: ghê:gânn*	
um resfriado	**eine Erkältung** *ainâ érrké-l-tuN*	
tosse	**Husten** *husstânn*	
diarréia	**Durchfall** *durr-H-fa-l*	
uma ressaca	**einen Kater** *ainênn ka:ta*	
febre do feno	**Heuschnupfen** *hói-chnupfânn*	
picadas de inseto	**Insektenstiche** *inzéktânn-cht-iHâ*	
dor de garganta	**Halsschmerzen** *ha-l-ss-chmérrtsânn*	
queimadura de sol	**Sonnenbrand** *zónânnbrrá-nt*	
enjôo	**Reisekrankheit** *raizâkrrá-nk-hait*	
estômago embrulhado	**Magenverstimmung** *ma:gânnféa-cht-imuN*	
Posso comprar sem receita?	**Kann ich das ohne Rezept bekommen?** *ká-n iH dass ô:nâ rêtsépt bâkó-mânn*	

Pedindo no balcão

Eu queria ...	**Ich hätte gern …** *iH hétâ ghéann*	
creme antisséptico	**eine Wundsalbe** *ainâ vunt-za-l-bâ*	
aspirina (solúvel)	**(lösliches) Aspirin** *(lœ:zli-Hâss) asspirri:nn*	
atadura	**einen Verband** *ainânn féabá-nt*	
algodão	**Watte** *vatâ*	
repelente/spray contra insetos	**ein Insektenschutzmittel/Insektenspray** *ainn inzéktânn-chutsmitâ-l/inzéktânn-chprrêi*	
analgésicos	**Schmerzmittel** *chmérrts-mitâ-l*	
vitamina em tabletes	**Vitamintabletten** *vitami:nn-tablétânn*	

Artigos de higiene

Eu queria ...	**Ich hätte gern ...**	*iH hétâ ghéann*
loção pós-barba	**ein Rasierwasser**	*ainn razia-vassa*
loção pós-sol	**After-Sun-Creme**	*afta-sânn-krrê:mm*
desodorante	**ein Deodorant**	*ainn dêôdôrrá-nt*
creme/bastão de tratamento labial	**einen Lippenbalsam** *ainânn lipâ-n-ba-lzá-m*	
creme hidratante	**Feuchtigkeitscreme**	*fóiH-t-iH-kaits-krrê:mm*
lâminas de barbear	**Rasierklingen**	*razia-klingânn*
absorventes	**Damenbinden**	*da:mânn-bindânn*
sabonete	**eine Seife**	*ainâ zaifâ*
bloqueador solar	**einen Sonnenblocker** *ainânn zónânn-blóka*	
bronzeador	**Sonnencreme/Sonnenmilch** *zónânn-krrê:mm/zónânn-mi-l-H*	
fator ...	**Lichtschutzfaktor ...**	*liH-t-chuts-faktô:a*
absorventes internos	**Tampons**	*tampóNss*
lenços de papel	**Papiertaschentücher**	*papia-tachânn-tyHa*
papel higiênico	**Toilettenpapier**	*twalétânn-papia*
pasta de dente	**Zahnpasta**	*tsá:-npasta*

Para o bebê

comida para bebês	**Babynahrung**	*bei:bi-na:rruN*
lenços umedecidos	**Öltücher**	*œ:-l-tyHa*
fraldas	**Windeln**	*vindâ-l-n*
solução esterilizante	**Sterilisierlösung**	*chtêrrilizi:rr-lœ:zuN*

Para o cabelo

pente	**Kamm**	*ká-m*
condicionador	**Spülung**	*chpy:luN*
escova de cabelo	**Haarbürste**	*ha:rrbrrystâ*
espuma para cabelo	**Schaumfestiger**	*chaumm-fést-i-ga*
spray de cabelo	**Haarspray**	*ha:rrchprrêi*
xampu	**Haarwaschmittel**	*ha:rrvachâ-mitâ-l*

LOJAS E SERVIÇOS

VESTUÁRIO

Roupas típicas nacionais ainda são usadas em eventos especiais. Se você quiser comprar um traje típico como presente, procure Lederhosen (calças de couro na altura dos joelhos) para meninos, e Dirndl (vestido tradicional) para meninas.

Geral

Eu queria ...	**Ich hätte gern ...** *iH hétâ ghéann*
Você tem ...?	**Haben Sie ...?** *ha:bânn zi:*

VOCÊ PODE VER	
DAMENBEKLEIDUNG	roupas femininas
HERRENBEKLEIDUNG	roupas masculinas
KINDERKLEIDUNG	roupas infantis
SONDERANGEBOTE	ofertas
AUSVERKAUF	liqüidação

Cores

Estou procurando alguma coisa em ...	**Ich suche etwas in ...** *iH zu:Hâ étvass inn*
bege	**beige** *bêij*
preto	**schwarz** *chvarrts*
azul	**blau** *blau*
marrom	**braun** *brraunn*
verde	**grün** *grry:nn*
cinza	**grau** *grrau*
laranja	**orange** *orró-njâ*
rosa	**rosa** *rô:za*
roxo	**lila** *li:la*
vermelho	**rot** *rô:t*
branco	**weiß** *vaiss*
amarelo	**gelb** *ghé-l-p*
claro/escuro	**hell** *hé-l* / **dunkel** *dunkâ-l*
Você tem esse modelo em ...?	**Haben Sie das Gleiche in ...?** *ha:bânn zi: dass glai-Hâ inn*

Roupas e acessórios

Eu queria um(a) ...	**Ich hätte gern ...**	*iH hétâ ghéann*
cinto	**einen Gürtel**	*ainânn gyrrtâ-l*
biquíni	**einen Bikini**	*ainânn biki:ni*
blusa	**eine Bluse**	*ainâ blu:zâ*
sutiã	**einen BH**	*ainânn bê:-ha:*
casaco	**einen Mantel**	*ainânn má-n-tâ-l*
vestido	**ein Kleid**	*ainn klait*
bolsa	**eine Handtasche**	*ainâ há-n-t-tachâ*
chapéu	**einen Hut**	*ainânn hu:t*
jaqueta	**eine Jacke**	*ainâ iakâ*
paletó	**ein Jackett**	*ainn jakét*
jeans	**Jeans**	*djinss*
leggings	**Leggings**	*légiNss*
calça	**eine Hose**	*ainâ hô:zâ*
meia-calça	**eine Strumpfhose**	*ainâ chtrrumpf-hô:zâ*
pulôver	**einen Pullover**	*ainânn pulô:va*
capa de chuva	**einen Regenmantel**	*ainânn rê:gânn-má-ntâ-l*
echarpe masculina	**ein Halstuch**	*ainn ha-l-ss-tu:H*
camisa	**ein Hemd**	*ainn hé-mt*
shorts	**Shorts**	*chórrts*
cueca	**eine Unterhose**	*ainâ unta-hô:zâ*
saia	**einen Rock**	*ainânn rók*
meias curtas	**Socken**	*zókânn*
meias	**Strümpfe**	*chtrry-mpfâ*
terno	**einen Anzug**	*ainânn á-ntsu:k*
óculos de sol	**eine Sonnenbrille**	*ainâ zó-nânn-brrilâ*
suéter	**ein Sweatshirt**	*ainn swét-shât*
calção de banho	**eine Badehose**	*ainâ ba:dâ-hô:zâ*
maiô	**einen Badeanzug**	*ainânn ba:dâ-á-ntsu:k*
gravata	**eine Krawatte**	*ainâ krravátâ*

LOJAS E SERVIÇOS

Sapatos

Eu queria um par de ...	**Ich möchte ein Paar ...** *iH mœHtâ ainn parr*
botas	**Stiefel** *cht-i:fâ-l*
sandálias	**Sandalen** *zá-nda:lânn*
sapatos	**Schuhe** *chu:â*
chinelos	**Hausschuhe** *hauss-chu:â*
tênis	**Turnschuhe** *turr-n-chu:â*

Equipamento para caminhadas

mochila	**einen Rucksack** *ainânn ruk-zak*
botas de caminhada	**Wanderschuhe** *vá-ndachu:a*
jaqueta à prova d'água	**eine Regenjacke** *ainâ rre:gânn-iakâ*
anoraque	**einen Anorak** *ainânn á-nórrak*

Tecido

Eu quero alguma coisa em ...	**Ich möchte etwas in ...** *iH mœHtâ étvass inn*
algodão	**Baumwolle** *bau-m-vólâ*
jeans	**Jeansstoff** *djinss-chtóf*
renda	**Spitze** *chpitsâ*
couro	**Leder** *lê:da*
linho	**Leinen** *lainânn*
lã	**Wolle** *vólâ*
Isto é ...?	**Ist das ...?** *isst dass*
algodão puro	**reine Baumwolle** *rainâ bau-m-vólâ*
sintético	**Synthetik** *zy-ntê:t-i:k*
É lavável à mão/ na máquina? há-	**Kann man es von Hand/in der Maschine waschen?** *ká-n má-n éss fónn nt/inn dêa machi:nâ vachânn*

VOCÊ PODE VER

VON HAND WASCHEN	lavar apenas à mão
NICHT BÜGELN	não passar a ferro

Provando roupas

Posso experimentar?	**Kann ich es anprobieren?** *ká-n iH éss á-n-prrôbi:rrânn*
Onde fica o provador?	**Wo ist die Anprobekabine?** *vô: isst dêa á-n-prrôbâkabi:nâ*
Vocês têm este modelo em tamanho ...?	**Haben Sie das in Größe ...?** *ha:bânn zi: dass inn grrœ:ssâ*
Não conheço tamanhos alemães.	**Ich kenne die deutschen Größen nicht.** *iH kénâ d-i: dóitchânn grrœ:ssân niHt*
Vou levar.	**Ich nehme es.** *iH nê:mâ éss*
Não serve.	**Es passt nicht.** *éss passt niHt*
É ... demais	**Es ist zu ...** *éss isst tsu:*
curto/longo	**kurz/lang** *kurrts/lá-N*
apertado/largo	**eng/weit** *é-N/vait*

Tamanhos

	Vestidos/Ternos						Sapatos femininos			
EUA	8	10	12	14	16	18	6	7	8	9
Brasil	40	42	44	46	48	50	35	36	37	38
Europa	38	40	42	44	46	48	37	38	40	41

	Camisas				Sapatos masculinos					
Brasil	P	P	M	M	36	37	39	40	41	42
Europa	38	41	43	45	38	39	41	42	43	44

VOCÊ PODE VER

EXTRA GROSS	extra grande (XG, GG)
GROSS	grande (G)
MITTEL	médio (M)
KLEIN	pequeno (P)
KINDERGRÖSSE	tamanho infantil

SAÚDE E BELEZA

Gorjeta no salão de beleza: Alemanha e Áustria: 10 – 15%; Suíça: incluso.

Eu queria marcar um horário para amanhã.	**Ich hätte gern für morgen einen Termin.** *iH hétâ ghéann fyrr mórrgânn ainânn térrmi:-n*
Quero um(a) ...	**Ich möchte ...** *iH mœH-tâ*
tratamento facial	**eine Gesichtsbehandlung** *ainâ gâziH-ts-bâhá-ndluN*
manicure	**eine Maniküre** *ainâ má-niky:rrâ*
massagem	**eine Massage** *ainâ massa:jâ*
depilação	**eine Wachsbehandlung** *ainâ vaks-bâhá-ndluN*

Cabeleireiro

Eu queria um ...	**Bitte ... Sie mir die Haare.** *bitâ ... zi: mia d-i: ha:rrâ*
corte e secagem	**schneiden und fönen** *chnaidânn unt fœ:nânn*
lavagem e penteado	**waschen und legen** *vachânn unt lê:gânn*
Só aparar as pontas, por favor.	**Nur nachschneiden, bitte.** *nua naH-chnaidânn bitâ*
Quero colorir/tingir meu cabelo.	**Bitte färben/tönen Sie mein Haar.** *bitâ férrbânn/tœ:nânn zi: mainn ha:rr*
Quero uma franja.	**Bitte schneiden Sie mir einen Pony.** *bitâ chnaidânn zi: mia ainânn póni*
Quero fazer luzes/permanente.	**Bitte machen Sie mir Strähnchen/eine Dauerwelle.** *bitâ ma-Hânn zi: mia chtrré-n-Hânn/aina daua-vélâ*
Pode tirar um pouco mais ...	**Bitte ... etwas kürzer.** *bitâ ... ét-vass kyrrtsa*
atrás/na frente	**hinten/vorne** *hintânn/fórrnâ*
no pescoço/dos lados	**im Nacken/an den Seiten** *imm nakânn/á-n dênn zaitânn*
em cima	**oben** *ô-bânn*
Está bom, obrigado(a).	**Das ist gut so, danke.** *dass isst gu:t zô dá-nkâ*

Artigos para casa

Quero um(a) ...	**Ich hätte gern ...**	*iH hétâ ghéann*
adaptador	**einen Adapter**	*ainânn adapta*
papel alumínio	**Alufolie**	*a:lufô:li:â*
abridor de garrafas	**einen Flaschenöffner**	*ainânn flachâ-n-œfna*
abridor de latas	**einen Büchsenöffner**	*ainânn byksânn-œfna*
pregadores	**Wäscheklammern**	*véchâklá-mârr-n*
saca-rolhas	**einen Korkenzieher**	*ainânn kórrkâ-n-tsi:a*
lâmpada	**eine Glühbirne**	*ainâ gly:birrnâ*
fósforos	**Streichhölzer**	*chtrraiH-hœ-l-tsa*
guardanapos de papel	**Papierservietten**	*papia-zérrviétânn*
filme transparente	**Klarsichtfolie**	*kla:rr-ziH-t-fô:liâ*
tomada (elétrica)	**einen Stecker**	*ainânn chtéka*
tesoura	**eine Schere**	*ainâ chê:rrâ*
chave de fenda	**einen Schraubenzieher**	*ainânn chrraubâ-n-tsi:a*

Produtos de limpeza

água sanitária	**Bleichmittel**	*blaiH-mitâ-l*
pano de prato	**Spüllappen**	*chpy:-l-lapân*
detergente	**Spülmittel**	*chpy:-l-mitâ-l*
sacos de lixo	**Müllbeutel**	*my-l-bóitâ-l*
sabão em pó	**Waschpulver**	*vach-pu-l-fa*
esponja	**Schwamm**	*chvá-m*

Louças e talheres

xícaras	**Tassen**	*tassânn*
garfos	**Gabeln**	*ga:bâ-l-n*
copos	**Gläser**	*glê:za*
facas	**Messer**	*méssa*
canecas	**Becher**	*bé-Ha*
pratos	**Teller**	*téla*
colheres	**Löffel**	*lœfâ-l*
colheres de chá	**Teelöffel**	*tê:lœfâ-l*

LOJAS E SERVIÇOS

JOALHERIA/RELOJOARIA

Posso ver ...?	**Könnte ich ... sehen?** *kœntâ iH ... zê:ânn*
isto/aquilo	**dies/das** *d-i:ss/dass*
Está na vitrine.	**Es ist im Schaufenster.** *éss isst imm chau-fé-nssta*
Eu queria um(a) ...	**Ich hätte gern ...** *iH hétâ ghéann*
despertador	**einen Wecker** *ainânn véka*
bateria	**eine Batterie** *ainâ batârri:*
pulseira	**ein Armband** *ainn arrm-bá-nt*
broche	**eine Brosche** *ainâ brróchâ*
corrente	**eine Kette** *ainâ kétâ*
relógio	**eine Uhr** *ainâ ua*
brincos	**Ohrringe** *ôa-ringâ*
colar	**eine Halskette** *ainâ ha-l-s-kétâ*
anel	**einen Ring** *ainânn riN*
relógio de pulso	**eine Uhr** *ainâ ua*

Materiais

Isto é prata/ouro de verdade?	**Ist das echt Silber/Gold?** *isst dass éH-t zi-l-ba/gó-l-t*
Tem algum certificado?	**Gibt es eine Bescheinigung dazu?** *ghipt éss ainâ bâchainiguN datsu:*
Vocês têm alguma coisa em ...?	**Haben Sie etwas in ...?** *ha:bânn zi: ét-vass inn*
cobre	**Kupfer** *kupfa*
cristal	**Kristall** *krista-l*
diamante	**Diamant** *d-iamá-nt*
esmalte	**Email** *êmai*
pérolas	**Perle** *pérrlâ*
liga chumbo-estanho	**Zinn** *tsi-n*
platina	**Platin** *plat-i:-n*
aço inoxidável	**Edelstahl** *ê:dâ-l-chta:-l*
Vocês têm alguma coisa ...	**Haben Sie etwas ...?** *ha:bânn zi: ét-vass*
banhada a ouro	**vergoldet** *féagó-l-dât*
banhada a prata	**versilbert** *féazi-l-bat*

Banca de jornais/Livraria

Geralmente é possível encontrar jornais estrangeiros em estações de trem ou aeroportos, ou em bancas de jornais nas cidades maiores. Você também encontrará livros em outras línguas nas grandes livrarias.

Cigarros podem ser comprados em tabacarias especializadas, máquinas automáticas, restaurantes e supermercados.

Você tem livros/jornais em inglês?	**Verkaufen Sie englische Bücher/Zeitungen?** *féakaufânn zi: énglichâ by:Ha/tsaitungânn*
Eu queria um(a) ...	**Ich hätte gern ...** *iH hétâ ghéann*
livro	**ein Buch** *ainn bu:H*
balas	**Süßigkeiten** *zy:ssiH-kaitânn*
chiclete	**Kaugummi** *kaugumi*
chocolate	**einen Schokoriegel** *ainânn chôkô-ri:gâ-l*
maço de cigarros	**eine Schachtel Zigaretten** *ainâ chaH-tâ-l tsigarrétânn*
charutos	**Zigarren** *tsigarrânn*
dicionário	**ein Wörterbuch** *ainn værrta-bu:H*
alemão-português	**Deutsch-Portugiesisch** *dóitch-pórrtughi:zich*
envelopes	**Briefumschläge** *brri:f-umm-chlê:gâ*
guia turístico de ...	**einen Reiseführer von ...** *ainânn raizafy:rra fó-n*
isqueiro	**ein Feuerzeug** *ainn fóia-tsóik*
revista	**eine Zeitschrift** *ainâ tsait-chrrift*
mapa da cidade	**einen Stadtplan** *ainânn chtat-plá:-n*
mapa de ruas de ...	**eine Straßenkarte von ...** *ainâ chtrrassâ-n-karrtâ fó-n*
fósforos	**Streichhölzer** *chtrraiH-hœ-l-tsa*
jornal	**eine Zeitung** *ainâ tsaituN*
caneta	**einen Kugelschreiber** *ainânn ku:gâ-l-chrraiba*
cartão-postal	**eine Postkarte** *ainâ pósst-karrtâ*
selos	**Briefmarken** *brri:f-marrkânn*
tabaco	**Tabak** *taba:k*

FOTOGRAFIA

Estou procurando uma ...	**Ich suche ...** *iH zu:Hâ*
câmera automática	**eine Automatikkamera** *ainâ autôma:t-ik-ká:-mârra*
câmera compacta	**eine Kompaktkamera** *ainâ kó-mpakt-ik-ká:-mârra*
câmera descartável	**eine Einwegkamera** *ainâ ainn-vék-ká:-mârra*
Eu queria um(a) ...	**Ich hätte gern ...** *iH hétâ ghéann*
bateria	**eine Batterie** *ainâ batârri:*
estojo para câmera	**eine Fototasche** *ainâ fô:tôtachâ*
flash (eletrônico)	**einen (Elektronen)blitz** *ainânn (êléktrrô:nânn)blits*
filtro	**einen Filter** *ainânn fi-l-ta*
lente	**ein Objektiv** *ainn ôbiékt-i:f*
capa de lente	**einen Objektivdeckel** *ainânn ôbiékt-i:fdékâ-l*

Filmes/Revelação

Eu queria um ... para esta câmera.	**Ich hätte gern einen ... für diesen Fotoapparat.** *iH hétâ ghéann ... fyrr d-i:zânn fô:tôaparra:t*
filme em preto e branco	**Schwarzweißfilm** *chvarrts-vaiss-fi-l-m*
filme colorido	**Farbfilm** *farrp-fi-l-m*
24/36 poses	**vierundzwanzig/sechsunddreißig Aufnahmen** *fia-unt-tsvá-ntsiH/zéks-unt-drraissiH aufná:-mânn*
Eu queria revelar este filme, por favor.	**Bitte entwickeln Sie diesen Film.** *bitâ éntvikâ-l-n zi: d-i:zânn fi-l-m*
Você pode ampliar isto, por favor?	**Können Sie das bitte vergrößern?** *kœnânn zi: dass bitâ féagrrœ:ssarrn*
Quando as fotos vão ficar prontas?	**Wann sind die Fotos fertig?** *vá-n zint d-i: fô:tôss féat-iH*
Vim retirar minhas fotos. Aqui está o recibo.	**Ich möchte meine Fotos abholen. Hier ist der Schein.** *iH mœH-tâ mainâ fô:tôss ap-hô:lânn hia isst dêa chainn*

Polícia

Crimes, roubos, acidentes e extravios devem ser reportados ao distrito de polícia mais próximo (**Polizei**).

Para falar com a polícia em caso de emergência, disque ☎ 110 na Alemanha, ☎ 133 na Áustria e ☎ 117 na Suíça.

Onde fica o posto policial mais próximo?	**Wo ist die nächste Polizeiwache?** *vô: isst d-i: nékstâ politsai-va-Hâ*
Alguém aqui fala inglês?	**Spricht jemand hier Englisch?** *chprriHt iê:mant hia énglich*
Quero denunciar ...	**Ich möchte ... melden.** *iH mœHtâ ... mé-l-dânn*
um assalto	**einen Überfall** *ainânn y:ba-fa-l*
um roubo/estupro	**einen Straßenraub/eine Vergewaltigung** *ainânn chtrra:ssânn-raup/ ainâ féagâva-l-t-iguN*
Minha criança desapareceu.	**Mein Kind ist verschwunden.** *mainn kint isst féa-chvundânn*
Aqui está uma foto dele/dela.	**Hier ist ein Foto von ihm/ihr.** *hia isst ainn fô:tô fó-n i:mm/i:rr*
Preciso de um advogado que fale inglês.	**Ich brauche einen Englisch sprechenden Anwalt.** *iH brrau-Hâ ainânn énglich chprré-Hândânn á-n-va-l-t*
Preciso ligar para o consulado.	**Ich muss das Konsulat anrufen.** *iH muss dass kó-n-zula:t á-n-ru:fânn*

VOCÊ PODE OUVIR

Können Sie ihn/sie beschreiben?	Você pode descrevê-lo/a?
männlich/weiblich	masculino/feminino
blond/brünett	louro(a)/moreno(a)
rothaarig/grau	ruivo(a)/grisalho(a)
kurzes/langes/schütteres Haar	cabelo curto/comprido/calvo
ungefähre Größe ...	altura aproximada ...
(ungefähres) Alter ...	idade (aproximada) ...
Er/sie trug ...	Ele/ela estava vestindo ...

Objetos perdidos/roubados

Quero denunciar um furto/arrombamento.	**Ich möchte einen Diebstahl/Einbruch melden.** *iH mœHtâ ainânn d-i:p-chta:l/ainn-brruH mé-l-dânn*
Fui roubado/assaltado.	**Ich bin bestohlen / überfallen worden.** *iH binn bâchtô-lânn/y:bafalânn vóadânn*
Perdi meu(minha) ...	**Ich habe ... verloren.** *iH ha:bâ féalô-rrânn*
Alguém roubou meu(minha) ...	**Jemand hat ... gestohlen** *iê:mant hat ... gâchtô-lânn*
câmera	**meine Kamera** *mainâ ká:-mêrra*
carro (alugado)	**meinen (Miet)wagen** *mainânn (mi:t)va:gânn*
cartões de crédito	**meine Kreditkarten** *mainâ krrêd-i:tkarrtânn*
bolsa	**meine Handtasche** *mainâ há-nt-tachâ*
dinheiro	**mein Geld** *mainn ghé-l-t*
passaporte	**meinen Reisepass** *mainânn raizâ-pass*
passagem	**meine Fahrkarte** *mainâ fa:rrkarrtâ*
carteira	**meinen Geldbeutel** *mainânn ghé-l-tbóitá-l*
Preciso de um boletim de ocorrência para o seguro.	**Ich brauche eine polizeiliche Bescheinigung für meine Versicherung.** *iH brrau-Hâ ainâ politsaili-Hâ bechainiguN fyrr mainâ féa-zi-HârruN*

VOCÊ PODE OUVIR

Wann ist es passiert?	Quando aconteceu?
Wo wohnen Sie?	Onde você está hospedado?
Wo ist es gestohlen worden?	De onde foi roubado?
Wo waren Sie zu der Zeit?	Onde você estava na hora do ocorrido?
Wir besorgen Ihnen einen Dolmetscher.	Estamos trazendo um intérprete para você.
Bitte füllen Sie dieses Formular aus.	Por favor preencha este formulário.

CORREIOS

Os correios na Suíça são reconhecidos pela placa **PTT**, e na Áustria e Alemanha são assinalados com a palavra **Post**.

As caixas de correio são amarelas. Algumas têm fendas separadas para cartões-postais (**Postkarten**), cartas (**Briefe**) e correspondência para o exterior (**Ausland**) — ou, na Suíça, **A** (primeira classe) ou **B** (segunda classe). Selos podem ser comprados em máquinas automáticas, em algumas tabacarias, bem como nas próprias agências de correios.

Perguntas freqüentes

Onde fica o correio mais próximo?	**Wo ist das nächste Postamt?** *vô: isst dass nékstâ póst-á-mt*
A que horas o correio abre/fecha?	**Wann öffnet/schließt das Postamt?** *vá-n œfnât/chli:sst dass póst-á-mt*
Fecha para almoço?	**Ist es mittags geschlossen?** *isst éss mit-taks gâchlóssânn*
Onde fica a caixa de correio?	**Wo ist der Briefkasten?** *vô: isst dêa brri:fkastânn*

Comprando selos

Um selo para este cartão-postal/esta carta, por favor.	**Eine Briefmarke für diese Postkarte/ diesen Brief, bitte.** *ainâ brri:fmarrkâ fyrr d-i:zâ póst-karrtâ/d-i:zânn brri:f bitâ*
Um selo de ... centavos.	**Eine Briefmarke zu … Cent.** *ainâ brri:fmarrkâ tsu: ... tsé-n-t*
Quanto custa mandar um cartão-postal/carta para ... ?	**Was kostet eine Postkarte/ein Brief nach …?** *vass kóstât ainâ póst-karrtâ/ainn brri:f naH*

NA AGÊNCIA DE CORREIOS

Briefmarken für diese Postkarten, bitte. *brri:f-marrkânn fyrr d-i:zânn póst-karrtânn bitâ* (*Selos para estes cartões-postais, por favor.*)
Hier bitte. *hia bitâ* (*Aqui estão.*)
Vielen Dank. *fi:lânn dá:nk* (*Muito obrigado.*)

Enviando encomendas

Quero enviar este pacote como ...	**Ich möchte dieses Paket per ... schicken.** *iH mœHtâ d-i:zâss pakê:t pêa ... chikânn*
encomenda aérea	**Luftpost** *luft-póst*
encomenda expressa	**Express** *ékspréss*
encomenda registrada	**Einschreiben** *ainn-chrraibânn*
O pacote contém ...	**Es enthält ...** *éss é-nt-hé-l-t*

VOCÊ PODE OUVIR

Bitte füllen Sie die Zollerklärung aus.	Por favor, preencha a declaração alfandegária.
Wie hoch ist der Wert?	Qual é o valor da mercadoria?
Was ist darin?	O que tem dentro?

Telecomunicações

Um cartão telefônico, por favor.	**Ich hätte gern eine Telefonkarte.** *iH hétâ ghéann ainâ têlêfô:nkarrtâ*
10/20/50 unidades	**zehn/zwanzig/fünfzig Einheiten** *tsê:-n/tsvá-n-tsiH/fynf-tsiH ainn-haitânn*
Você tem uma fotocopiadora/aparelho de fax aqui?	**Haben Sie hier ein Fotokopiergerät/Telefax?** *ha:bânn zi: hia ainn fô:tô-kôpirr-gârrét/têlêfaks*
Quero mandar uma mensagem ...	**Ich möchte gern eine Nachricht ... schicken.** *iH mœHtâ ghéann ainâ naH-riHt ... chikânn*
por e-mail/fax	**per E-mail/Fax** *pêa e-mail/faks*
Qual é o seu endereço de e-mail?	**Wie ist Ihre E-mail Adresse?** *vi: isst i:rrâ e-mail-adrréssâ*
Posso acessar a Internet aqui?	**Kann ich auf das Internet zugreifen?** *ká-n iH auf dass intanét tsu:grraifânn*
Quanto custa por hora?	**Wie viel kostet es pro Stunde?** *vi: fi:-l kóstât dass prrô: chtundâ*
Como faço para me conectar?	**Wie logge ich ein?** *vi: lógâ iH inn*

Suvenires

Veja aqui algumas sugestões para suvenires.

Alemanha	canecas de cerveja **(Bierkrüge)**
	brinquedos de madeira **(Holzspielwaren)**
	relógios-cuco **(Kuckucksuhren)**
	peles **(Pelze)**
Áustria	artigos de linho bordados em *petit point* **(Stickerei)**
	jóias **(Schmuck)**
	bolas de marzipã e chocolate **(Mozartkugeln)**
	cerâmica **(Töpferei)**
Suíça	relógios de pulso **(Armbanduhren)**
	relógios-cuco **(Kuckucksuhren)**
	queijo **(Käse)**
	chocolate **(Schokolade)**
	canivetes **(Taschenmesser)**
	artigos de madeira **(Holzartikel)**

Presentes

Eu queria um(a) ...	**Ich hätte gern …** *iH hétâ ghéann*
garrafa de vinho	**eine Flasche Wein** *ainâ flachâ vai-n*
caixa de bombons	**eine Schachtel Pralinen** *ainâ chaH-tâ-l prrali:nânn*
calendário	**einen Kalender** *ainânn kalé-nda*
chaveiro	**einen Schlüsselanhänger** *ainânn chlyssâ-l-á-n-hénga*
cartão-postal	**eine Postkarte** *ainâ póst-karrtâ*
guia da cidade (com fotos)	**einen Andenkenbildband** *ainânn á-n-dé-nkânn-bi-l-tbá-nt*
camiseta	**ein T-Shirt** *ainn t-i:-cha:t*
pano de prato	**ein Geschirrtuch** *ainn gâchirrtuH*

Música

Quero um(a) ...	**Ich hätte gern ...** *iH hétâ ghéann*
fita cassete	**eine Kassette** *ainâ kassétâ*
CD	**eine CD** *ainâ tsê:-dê:*
fita de vídeo	**eine Videokassette** *ainâ vi:dêôkassétâ*
Quem são os cantores/bandas famosos por aqui?	**Welche einheimischen Sänger/Gruppen sind beliebt?** *vé-l-Hâ ainn-haimichânn zé-nga/grrupânn zint bâli:pt*

Brinquedos e jogos

Quero um brinquedo/jogo ...	**Ich hätte gern ein Spielzeug/Spiel ...** *iH hétâ ghéann ainn chpi:-l-tsóik/chpi:-l*
para um menino	**für einen Jungen** *fyrr ainânn iungânn*
para uma menina de cinco anos.	**für ein fünfjähriges Mädchen** *fyrr ainn fynf-ia:rrigâss mét-Hânn*
balde e pá	**Eimer und Schaufel** *aima unt chaufâ-l*
jogo de xadrez	**Schachspiel** *chaH-chpi:-l*
boneca	**Puppe** *pupâ*
jogo eletrônico	**Elektronikspiel** *êléktrrô:nik-chpi:-l*
urso de pelúcia	**Teddybär** *téd-i-béa*

Antigüidades

Quanto tempo tem isso?	**Wie alt ist das?** *vi: a-l-t isst dass*
Você tem alguma coisa da época ... ?	**Haben Sie etwas aus der ... Zeit?** *ha:bânn zi: ét-vass auss dêa ... tsait*
Você pode enviar para mim?	**Können Sie es mir schicken?** *kœnânn zi: éss mia chikânn*
Terei problemas com a alfândega?	**Bekomme ich Schwierigkeiten mit dem Zoll?** *bâkó-mâ iH chvi:rriH-kaitânn mit dêmm tsó-l*
Tem um certificado de autenticidade?	**Ist eine Echtheitsurkunde vorhanden?** *isst ainâ éHt-haits-uakundâ fôa-há-ndânn*

SUPERMERCADO

Redes de supermercado: **Tengelmann**, **HL**, **Minimal**, **Lidl**, **Penny**, **Aldi**;
Grandes supermercados com a maior seleção de produtos alimentícios e especialidades internacionais: **Toom**, **Wertkauf**, **Real**.

No supermercado

Com licença. Onde eu encontro ...?	**Entschuldigen Sie. Wo finde ich ...?** *ént-chu-l-d-igânn zi: vô: findâ iH*
Pago aqui ou no caixa?	**Muss ich das hier oder an der Kasse bezahlen?** *muss iH dass hia ô:da á-n dêa kassâ bâtsa:lânn*
Onde estão os carrinhos/cestas?	**Wo sind die Einkaufswagen/Einkaufskörbe?** *vô: zint d-i: ainn-kaufs-va:gânn/ainn-kaufs-kœrrbâ*
Tem um(a) ... aqui?	**Gibt es hier ...?** *ghipt éss hia*
padaria	**eine Bäckerei** *ainâ békârrai*
balcão de queijos	**eine Käsetheke** *ainâ kê:zâtê:kâ*
balcão de peixes	**eine Fischtheke** *ainâ fichtê:kâ*

VOCÊ PODE VER

BROT UND KUCHEN	pão e bolos
FRISCHES GEMÜSE	legumes e verduras frescos
FRISCHFISCH	peixe fresco
FRISCHFLEISCH	carne fresca
GEFLÜGEL	aves
HAUSHALTSWAREN	produtos domésticos
KONSERVEN	enlatados
MILCHPRODUKTE	laticínios
PUTZMITTEL	produtos de limpeza
SONDERANGEBOT	oferta/promoção
TIEFKÜHLKOST	congelados
TIERFUTTER	ração para animais
WEIN UND SPIRITUOSEN	vinhos e destilados

LOJAS E SERVIÇOS

Conservação de alimentos

VOCÊ PODE VER	
FÜR MIKROWELLE GEEIGNET	pode ser usado no microondas
FÜR VEGETARIER	para vegetarianos
KÜHL AUFBEWAHREN	manter sob refrigeração
MINDESTENS HALTBAR BIS ...	válido até ...

Na mercearia

Você tem ...?	**Haben Sie ...?** *ha:bânn zi:*
Eu queria um pouco disso.	**Ich hätte gern etwas davon.** *iH hétâ ghéann ét-vass dafó-n*
Eu queria ...	**Ich hätte gern ...** *iH hétâ ghéann*
duas fatias de presunto	**zwei Scheiben Schinken** *tsvai chaibânn chinkânn*
meio quilo de tomates	**ein halbes Kilo Tomaten** *ainn ha-l-bâss ki:lô tôma:tânn*
100 gramas de queijo	**hundert Gramm Käse** *hundat grrá-m kê:zâ*
um litro de leite	**einen Liter Milch** *ainânn li:ta mi-l-H*
meia-dúzia de ovos	**ein halbes Dutzend Eier** *ainn ha-l-bâss dutsânt aia*
uma fatia de bolo	**ein Stück Kuchen** *ainn chtyk kuHânn*
uma garrafa de vinho	**eine Flasche Wein** *ainâ flachâ vai-n*
uma lata de Coca-Cola	**eine Dose Cola** *ainâ dô:zâ kô:la*
uma caixa de leite	**eine Tüte Milch** *ainâ ty:tâ mi-l-H*
um pote de geléia	**ein Glas Marmelade** *ainn gla:ss marrmâla:dâ*
um pacote de batata chips	**eine Packung Chips** *ainâ pakuN tchips*
um frasco de mostarda	**eine Tube Senf** *ainâ tu:bâ zé-n-f*
É só isso, obrigado(a).	**Danke, das ist alles.** *dá-n-kâ dass isst alâss*

NO SUPERMERCADO

Wo finde ich Zucker, bitte? *vô: findâ iH tsuka bitâ*
(Onde posso encontrar açúcar, por favor?)
Dort drüben, Gang 4. *dórrt drry:bânn gá-N fia*
(Ali, corredor 4.)
Vielen Dank. *fi:lânn dá-nk (Muito obrigado.)*

LOJAS E SERVIÇOS

Lanche/piquenique

maçãs	**Äpfel** *épfâ-l*
cerveja	**Bier** *bia*
manteiga	**Butter** *buta*
balas	**Süßigkeiten** *zy:ssiH-kaitânn*
queijo	**Käse** *kê:zâ*
batata chips	**Chips** *tchips*
biscoitos	**Kekse** *kéksâ*
ovos	**Eier** *aia*
uvas	**Weintrauben** *vainn-trraubânn*
sorvete	**Eis** *aiss*
café em pó	**Pulverkaffee** *pu-l-fa-kafê*
geléia	**Marmelade** *marrmâla:dâ*
pão	**Brot** *brrô:t*
margarina	**Margarine** *marrgarri:nâ*
leite	**Milch** *mi-l-H*
mostarda	**Senf** *zé-n-f*
laranjas	**Orangen** *ôrró-njânn*
pãezinhos	**Brötchen** *brœ:t-Hânn*
salsichas	**Würstchen** *vyrrsst-Hânn*
refrigerante	**Erfrischungsgetränk** *éafrrichuNs-gâtrré-nk*
açúcar	**Zucker** *tsuka*
saquinhos de chá	**Teebeutel** *tê:bóitâ-l*
vinho	**Wein** *vainn*
iogurte	**Jogurt** *iô:gurrt*

TABELAS DE CONVERSÃO

As seguintes tabelas de conversão contêm os pesos e medidas mais usados.

1 Gramm (g)	= 1000 miligramas	= 0.035 oz.
1 Pfund (Pfd)	= 500 gramas	= 1.1 lb
1 Kilogramm (kg)	= 1000 gramas	= 2.2 lb
1 Liter (l)	= 1000 mililitros	= 1.06 U.S / 0.88 Brit. quarts
		= 2.11 /1.8 US /Brit. pints
		= 34 /35 US /Brit. fluid oz.
		= 0.26 /0.22 US /Brit. gallons
1 Zentimeter (cm)	= 10 milímetros	= 0.4 inch
1 Meter (m)	= 100 centímetros	= 39.37 inches/3.28 ft.
1 Kilometer (km)	= 1000 metros	= 0.62 mile
1 Quadratmeter (qm)	= 10,8 pés quadrados	
1 Hektar (qm)	= 2,5 acres	
1 Quadratkilometer (qkm)	= 247 acres	

Dúvidas quanto à temperatura para usar um traje de banho ou um casaco de frio? Aqui está uma comparação entre graus Fahrenheit e Celsius/Centígrados.

-40° C	–	-40° F	5° C	–	41° F	Temperaturas de forno	
-30° C	–	-22° F	10° C	–	50° F	100° C – 212° F	
-20° C	–	-4° F	15° C	–	59° F	121° C – 250° F	
-10° C	–	14° F	20° C	–	68° F	149° C – 300° F	
-5° C	–	23° F	25° C	–	77° F	177° C – 350° F	
-1° C	–	30° F	30° C	–	86° F	204° C – 400° F	
0° C	–	32° F	35° C	–	95° F	260° C – 500° F	

Quando você tiver	Multiplique por	Para obter
onças	28,3	gramas
libras	0,45	quilogramas
polegadas	2,54	centímetros
pés	0,3	metros
milhas	1,61	quilômetros
polegadas quadradas	6,45	centímetros quadrados
pés quadrados	0,09	metros quadrados
milhas quadradas	2,59	quilômetros
pintas (EUA/GB)	0,47/0,56	litros
galões (EUA/GB)	3,8/4,5	litros
Fahrenheit	5/9, depois subtraia 32	Celsius
Celsius	9/5, depois adicione 32	Fahrenheit

SAÚDE

Antes de viajar, certifique-se de que a sua apólice de seguro cobre problemas de saúde e acidentes que acontecerem no exterior.

Na Alemanha, cidadãos da União Européia com um **formulário E11** podem receber tratamento médico gratuito. No entanto, ainda é recomendável fazer um seguro de saúde. A Suíça não faz parte da União Européia e o custo de serviços médicos é muito alto nesse país — por isso é muito recomendável fazer um seguro, já que você terá que pagar por qualquer tipo de tratamento que receber.

Os médicos alemães têm nomes de acordo com sua especialização. Se quiser um clínico geral, procure um **praktischer Arzt**.

Os atendentes da farmácia podem recomendar um enfermeiro caso você precise de injeções ou outros serviços similares.

Em caso de emergência, ligue para a Cruz Vermelha (**Rotes Kreuz**), serviço de emergência médica (**Ärztlicher Notfalldienst**), que lhe fornecerá uma lista de médicos (procure o número na lista telefônica). Ambulância: Alemanha ☎ 115, Áustria ☎ 144, Suíça ☎ 114 (na maioria das áreas).

MÉDICO (GERAL)

Onde posso encontrar um médico/dentista?	**Wo finde ich einen Arzt/Zahnarzt?** vô: findâ iH ainânn arrtst/tsá:-n-arrtst
Há um médico que fale inglês?	**Wo gibt es einen Arzt, der Englisch spricht?** vô: ghipt éss ainânn arrtst, dêa énglich chprriH-t
Você é médico(a)?	**Sind Sie Arzt?** zint zi: arrtst
Onde fica o consultório médico?	**Wo ist die Arztpraxis?** vô: isst dêa arrtst-prráksiss
Quais são os horários de atendimento?	**Wann ist Sprechstunde?** vá-n isst chprréH-chtundâ
O(a) doutor(a) poderia vir até aqui?	**Könnte der Arzt mich hier besuchen?** kœntâ dêa arrtst miH hia bâzu:-Hânn
Posso marcar um horário para ...?	**Kann ich ... einen Termin bekommen?** ká-n iH ainânn téa-mi:nn bâkó-mânn
hoje/amanhã	**heute/morgen** hóitâ/mórrgânn

ACIDENTES E FERIMENTOS

Meu(minha) ... está ferido(a).	**... ist verletzt.** *isst féa-létst*	
marido/ esposa/amigo	**mein Mann/meine Frau/mein Freund** *mainn má-n/mainâ frrau/mainn frróint*	
filho/filha	**mein Sohn/meine Tochter** *mainn zô:-n/mainâ tóH-ta*	
Ele/Ela ...	**Er/Sie ...** *êa/zi:*	
está inconsciente	**ist bewusstlos** *isst bâvusst-lô:ss*	
está sangrando (muito)	**blutet (schwer)** *blu:tât (chvêa)*	
está (gravemente) ferido(a)	**ist (schwer) verletzt** *isst chvêa féa-létst*	
Tenho um(a) ...	**Ich habe ...** *iH ha:bâ*	
corte	**eine Schnittwunde** *ainâ chnit-vundâ*	
picada de inseto	**einen Insektenstich** *ainânn inzéktânn-chtiH*	
coceira/alergia	**einen Ausschlag** *ainânn auss-chla:k*	
torção muscular	**eine Muskelzerrung** *ainâ muskâ-l-tsérruN*	
inchaço	**eine Schwellung** *ainâ chvéluN*	

SINTOMAS

Há ... dias não me sinto bem.	**Ich fühle mich seit ... Tagen nicht wohl.** *iH fy:lâ miH zait ... ta:gânn niHt vô:-l*
Eu estou com tontura.	**Mir ist schwindelig.** *mia isst chvindâliH*
Tenho febre/calafrios.	**Ich habe Fieber/Schüttelfrost.** *iH ha:bâ fi:ba/chytâ-l-frróst*
Vomitei.	**Ich habe mich übergeben.** *iH ha:bâ miH y:ba-ghê:bânn*
Tenho diarréia.	**Ich habe Durchfall.** *iH ha:bâ durr-H-fa-l*
Dói aqui.	**Es tut hier weh.** *éss tu:t hia vê:*
Tenho um(a) ...	**Ich habe ...** *iH ha:bâ*
resfriado	**eine Erkältung** *ainâ érrké-l-tuN*
cãibra/cólica	**Krämpfe** *krré-mpfâ*
dor de cabeça	**Kopfschmerzen** *kópf-chmérrtsânn*
dor de garganta	**Halsschmerzen** *ha-l-ss-chmérrtsânn*
dor de barriga	**Magenschmerzen** *ma:gânn-chmérrtsânn*

Condições de saúde

Eu sou/estou ...	**Ich bin ...** *iH binn*
diabético(a)	**Diabetiker** *d-iabê:t-ika*
epilético(a)	**Epileptiker** *êpilépt-ika*
deficiente físico	**behindert** *bâ-hindat*
grávida	**schwanger** *chvá-nga*
Tenho artrite/asma.	**Ich habe Arthritis/Asthma.** *iH ha:bâ arrtrri:t-iss/asstma*
Tenho problema cardíaco/pressão alta.	**Ich habe ein Herzleiden/zu hohen Blutdruck.** *iH ha:bâ ainn héats-laidânn/ tsu:hô:ânn blu:t-drruk*
Tive um ataque cardíaco há ... anos.	**Ich hatte vor ... Jahren einen Herzanfall.** *iH hatâ fôa ... ia:rrânn ainânn héats-á-nfa-l*

Partes do corpo

apêndice	**Blinddarm** m *blint-darrm*		rim	**Niere** f *ni:rrâ*
braço	**Arm** m *arrm*		joelho	**Knie** n *kni:*
costas	**Rücken** m *rykânn*		perna	**Bein** f *bainn*
bexiga	**Blase** f *bla:zâ*		lábio	**Lippe** f *lipâ*
osso	**Knochen** m *knó-Hânn*		fígado	**Leber** f *lê:ba*
peito/seio	**Brust** f *brrusst*		boca	**Mund** m *munt*
orelha/ouvido	**Ohr** n *ôa*		músculo	**Muskel** m *muskâ-l*
			pescoço	**Hals** m *ha-l-ss*
olho	**Auge** n *augâ*		nervo	**Nerv** m *néaf*
rosto	**Gesicht** n *gâziHt*		nariz	**Nase** f *na:zâ*
dedo	**Finger** m *finga*		costela	**Rippe** f *ripâ*
pé	**Fuß** m *fuss*		ombro	**Schulter** f *chu-l-ta*
glândula	**Drüse** f *drry:zâ*		pele	**Haut** f *haut*
mão	**Hand** f *há-nt*		estômago	**Magen** m *ma:gânn*
cabeça	**Kopf** m *kópf*		garganta	**Hals** m *ha-l-ss*
coração	**Herz** m *héats*		polegar	**Daumen** m *daumânn*
maxilar	**Kiefer** m *ki:fa*		dedo do pé	**Zehe** f *tsê:â*
junta/articulação	**Gelenk** n *gâlé-nk*		língua	**Zunge** f *tsungâ*
			amídalas	**Mandeln** m *má-n-dâ-l-n*

SAÚDE

Perguntas do médico

Wie lange fühlen Sie sich schon so?	Há quanto tempo você está se sentindo assim?
Haben Sie das zum ersten Mal?	Esta é a primeira vez que você tem isso?
Nehmen Sie noch andere Medikamente?	Você está tomando algum outro remédio?
Sind Sie gegen irgendetwas allergisch?	Você é alérgico(a) a alguma coisa?
Leiden Sie an Appetitlosigkeit?	Você perdeu o apetite?

Exames

Bitte streifen Sie den Ärmel hoch.	Arregace as mangas, por favor.
Bitte machen Sie den Oberkörper frei.	Fique nu(a) da cintura para cima, por favor.
Bitte legen Sie sich hin.	Deite-se, por favor.
Machen Sie den Mund auf.	Abra a boca.
Atmen Sie tief durch.	Respire fundo.
Husten Sie, bitte.	Dê uma tossida.
Wo tut es weh?	Onde dói?
Tut es hier weh?	Dói aqui?

Diagnóstico

Sie müssen geröntgt werden.	Quero que você tire um raio-X.
Ich brauche eine Blutprobe/Stuhlprobe/Urinprobe von Ihnen.	Quero uma amostra de sangue/fezes/urina.
Ich überweise Sie an einen Facharzt.	Quero que você consulte um especialista.
Ich überweise Sie ins Krankenhaus.	Quero que você vá ao hospital.
gebrochen/verstaucht	quebrado/torcido
Sie haben ... eine Blinddarmentzündung	Você tem uma ... apendicite

eine Blasenentzündung	cistite
Sie haben …	Você tem um(a) …
eine Grippe	gripe
eine Lebensmittelvergiftung	intoxicação alimentar
eine Fraktur	fratura
eine Magenschleimhautentzündung	gastrite
einen Bruch	hérnia
eine … Entzündung	inflamação de …
Masern	sarampo
eine Lungenentzündung	pneumonia
Ischias	ciática
eine Mandelentzündung	amidalite
einen Tumor	tumor
eine Geschlechtskrankheit	doença venérea
Es ist entzündet.	Está infeccionado/inflamado.
Es ist ansteckend.	É contagioso.

Tratamento

Ich gebe Ihnen …	Vou lhe dar um …
ein Antiseptikum	antisséptico
ein Schmerzmittel	analgésico
Ich verschreibe Ihnen …	Vou receitar …
Antibiotika	antibióticos
Zäpfchen	supositórios
Sind Sie gegen bestimmte Medikamente allergisch?	Você é alérgico a algum tipo de medicamento?
Nehmen Sie 2 Tabletten/Teelöffel … alle vier Stunden	Tome dois comprimidos/colheres de chá … a cada quatro horas
vor den Mahlzeiten	antes das refeições
nach den Mahlzeiten	após as refeições
Kommen Sie in … Tagen wieder.	Quero que você retorne em … dias.
Gehen Sie zum Arzt, wenn Sie wieder zu Hause sind.	Consulte um médico quando voltar de viagem.

GINECOLOGISTA

Eu tenho ...	**Ich habe ...** *iH ha:bâ*
dores abdominais	**Unterleibsschmerzen** *unta-laip-chmérrtsânn*
dores menstruais	**Menstruationsbeschwerden** *mé-nsstrruatsiô:nss-bâchvêadânn*
uma infecção vaginal	**eine Scheidenentzündung** *ainâ chaidân-ént-tsynduN*
Eu não menstruo há ... meses.	**Ich habe seit ... Monaten meine Periode nicht mehr gehabt.** *iH ha:bâ zait ... mô:natânn mainâ pêrriô:dâ niHt mêa gâ-hapt*
Estou tomando pílula.	**Ich nehme die Pille.** *iH nê:mâ d-i: pilâ*

HOSPITAL

Avise minha família.	**Benachrichtigen Sie meine Familie.** *bânaH-riH-t-igânn zi: mainâ fá-mi:lia*
Quais são os horários de visitas?	**Wann ist Besuchszeit?** *vá-n isst bâzu:Hss-tsait*
Estou sentindo dores.	**Ich habe Schmerzen.** *iH ha:bâ chmérrtsânn*
Não consigo comer/dormir.	**Ich kann nicht essen/schlafen.** *iH ká-n niHt éssânn/chlá:fânn*
Quando o médico vai chegar?	**Wann kommt der Arzt?** *vá-n kó-m-t dêa arrtst*
Em que ala fica ... ?	**Auf welcher Station liegt ...?** *auf vé-l-Ha chtatsiô:-n li:kt*

OCULISTA

Tenho miopia/ hipermetropia	**Ich bin kurzsichtig/weitsichtig.** *iH binn kurrts-ziH-t-iH/vait-ziH-t-iH.*
Perdi ...	**Ich habe ... verloren.** *iH ha:bâ ... féa-lô-rrânn*
uma das minhas lentes de contato	**eine meiner Kontaktlinsen** *ainâ maina kóntakt-linzânn*
meus óculos	**meine Brille** *mainâ brrilâ*
Você pode me dar uma reposição?	**Können Sie es ersetzen?** *kœnânn zi: éss érrzétsânn*

Dentista

Se você for a um dentista, talvez tenha que pagar a conta na hora; guarde todos os recibos para obter reembolso. Cidadãos da União Européia precisam pegar o E111 antes de voltar para seu país.

Tenho dor de dente.	**Ich habe Zahnschmerzen.** *iH ha:bâ tsá:-nchmérrtsânn*
Quebrei um dente/ uma coroa.	**Mir ist ein Zahn/eine Krone abgebrochen.** *mia isst ainn tsá:-n/ainâ krrô:nâ ap-gâbrróHânn*
Perdi uma obturação.	**Ich habe eine Füllung verloren.** *iH ha:bâ ainâ fylluN féa-lô:rrânn*
Você pode consertar esta dentadura?	**Können Sie dieses Gebiss reparieren?** *kœnân zi: d-i:zâss gâbiss rêparri:rrânn*
Não quero extrair o dente.	**Ich möchte ihn nicht ziehen lassen.** *iH mœHtâ i:nn niHt tsi:ânn lassânn*

VOCÊ PODE OUVIR

Ich gebe Ihnen eine Spritze/ eine örtliche Betäubung.	Vou lhe dar uma injeção/ anestesia local.
Sie brauchen eine Füllung/Krone.	Você precisa de uma obturação/coroa.
Ich muss ihn ziehen.	Vou precisar extrair.
Ich kann es nur provisorisch behandeln.	Só posso fazer um curativo provisório.
Sind Sie krankenversichert?	Você tem seguro-saúde?
Kommen Sie in … Tagen wieder.	Volte em … dias.

Pagamento/Seguro

Posso pegar um recibo para meu seguro-saúde?	**Kann ich eine Quittung für meine Krankenkasse haben?** *ká-n iH ainâ kvituN fyrr mainâ krá-nkânkassâ ha:bânn*
Você pode preencher este formulário de seguro, por favor?	**Würden Sie bitte dieses Krankenkassen-formular ausfüllen?** *vyrrdânn zi: bitâ d-i:zâss krá-nkânkassânfórrmula:rr auss-fylânn*
Você tem o Formulário E111?	**Haben Sie das Formular E-Hundertelf?** *ha:bânn zi: dass fórrmula:rr ê-hundat-é-l-f*

SAÚDE

Glossário Português-Alemão

A

à moda antiga altmodisch
abaixo de 15° C unter 15 Grad
abajur Lampe f
abdominais, dores Unterleibsschmerzen pl
abelha Biene f
aberto ao público der Öffentlichkeit zugänglich
aberto(a) *(porta)* auf; *(loja)* geöffnet
abridor de lata Büchsenöffner m
abril April m
abrir öffnen
abscesso Abszess m
absorventes *(femininos)* Damenbinden fpl; **~ internos** Tampons mpl
acabamento brilhante *(fotos)* Hochglanz
aceitar akzeptieren; **você aceita ...?** nehmen Sie ... an?
acendedores de fogo Feueranzünder m
acender *(fogo)* anzünden
acesso Zugang m; Zutritt m
acessórios Zubehör nt
achados e perdidos Fundbüro nt
acidentalmente versehentlich
acidente Unfall m; **~ de trânsito** Verkehrsunfall m; **sofri um ~** ich hatte einen Unfall
acima *(lugar)* über
aço inoxidável Edelstahl m
acompanhamento *(comida)* Beilage f
acompanhar begleiten
acontecer: o que aconteceu? was ist passiert?
acordar aufwachen; *(outra pessoa)* jemanden wecken;
acostamento Seitenstreifen m
açougue Fleischerei f; Metzgerei f/ Schlachterei f
acréscimo *(em pagamento)* Zuschlag m
acrílico Acryl nt
açúcar Zucker m
adaptador Adapter m
adeus auf Wiedersehen
adiantado, estar *(relógio)* vorgehen
adiante/em frente geradeaus
adjacente nebeneinander liegend
adoçante artificial Süßstoff m
adolescente Teenager m
adulto Erwachsene m/f
advogado Anwalt m; Anwältin f
aeroporto Flughafen m
afiado scharf
afogar: alguém está se afogando jemand ertrinkt
África do Sul Südafrika nt
afundar sinken
agasalho *(esportivo)* Trainingsanzug m
agência de passagens Kartenvorverkaufsstelle f; **~ de correio** Postamt nt; **~ de informações turísticas** Fremdenverkehrsbüro nt; **~ de viagens** Reisebüro nt
agora jetzt
agosto August m
agradável freundlich
água Wasser nt; **~ destilada** destilliertes Wasser nt; **~ mineral** Mineralwasser nt; **~ potável** Trinkwasser nt; **~ quente** heißes Wasser nt; **~ tônica** Tonicwater nt
água-viva Qualle f
agulha Nadel f
ainda: ainda estou esperando ich warte; **~ não** noch nicht
air bag Airbag m
ajuda Hilfe f
ajudar helfen; **você pode me ajudar?** können Sie mir helfen?
ajudante Helfer(in) m/f
ala *(hospital)* Station f
alarme de carro Auto-Alarmanlage f
albergue para jovens Jugendherberge f
álcool desnaturado Brennspiritus m

alcoólico *(bebida)* alkoholisch
alça Griff m
Alemanha Deutschland nt
alemão *(adj.)* deutsch;
(língua) Deutsch nt;
(pessoa) Deutscher m, Deutsche f
alergia Allergie f
alérgico, ser allergisch sein
alfândega Zoll m
alfinetes de segurança
Sicherheitsnadeln fpl
algo etwas
algodão *(pedaço)* Watte f; *(planta, tecido)* Baumwolle f
alguém jemand
alguns/algumas einige
ali/lá dort;
aliança de casamento Ehering m
alicate Zange f (sing.)
alimentar füttern
almoço Mittagessen nt
almofada Kissen nt; **~ de pó**
(maquiagem) Puderquaste f
alterar ändern
alto hoch; *(estatura)* groß
alto/forte *(som)* laut; **está muito ~**
es ist zu laut
altura Größe f; Höhe f
alugar mieten; **aluga-se** zu vermieten
aluguel Miete f; **~ de bicicletas**
Fahrradvermietung f; **~ de carros**
Autovermietung f; **~ de roupa de cama**
verleihen; **pôr para alugar** vermieten
amanhã morgen
amanhecer Tagesanbruch m
amar: eu amo a comida alemã
ich mag deutsches Essen;
eu amo você ich liebe dich
amarelo gelb
amargo bitter
ambulância Krankenwagen m
americano(a) *(adj.)* amerikanisch;
(subst.) Amerikaner(in) m/f;
amídalas Mandeln fpl
amidalite Mandelentzündung f
amigável freundlich
amigo(a) Freund(in) m/f; **~ por correspondência** Brieffreund(in) m/f

ampliar *(fotos)* vergrößern
anágua Unterrock m
analgésico Schmerzmittel nt
ancorar anlegen; vor Anker gehen
andar *(dar um passeio)* spazieren gehen
anestesia Betäubungsmittel nt; **~ local**
örtliche Betäubung f
animador de crianças Unterhalter m
für Kinder
animal Tier nt
aniversário Geburtstag m
ano Jahr nt
ano novo Neujahr nt
anoraque Anorak m
anotar aufschreiben; **anote logo!**
schreiben Sie schnell auf!
antecedência: com antecedência
im voraus
antena *(carro/TV)* Antenne f
antes vor
antiácido Antazidum nt
antibióticos Antibiotika pl
anticoncepcional Verhütungsmittel nt
anticongelamento Frostschutzmittel nt
antigüidades Antiquitäten pl;
loja de ~ Antiquitätengeschäft nt
antisséptico Antiseptikum nt
aparador de cabelo Haarschere f
aparar *(cabelo, unhas)* nachschneiden
aparelho auditivo Hörgerät nt
aparelhos elétricos Elektrogeräte ntpl
apartamento Wohnung f
aperitivo Aperitif m
apertado *(roupa)* eng
apontar para zeigen auf
aportar an Land gehen
aposentado(a) Rentner(in) m/f;
ser ~ pensioniert sein
apostar wetten
aprender lernen
aprendiz/iniciante Anfänger(in) m/f
apresentar vorstellen
apropriado para ... geeignet
für ...
aproximadamente ungefähr
aquecedor Heizung f; **~ de água**
Heißwassergerät nt
aquecer wärmen

aquecimento Heizung f; **~ central** Zentralheizung f
aquele/esse das dort; das da; **aqueles/esses** die dort/die da
aqui hier; **~ está** bitte schön; **você está ~** *(em um mapa)* Standort m
aquilo/isso das
ar Luft f; **~ condicionado** Klimaanlage f
arco-e-flecha Bogenschießen nt
areia Sand m
arenoso sandig
armário Schließfach nt; **~ de cozinha** Küchenschrank m
aro *(óculos)* Gestell nt
arquiteto Architekt(in) m/f
arquitetura Architektur f
arranhão Kratzer m
arrebatador hinreißend
arte Kunst f; **~ moderna** moderne Kunst f; **~ popular** Volkskunst f
artéria Arterie f
artesanato Kunsthandwerk nt
artigos para o lar Haushaltsartikel mpl
artista Künstler(in) m/f
artrite, ter Arthritis haben
árvore Baum m
ás *(carta)* As nt
às vezes manchmal
asa-delta Drachenfliegen nt
asma, ter Asthma haben
aspirina Aspirin nt
assado gebacken; im Backofen gebraten
assaltado(a), ser überfallen werden
assalto Überfall m
assento Platz m; **~ da janela** Fensterplatz m
assim *(parecido com)* ähnlich wie dies, so; **~ que possível** so bald wie möglich
assinatura *(teatro)* Zeitkarte f
assistência rodoviária Pannendienst m
assistir TV fernsehen
assunto jurídico/legal Rechtsangelegenheit fl
assustado, estar Angst haben

ataque Überfall m; *(medic.)* Anfall m; **~ cardíaco** Herzanfall m
até *(espaço)* bis; *(tempo)* bis zu; *(antes de, hora)* vor
aterrissar landen
aterro *(lixo)* Müllabladeplatz m
atestado Bescheinigung f; **~ médico** ärztliches Zeugnis nt
atividades Aktivitäten fpl
ator/atriz Schauspieler/-in
atraente attraktiv
atrás: dez minutos atrás vor 10 Minuten
atrasado verspätet
atrasado, estar Verspätung haben; *(relógio)* nachgehen
atraso Verspätung f
através de durch
atravessar (rua) überqueren
aula Unterricht m; **tomar ~** Unterricht nehmen
aumentar *(volume, aquecimento)* aufdrehen
Austrália Australien nt
australiano(a) *(subst.)* Australier(in) m/f
Áustria Österreich nt
austríaco(a) *(subst.)* Österreicher(in) m/f
auto-atendimento/self-service Selbstbedienung f
automático *(carro)* Automatikwagen m
automóvel Auto nt
autônomo, ser selbständig sein
autorização Genehmigung f
auxílio à lista Auskunft f
avalanche Lawine f
averiguar: você pode averiguar isso? können Sie das herausfinden?
avião Flugzeug nt; Maschine f
avisar: por favor, avise-me bitte sagen Sie mir Bescheid
avós *(avô e avó)* Großeltern pl
azedo sauer
azeite de oliva Olivenöl nt
azul blau
azul-marinho marineblau

B

babá Babysitter m
bacia Becken nt
bagageiro *(carro)* Dachgepäckträger m
bagagem Gepäck nt; **armazenamento de ~** Gepäckaufbewahrung f; **~ de mão** Handgepäck nt; **~ permitida** Freigepäck nt; **carrinhos de ~** Kofferkulis mpl; **controle de ~** Gepäckkontrolle f; **etiqueta de ~** Gepäckanhänger m; **excesso de bagagem** Übergepäck nt; **limite de ~** Freigepäck nt; **peça de bagagem** Gepäckstück nt; **recebimento (esteira) de ~** Gepäckausgabe f;
bairro Gegend f
baixo, para hinunter
balcão Theke f; **~ de check-in** Abfertigungsschalter m; **~ de informações** Auskunft f; **~ de peixes** Fischtheke f; **~ de reservas** *(avião)* schalter; *(teatro)* Vorverkaufskasse f
balde Eimer m
balé Ballett nt
balsa Fähre f; **~ para carro** Autofähre f;
banana Banane f
banca de jornal Zeitungskiosk m
banco Bank f; **cartão de ~** Scheckkarte f; **conta em ~** Bankkonto nt
banda *(de música)* Band/Gruppe f
bandeira Fahne f
bandeja Tablett nt
banheiro Toilette f; Badezimmer nt; **~ de suíte** eigenes Bad nt; **~ privativo** eigenes Bad nt; **~ químico** Chemietoilette f
banho: tomar um banho baden, duschen; **~ de espuma** Schaumbad nt; **~ de sol, tomar** Sonnenbadnehmen
bar Bar f; *(hotel)* Bar f
baralho Kartenspiel nt
barata *(inseto)* Kakerlake f
barato billig; preiswert; **algo mais ~** etwas Billigeres
barba Bart m
barbante Schnur f
barbeador Rasierapparat m; **lâminas de barbear** Rasierklingen fpl; **tomada para ~** Steckdose f für Rasierapparate
barbeiro/cabeleireiro Friseur m
barco Boot nt; **~ a motor** Motorboot nt; **~ a remo** Ruderboot nt
barraca Zelt nt; **~ de salsicha** Würstchenstand m; **estacas da ~** Heringe mpl; **ferragem da ~** Zeltstange f **quarto da ~** Zeltboden m
barulhento laut
base *(maquiagem)* Grundierung f
basquete Basketball m
bastante ziemlich
batatas Kartoffeln fpl; **~ chips** Chips pl, Pommes Frites pl; **~ fritas** Pommes frites pl
bateria Batterie f
batom Lippenstift m
baunilha Vanille f
bêbado betrunken
bebê Baby nt; **assento para ~** Babysitz m; **bolsa do ~** Babytragetasche f
bebida Getränk nt; **~ alcoólicas** alkoholische Getränke f
bege beige
beijar küssen
belga *(adj.)* belgisch; *(subst.)* Belgier(in) m/f
Bélgica Belgien nt
beliche *(de trem)* Liegewagenplatz m; Schlafplatz m
belo schön
bem feito! *(elogio)* gut gemacht!
bem gut
bem-vindo a … willkommen in …
bem-passado *(carne)* durchgebraten
berço Kinderbett nt
biblioteca Bibliothek f; Bücherei f
bicho *(de estimação)* Haustier nt
bicicleta Fahrrad nt; **mountain bike** Mountain-Bike nt; **~ de corrida** Rennrad nt
bigode Schnurrbart m
bilhete de ida e volta *(avião)*; Rückflugticket nt; *(trem)* Rückfahrkarte f; **~ de múltiplas**

jornadas Mehrfachkarte f; **~ diário** Tageskarte f; **~ mensal** Monatskarte f; **~ só de ida** einfaches Ticket nt
bilheteria Kasse f; Fahrkartenschalter m
binóculos Fernglas nt
biquíni Bikini m
biscoito Keks m
bispo *(xadrez)* Läufer m
bloqueado, estar gesperrt sein
bloqueador de rodas, estar preso por um mit einer Parkkralle festgesetzt werden
blusa Bluse f
blush/rouge Rouge nt
bob *(cabelo)* Lockenwickler mpl
boca Mund m
bóias *(natação)* Schwimmflügel mpl
boiler Boiler m
bola Ball m; **~ de tênis** Tennisball m
boletim de ocorrência Polizeibericht m
botijão de gás Gasflasche f
bolha *(na pele)* Blase f
bolo Kuchen m
bom *(adj.)* gut
bombeiros Feuerwehr f
bomba *(de ar, água)* Pumpe f; **~ de colchão** Luftpumpe f
bondinho Seilbahn f
boneca Puppe f
bordo, a *(navio)* an Bord; *(do ônibus)* im Bus
botão de liga e desliga Ein- und Ausschalter m
botas Stiefel mpl; **~ esportivas** Sportstiefel mpl
bote salva-vidas Rettungsboot nt
boxe Boxen nt
braço Arm m
branco weiß
breve, em bald
bridge *(jogo de cartas)* Bridge nt
briga *(luta)* Schlägerei f
brilhante großartig
brinquedo Spielzeug nt
britânico *(adj.)* britisch; *(subst.)* Brite m; Britin f
brochura/livreto Broschüre f;

bronquite Bronchitis f
bronze Bronze f
bronzeado Bräune f
buraco Loch nt
bússola Kompass m

C

cá, para para cá hierher
cabaré Varieté nt
cabeça Kopf m; **dor de ~** Kopfschmerzen pl
cabeleireiro(a) Friseur m, Friseuse f
cabelo Haar nt
cabide Kleiderbügel m
cabine Kabine f; **~ simples** Einzelkabine f; **~ telefônica** Telefonzelle f
cabo *(cabo de chupeta, carro)* Starthilfekabel nt; **~ de reboque** Abschleppseil nt
caça-níqueis Spielautomat m
cachecol/echarpe Halstuch nt
cachimbo Pfeife f; **limpador de ~** Pfeifenreiniger mpl;
cachoeira Wasserfall m
cachorro Hund m
cachorro-quente heißes Würstchen nt;
cada: quanto custa cada? Was kostet jedes Stück?
cadarços Schnürsenkel mpl
cadeado Vorhängeschloss nt
cadeira Stuhl m; **~ alta/cadeirão** Kinderstuhl m; **~ de rodas** Rollstuhl m
café Kaffee m; *(lugar)* Café nt; **~ em pó** Pulverkaffee m
café-da-manhã Frühstück nt
cãibras Krämpfe mpl
cair fallen; **ele levou um tombo** er ist gefallen
cais Kai m
caixa *(de loja)* Kasse f; **~ automático** Geldautomat m; **~ de bombons** Pralinenschachtel f; **~ de correio** Briefkasten m; **~ registradora** Kasse f
calça Hose f; **~ de jogging** Jogginghose f
calçada Gehsteig m

calcinha Slips m
calculadora Taschenrechner m
calendário Kalender m
cama Bett nt; **~ de solteiro** Einzelbett nt; **~ dobrável** *(camping)* Campingliege f; **vou para a ~** ich gehe ins Bett
camareira Zimmer-mädchen m
cambiar, trocar *(dinheiro)* umtauschen
câmera Fotoapparat m; **~ compacta** Kompaktkamera f; **~ de vídeo** Videorekorder m; **~ descartável** Einwegkamera f; **~ monoreflex** *(SLR)* Spiegelreflexkamera f
caminhada Wanderung f; **equipamento de ~** Wanderausrüstung f; **~ com guia** geführte Wanderung f
caminhada/escalada Bergwanderung f; **botas para ~** Wanderschuhe mpl
caminhão Lastwagen m; **~ limpa-neve** Schneepflug m
caminhar wandern
caminho Weg m; *(a pé)* Fußweg m
caminhonete Hecktürmodell nt
camisa Hemd nt
camiseta T-Shirt nt; *(roupa de baixo)* Unterhemd nt
camisola Nachthemd nt
campo Feld nt; Landschaft f; **~ de batalha** Schlachtfeld nt
camurça Wildleder nt
Canadá Kanada nt
canadense *(subst.)* Kanadier(in) m/f
canal Kanal m; **~ de navegação** Fahrrinne f
cancelar stornieren/absagen
câncer Krebs m
caneca Becher m
caneta *(esferográfica)* Kugelschreiber m
canhoto linkshändig
canivete Taschenmesser nt
canoa Kanu nt
canoagem Kanufahren nt
cansado(a), estar müde sein
cantar singen
canto/esquina Ecke f
cantor(a) Sänger(in) m/f
canudo *(de beber)* Strohhalm m

capa de chuva Regenmantel m
capacete para bicicleta Fahrradhelm m
capital Hauptstadt f
capitão *(barco)* Kapitän m
cardápio/menu Speisekarte f
carne Fleisch nt
carne moída Hackfleisch nt
caro teuer
caro(a)/querido(a) lieber (liebe)
caroço Knoten m
carona Trampen nt; **pegar ~** trampen, per Anhalter fahren; **dar uma ~ a alguém** jemanden mitnehmen
carpete Teppichboden m
carregador de mala Gepäckträger m
carregar tragen
carrinho de supermercado Einkaufswagen m
carro Auto nt; **de ~** mit dem Auto; **~ alugado** Mietwagen m; **~ de duas portas** zweitürig; **~ de quatro portas** viertüriges Auto
carrossel Karussell nt
carta Brief m; **por ~** schriftlich
cartão de crédito Kreditkarte f; **com ~** mit Kreditkarte, **pagar com ~** mit Kreditkarte bezahlen
cartão: número do cartão Kreditkartennummer f; **~ de embarque** Bordkarte f; **~ -postal** Postkarte f; **~ telefônico** Telefonkarte f
Cartão Internacional do Estudante Internationaler Studentenausweis m
cartas Karten fpl; **~ de baralho** Spielkarten fpl
cartaz, estar em cartaz *(filme)* gegeben werden; laufen
carteira Brieftasche f; Geldbeutel m; **~ de habilitação** Führerschein m
carteiro Postbote m
carvão Holzkohle f
casa Haus nt; **~ de câmbio** Wechselstube f; **ir para ~** nach Hause gehen; **nós voltamos para ~ em ...** wir fahren am ... nach Hause; **voltar para ~** nach Hause fahren;
casaco Mantel m
casado(a), ser verheiratet sein

casamento Hochzeit f
cassete Kassette f
cassino Spielkasino nt
castelo Schloss nt
catedral Dom m
catorze vierzehn
cavalo Pferd nt; *(xadrez)* Springer m
caverna Höhle f
caxumba Mumps m
CD CD f; **CD-player** CD-Spieler m
cedo früh
celular Handy nt
cem hundert
cemitério Friedhof m
centavo Cent m
centro da cidade Stadtzentrum nt; Innenstadt f
cerâmica Keramik f; Töpferei f
cerca Zaun m
cerca de/aproximadamente etwa
certeza: você tem ~ ? sind Sie sicher?
certificado Urkunde f; Zeugnis nt
certo *(correto)* richtig; **você está ~** Sie haben recht/das stimmt
cerveja Bier nt
cesta de compras Einkaufskorb m
cetim Satin m
chá Tee m; **saquinho de ~** Teebeutel m
chalé Ferienhaus nt
chaleira Kessel m
chamada: chamada de longa distância Ferngespräch nt; **fazer uma ~ a cobrar** ein R-Gespräch führen;
chama-piloto *(de aquecedor)* Zündflamme f
chamar rufen
chances *(em aposta)* Chancen fpl
chão Boden m
chapéu Hut m
charutaria Tabakgeschäft nt
charuto Zigarre f
chato/maçante langweilig
chave Schlüssel m
chave de fenda Schraubenzieher m
chaveiro *(objeto)* Schlüsselanhänger m
checar: por favor cheque ... bitte überprüfen Sie …
check-in, fazer einchecken

check-out, fazer *(hotel)* abreisen
chegar ankommen; ankommen in;
como eu chego a ...? wie komme ich zu …?; wie komme ich nach …?
cheio voll
cheiro: tem um ~ ruim es riecht unangenehm
chiclete Kaugummi m
chinelos Hausschuhe mpl
chinês *(adj.)* chinesisch, der chinese, die chinesin
chocolate Schokolade f; **barra de ~** Schokoladenriegel m; **~ quente** heiße Schokolade f; **caixa de ~** Pralinenschachtel f
choque *(elétrico)* Schlag m
chover regnen
chupeta Schnuller m
churrascaria Steakhaus nt
chuveiro Dusche f
ciática Ischias m
ciclismo Rad fahren nt
ciclista Radfahrer(in) m/f
ciclomotor Moped nt
ciclovia Radweg m
cidade Stadt f; **~ antiga** *(parte antiga da cidade)* Altstadt f
cigarro Zigarette f
cima, de oberste(-r-s)
cinco fünf
cinema Kino nt
cinema multiplex Multiplexkino nt
cinqüenta fünfzig
cinto Gürtel m; **~ salva-vidas** Rettungsring m
cintura Taille f
cinza grau
cinzeiro Aschenbecher m
cistite Blasenentzündung f
claro hell
classe *(econômica)* Touristenklasse f; **~ executiva** Businessklasse f
clube *(esportivo)* Sportverein m; **~ gay** Schwulenlokal nt; **~ lésbico** Lesbenlokal nt; **~ noturno** Nachtklub m
coberto Hallen-
cobertor Decke f; **~ elétrico** Heizdecke f

cobrar: me cobraram a mais *(em excesso)* man hat mir zuviel berechnet
cobre Kupfer nt
Coca-Cola Cola f
coçar: está coçando es juckt
coceira/alergia Ausschlag m
código *(de área/discagem)* Vorwahl f
cofre Safe m
colchão Matratze f; **~ de ar** Luftmatratze f
coletar einsammeln
colete salva-vidas Schwimmweste f
colher Löffel m; **~ de chá** Teelöffel m
cólica estomacal Magenkrämpfe mpl
colina Hügel m
com mit
combustível *(gasolina)* Treibstoff m
começar beginnen; anfangen
começo Beginn m; Anfang m
comédia Komödie f
comer essen; **você já comeu?** haben Sie schon gegessen?; **nós já comemos** wir haben schon gegessen
comida Essen nt; Lebensmittel nt; **~ de bebê** Babynahrung f
comissário(a) de bordo Flugbegleiter(in)
comissão *(taxa)* Gebühr f
como vai você? wie geht es Ihnen?
como? wie?
compact disc CD f
companheiro *(namorado(a))* Partner(in) m/f
companhia *(empresa)* Gesellschaft f; **companhia aérea** Fluggesellschaft f
compartilhar teilen
compartimento *(trem)* Abteil nt
comprar kaufen
compras: compras em free shop zollfreier Einkauf m; **cesta de ~** Einkaufskorb m; **ir às ~** einkaufen gehen; **zona de ~** Geschäftsviertel nt
comprido: quão comprido? wie lange?
comprimido para dormir Schlaftablette f
comprimento Länge f
compromisso/hora marcada Termin m

computador Computer m
comum *(gasolina)* Normal nt
comunhão Kommunion f
concerto Konzert nt
concordo ich bin einverstanden
concussão, ter uma eine Gehirnerschütterung haben
condicionador Spülung f
conexão *(transporte)* Anschluss m
confeitaria Konditorei f
conferência Konferenz f
confirmar *(reserva)* bestätigen
congelado tiefgefroren
conhecer: prazer em conhecê-lo(a) sehr angenehm
consciente, estar bewusst sein
consertar reparieren; **você pode ~?** können Sie es reparieren?
consertos/reparos Reparaturen fpl; **~ de carros** Reparaturen; **~ de sapatos** Schuhreparatur f; **fazer ~ essenciais** das Nötigste reparieren
constipação Verstopfung f
constipado, estar Verstopfung haben
construído erbaut
construir bauen
consulado Konsulat nt
consultar: consultar um médico zum Arzt gehen
consultório médico Arztpraxis f
conta *(de restaurante/hotel)* Rechnung f; **~ de telefone** Telefonrechnung f; **esta rodada é por minha ~** diese Runde gebe ich aus; **ponha na ~** setzen Sie es auf die Rechnung
conta, tomar: por favor tome conta da minha mala por um instante bitte achten Sie einen Moment auf meinen Koffer
contador(a) Buchhalter(in) m/f
contagem de pólen Pollenflug m
contagioso, ser ansteckend sein
contar sagen; **conte-me** sagen Sie mir; *(números)* Zählen
contatar erreichen
contente: não estou contente com o serviço ich bin mit dem Service nicht zufrieden

conter enthalten
convés de passeio Promenadendeck nt; **convés/deque** Deck nt
convidar einladen
convite Einladung f
copas *(naipe de cartas)* Herz nt sing.
cópia Kopie f
copo *(de vidro)* Glas nt
cor Farbe f
coração Herz nt
corda Seil nt
coringa *(cartas)* Joker m
coroa *(dentária)* Krone f
corpo Körper m
corredeiras *(rio)* Stromschnellen fpl
corredor Gang m
correio Post f; **~ aéreo** Luftpost f
correspondência registrada Einschreiben nt
corretamente richtig
correto richtig
corretor imobiliário Immobilienmakler m
corrida Rennen nt; **~ de cavalo** Pferderennen nt
corte *(de cabelo)* Haarschnitt m; *(ferimento)* Schnittwunde f
cortinas Vorhänge/Gardinen mpl
cosméticos Kosmetika pl; *(artigos de higiene pessoal)* Körperpflege f
costas Rücken m; **dor nas ~** Rückenschmerzen pl
costela Rippe f
costeleta *(carne)* Kotelett nt
couro Leder nt
couvert *(taxa)* Gedeckzahlung f
coxa Oberschenkel m
cozido gekocht
cozinha Küche f
cozinhar kochen
cozinheiro/cozinheira Koch m, Köchin f
creche Kinderkrippe f; Kinderbetreuung f
creme *(bronzeador)* Sonnencreme f; **~ de barbear** Rasiercreme f; **~ hidratante** Feuchtigkeitscreme f; **~ para as mãos** Handcreme f
criança Kind nt; *(filhos)* Kinder ntpl; **assento para ~** *(carro)* Kindersitz m
cristal Kristall nt
cristão *(adj.)* christlich
cru roh
cruz Kreuz nt
cruzamento *(ruas)* Kreuzung f
cruzeiro Kreuzfahrt f
cueca Unterhose f
cuidado: tome cuidado! Vorsicht!
cuidar: você pode cuidar disso? Können Sie sich darum kümmern?
culinária Küche f
culpa: é minha/sua culpa es ist meine/Ihre Schuld
curso de idioma Sprachkurs m
curto kurz
custo-benefício, ter bom preiswert sein

D

dados Daten pl; Würfel mpl; **banco de ~** Datenbank f
damas *(jogo)* Damespiel nt
dança *(espetáculo)* Tanz m; **~ contemporânea** moderner Tanz m
dançar, ir tanzen gehen
danificado, estar beschädigt sein
dar geben; **~ uma olhada** sich umsehen
dardos, jogar Pfeilwerfen spielen
de von; *(origem, material)* aus
declaração alfandegária Zollerklärung f
declarar *(na alfândega)* verzollen
deduzir *(dinheiro)* abziehen
defeituoso fehlerhaft
deficiente físico, ser behindert sein; **deficientes físicos** Behinderte pl
dedo Finger m; **~ do pé** Zehe f
deitar-se sich hinlegen
deixar *(algo/alguém em algum lugar)* absetzen, abliefern; **deixei minha bolsa no ...** ich habe meine Tasche in ... gelassen; **me deixe em paz!** lassen Sie mich in Ruhe!
dela ihr; **é ~** es gehört ihr
dele seine(-r-s); **é ~** es gehört ihm
deles ihr; **é ~** es gehört ihnen
delicado zart
delicatéssen Feinkostgeschäft nt; Feinkostabteilung f
delicioso köstlich

demais zu viel
demorado lange
demorar: quanto ainda vai demorar? wie lange noch?
dentadura Gebiss nt
dente Zahn m; **dor de ~** Zahnschmerzen pl; **escova de ~** Zahnbürste f; **pasta de ~** Zahnpasta f
dentista Zahnarzt m Zahnärztin f
dentro drinnen
departamento Abteilung f
depender: depende de ... es hängt von ... ab
depois nach; *(tempo)*
depósito/caução Anzahlung f; Kaution f; **pagar um ~** eine Kaution hinterlegen
derrapar: nós derrapamos wir sind geschleudert
desagradável unfreundlich; unangenehm
desaparecido(a), estar *(pessoa)* verschwunden sein
descansar Pause machen
descarga: a ~ não funciona die Toilettenspülung funktioniert nicht
descoberta *(piscina)* Freibad nt
descoberto *(ao ar livre)* frei
descongelar auftauen
descontar *(cheque)* einlösen
desconto *(em preço)* Ermäßigung f; **tem ~ para crianças?** gibt es eine; Kinderermäßigung? **você pode me oferecer um ~?** können Sie mir Rabatt geben?
descrever beschreiben
desculpa Entschuldigung
desculpe! Entschuldigung! Verzeihung
desde *(tempo)* seit
desenho animado Cartoon m
desentendimento, houve um es war ein Mainungsunterschied
design Entwurf m
designer Designer(in) m/f
desligar ausmachen
deslocado, estar verrenkt sein

desmaiar: ele desmaiou er ist zusammengebrochen/ohnmächtig geworden
desodorante Deodorant nt
desparafusar aufschrauben
despertador telefônico Weckruf m
despir-se ausziehen
destino Reiseziel nt
destrancar aufschließen
destro rechtshändig
desvio *(trânsito)* Umleitung f
detalhes Einzelheiten fpl
detergente Spülmittel nt
devagar langsam; **mais ~!** langsamer, bitte!
dever *(precisar)*: **eu devo ...** ich muss
dever: quanto eu devo a você? wie viel bin ich Ihnen schuldig?
devido, ser *(pagamento)* fällig sein
devolver zurückbringen
dez zehn
dezembro Dezember m
dezenove neunzehn
dezesseis sechzehn
dezessete siebzehn
dezoito achtzehn
dia Tag m; **bom ~** guten Morgen; **de um ~ para o outro** über Nacht; **por um ~** für einen Tag
diabetes Zuckerkrankheit f
diabético(a), ser Diabetiker sein
diagnose Diagnose f
diamante Diamant m
diariamente/todo dia täglich
diário täglich
diarréia Durchfall m; **ter uma ~** Durchfall haben
dicionário Wörterbuch nt
diesel Diesel m
dieta: estou de dieta ich mache eine Diät
diferente, algo etwas anderes
difícil schwierig
digital digital
diminuir *(aquecimento)* herunterdrehen; *(volume)* leiser stellen
Dinamarca Dänemark nt

dinghy *(veleiro leve)* Dinghi nt
dinheiro Geld nt; *(cartão)* Automatenkarte f; *(vivo)* Bargeld nt
direção Richtung f; **em ~ a/para** nach; **na ~ de ...** in Richtung ...
direita, à auf der rechten Seite; rechts
direto durchgehend;
diretor *(de filme)* Regisseur(in) m/f; *(de empresa)* Direktor(in) m/f
dirigir fahren; **dirija à direita** rechtsgesteuert; **você estava dirigindo rápido demais** Sie sind zu schnell gefahren
dirigir fahren nach; **para onde você está se dirigindo?** wohin fahren Sie?
disco *(LP)* Schallplatte f;
discoteca Diskothek f
disquete Diskette f; **drive de ~** Diskettenlaufwerk nt
DIU *(anticoncepcional)* Spirale f
diversões eletrônicas Spielhalle f
divertido: é divertido es macht Spaß
divertir-se Spaß haben
divorciado, ser geschieden sein
dizer: como se diz ...? wie sagt man ...?; **o que ele disse?** was hat er gesagt?
doca Dock nt
doce süß
doces Süßigkeiten fpl
documento de registro do veículo Kraftfahrzeugzulassung f
doença Krankheit f
doença venérea Geschlechtskrankheit f
doente, estar krank sein
doer: dói es tut weh
dois zwei
dólar Dollar m
domingo Sonntag m
dona-de-casa Hausfrau f
dores, estar sentindo Schmerzen haben
dormindo, estar schlafen
dormir schlafen
dormitório Schlafzimmer nt
dosagem Dosierung f
doze zwölf
drama Drama nt

dramaturgo Autor m
drive-in *(de lanchonete)* Imbissstube f
duas vezes zweimal
dublado, ser synchronisiert sein
ducha Dusche f
duplo Doppel-; **cabine ~** Doppelkabine f; **cama ~** Doppelbett nt; **quarto ~** Doppelzimmer nt
durante während
durar/levar *(tempo)* dauern
duro *(comida)* zäh; hart
dúzia Dutzend nt

E

e und
é ... es ist ...; **~ claro** klar; **~ só isso** das ist alles
econômico wirtschaftlich
edredom Federbett nt
ela sie
elástico *(adj.)* elastisch
ele er
eles sie; **por ~** für sie; **para ~** zu ihnen
eletricidade Strom m; **medidor de ~** Stromzähler m
eletricista Elektriker m
elevador Aufzug m; Fahrstuhl m
em *(dia/data)* am; an; *(lugar/tempo)* in; auf
em cima oben
em vez de statt
e-mail e-Mail f
embaixada Botschaft f
embaixador(a) Botschafter(in) m/f
embaixo unten; **~ de** unter
embalagem Packung f; **~ plástica** Klarsichtfolie f
embalar/fazer malas packen
embarcar *(em barco)* sich einschiffen; *(trem)* einsteingen
emergência Notfall m; **é uma ~** es ist ein Notfall
emperrado, estar klemmen
empoeirado staubig
empresa Firma f; Unternehmen nt

emprestar: você pode me emprestar ...? könnten Sie mir … leihen?
empréstimo Darlehen nt
encaminhar: por favor encaminhe minha correspondência para ... bitte senden Sie meine Post nach ...
encanador/bombeiro Sanitärinstallateur m
encaroçado/irregular *(colchão)* klumpig
enchente Flut f
encolher: eles encolheram sie sind eingelaufen
encontrar treffen; finden
encruzilhada Gabelung f
endereço Adresse f
enfermaria (de navio) Krankenrevier nt
enfermeira Krankenschwester f
engarrafamento *(trânsito)* Stau m
engenheiro(a) Ingenieur(in) m/f
engolir *(hinunter)* schlucken
engraçado lustig
enjôo *(marítimo)***: sinto enjôo** ich bin seekrank; **~ de viagem** Reisekrankheit f
enquanto während
então *(tempo)* dann
entender verstehen; **eu não entendo** ich verstehe nicht; **você entende?** verstehen Sie?
entre zwischen
entregar liefern
entretenimento Unterhaltung f
envelope Briefumschlag m
enviar schicken
envolvido, estar beteiligt sein
enxaqueca Migräne f
epilético, ser Epileptiker sein
equipamento *(esportes)* Ausrüstung f; **~ de camping** Campingausrüstung f; **~ de mergulho** Tauchausrüstung f
errado *(incorreto)* falsch; **número ~!** falsch verbunden! **tem algo ~ com …** mit … stimmt etwas nicht
erro Fehler m
escada manual *(de apoiar)* Leiter f; **escada rolante** Rolltreppe f
escadaria Treppe f

escala *(vôo)* Zwischenlandung f
escalada Felsklettern nt
escocês *(adj.)* schottisch; *(subst.)* Schotte m /Schottin f
Escócia Schottland nt
escola Schule f
escova Bürste f; **~ de barbear** Rasierpinsel m; **~ de limpeza** Scheuerbürste f
escova de cabelo Haarbürste f
escritório/agência Büro nt
escuro dunkel
esgotado *(ingresso)* ausverkauft
Eslováquia Slowakei f
Eslovênia Slowenien nt
esmalte Email nt; **~ de unha** Nagellack m
esmeralda Smaragd m
espaço *(lugar)* Platz m
espadas *(naipe de cartas)* Pik nt
especialista Facharzt m, Fachärztin f
espelho Spiegel m
esperado, ser erwartet werden
esperar warten; **~ por** warten auf; **estou esperando ansiosamente** ich freue mich darauf
espere! warten Sie!; *(ao telefone)* bleiben Sie am Apparat!
espinha *(esqueleto)* Wirbelsäule f
esponja dupla-face Topfkratzer m
esporte Sport m
esposa Frau f
espreguiçadeira Liegestuhl m
esquecer vergessen
esquerda, à auf der linken Seite; links
esqui *(esporte)* Skifahren nt; *(aquático)* Wasserskier mpl; **bastões/sticks de ~** Skistöcke mpl; **botas de ~** Skischuhe mpl; **calças de ~** Skihose f; **escola de ~** Skischule f; **fixações de ~** Skibindungen fpl; **instrutor(a) de ~** Skilehrer(in) m/f; **teleférico de ~** Skilift m; **traje de ~** Skianzug m
esquiar skilaufen vi
esquis *(objetos)* Skier mpl
essencial wesentlich
estação Bahnhof m; **~ de metrô** U-Bahnstation f; **~ de ônibus** Busbahnhof m; **~ de trem** Bahnhof m;

~ ferroviária Bahnhof m; Hauptbahnhof m
estacionar parken
estacionamento Parkplatz m; **disco de ~** Parkscheibe f; **~ de camping** Campingplatz m für Wohnwagen
estadia Aufenthalt m
estádio Stadion nt
Estados Unidos Vereinigte Staaten pl
estar: ele não está er ist nicht da
estátua Statue f
este dieses; dieses hier
estéreo *(som)* Stereoanlage f
estes diese
estilo Stil m
estojo da câmera Fototasche f
estômago Magen m; **dor de ~** Magenschmerzen pl; **~ embrulhado** Magenverstimmung f
estrada: esta é a estrada para ...? ist dies die Straße nach ...?; **a ~ está bloqueada** Straße ist gesperrt
estrangeiro ausländisch
estranho seltsam; merkwürdig
estreito eng
estudante Student(in) m/f
estudar studieren
estúpido: isso foi estúpido! das war dumm!
estupro Vergewaltigung f
etiqueta Etikett nt; **~ de identificação de malas** Gepäckaufbewahrungsschein m
euro Euro m
Eurocheque Eurocheck m
eventos Veranstaltungen fpl
exame *(médico)* Untersuchung f
exausto, estar erschöpft sein
excelente großartig
exceto außer; **~ refeições** ohne Mahlzeiten
excursão Ausflug m
excursão guiada Führung f
executiva Geschäftsfrau f
executivo Geschäftsmann m
exemplo, por zum Beispiel
exigido, ser verlangt werden
expiração, data de Ablaufdatum nt

expirar: quando expira? wann läuft es ab?
exposição Ausstellung f
expressão *(de palavras)* Ausdruck m
expresso *(correio)* Express m
extensão *(de fio elétrico)* Verlängerungskabel nt
exterior, no im Ausland
extintor de incêndio Feuerlöscher m
extra zusätzlich
extrair *(dente)* ziehen
extremamente äußerst

F

fã: eu sou fã de ... ich bin ein Fan von ...
faca Messer nt
fácil einfach; leicht
faculdade: estar na faculdade studieren
faixa de pedestres Zebrastreifen m
falar sprechen; **~ com alguém** mit jemandem sprechen; **você fala inglês?** sprechen Sie Englisch?
faltando, estar fehlen
família Familie f
famoso berühmt; beliebt
fantástico fantastisch
farinha Mehl nt
farmácia Apotheke f
farol *(construção)* Leuchtturm m
fast food Schnellgerichte ntpl
fatia Scheibe f
fator *(de protetor solar)* Lichtschutzfaktor m
favorito Lieblings-
fax Telefax nt; **serviço de ~** Telefaxdienst m; **aparelho de ~** Telefax nt
faxineira Putzfrau f
fazenda Bauernhof m
fazer machen
febre-do-feno Heuschnupfen m
febril, sentir-se Fieber haben
fechado *(lugar)* geschlossen; *(porta)* zu
fechadura Schloss nt; *(trava)* Schleuse f

fechar schließen
feio hässlich
feito de: de que é feito? woraus besteht es?
felizmente glücklicherweise
feminino weiblich
feriado público Feiertag m
férias Ferien pl; Urlaub m; **de ~** im Urlaub
ferida Wunde f
ferido, estar verletzt sein
ferro *(de passar)* Bügeleisen nt; **~ de viagem** Reisebügeleisen nt
ferrovia Bahn f; Eisenbahn f
festival Fest nt
fevereiro Februar m
fezes Stuhl m
fígado Leber f
fila, esperar em Schlange stehen
filha Tochter f
filho Sohn m
filme Film m; **~ colorido** Farbfilm m; **~ preto e branco** *(para câmera)* Schwarzweißfilm m
filtro Filter m
fim: no fim am Ende
fim de semana Wochenende nt; **no ~** am Wochenende
fino/magro dünn
fio dental Zahnseide f
flanela *(pano)* Waschlappen m
flor Blume f
floresta Wald m; *(madeira)* Holz nt
floricultura Blumengeschäft nt
fluente: falar alemão fluente fließend Deutsch sprechen
fogão Herd m; **~ de camping** Campingkocher m
fogo: está pegando fogo! es brennt!
folha *(de janela)* Fensterladen m
folheto Broschüre f
fome, estar com Hunger haben
fones de ouvido Kopfhörer pl
fonte Brunnen m; **~ de água** Quelle f
fora *(do lado de fora, lá fora)* draußen; im Freien
forma Form f

formulário Formular nt; **~ de registro** Anmeldeformular nt
forno Backofen m; **~ de microondas** Mikrowellenherd m; **~ elétrico** Elektroofen m
forte stark
fosco *(papel fotográfico)* matt
fósforos Streichhölzer ntpl
fossa séptica Faulbehälter m
foto: foto em tamanho de passaporte Passbild n; **tirar uma ~** ein Foto machen
fotocopiadora Fotokopiergerät nt
fotografia Fotografie f
fotógrafo(a) Fotograf(in) m/f
foyer (hotel/teatro) Foyer n
fraco schwach; **me sinto ~** mir ist schwach
fraldário Wickelraum m
fraldas Windeln fpl
França Frankreich nt
francês französisch nt; Franzose m; Französin f
frango assado Brathähnchen nt
fraqueza: sinto fraqueza mir ist schwindelig
fratura Fraktur f
free shop Duty-Free m
freezer Gefrierschrank m
freqüência: com que freqüência? wie oft?
freqüentemente oft
fresco frisch
frigideira Bratpfanne f
frio *(resfriado)* kalt; *(subst.)* Kälte f
frios *(queijo, presunto etc.)* Aufschnitt m
fritas Pommes Frites pl
frito gebraten; fritiert
fronha *(de travesseiro)* Kopfkissenbezug m
fronteira Grenze f
fumantes *(seção)* Raucher m
fumar rauchen; **eu não fumo** ich rauche nicht
funcionar funktionieren; **não está funcionando** es funktioniert nicht
fundo tief
furgão Kombiwagen m
furo *(no pneu)* Platten m

furto Diebstahl m
furúnculo Furunkel m
fusível Sicherung f; **caixa de ~** Sicherungskasten m; **fio de ~** Schmelzdraht m
futebol Fußball m

G

galão Gallone f
galeria de arte Kunstgalerie f
Gales Wales nt
garagem Garage f
garantia Garantie f; **sem ~** keine Garantie; **tem ~?** ist darauf Garantie?
garçom/garçonete Kellner(in) m/f
garfo Gabel f
garganta Hals m; **dor de ~** Halsschmerzen pl
garota Mädchen nt
garoto Junge m
garrafa Flasche f; **abridor de ~** Flaschenöffner m; **~ de água** Wasserflasche f; **~ térmica** Thermosflasche f; Wärmflasche f
gás Gas f; **lentes gás-permeáveis** luftdurchlässige Kontaktlinsen fpl; **~ butano** Butangas nt; **está cheirando a ~!** es riecht nach Gas!
gasolina Benzin nt; **container de ~** Benzinkanister m; **ficar sem ~** kein Benzin mehr haben; **~ sem chumbo** bleifreies Benzin nt
gastar (dinheiro) ausgeben; (tempo) verbringen
gastrite Magenschleimhautentzündung f
gato Katze f
gaze/faixa Verband m
geando, estar frostig sein
gel (de cabelo) Haargel nt; **~ para banho** Duschgel nt
geladeira Kühlschrank m
gelado, estar (tempo) eisig sein
geléia Marmelade f
gelo Eis nt; **hóquei no ~** Eishockey nt; **máquina de ~** (na geladeira) Eisspender m; **rinque de ~** Eisbahn f

generoso: isso é muito generoso das ist sehr großzügig
gengiva Zahnfleisch nt
gente/pessoas Leute pl
genuíno/legítimo echt
geologia Geologie f
gerente Geschäftsführer(in) m/f
ginecologista Frauenarzt m; Frauenärztin f
glândula Drüse f
gola Ausschnitt m; (colarinho) Kragen m
golfe Golf m; **campo de ~** Golfplatz m
gordura Fett nt; **baixo teor de ~** fettarm
gorjeta Trinkgeld nt
gorro Mütze f
gostar: eu gostaria de ... ich hätte gern; **você está gostando ...?** gefällt es Ihnen?; **você está gostando da comida?** schmeckt Ihnen das Essen?; **você gosta de ...?** ... Sie gern?; **eu gostei** es hat mir gefallen
gosto/sabor Geschmack m
Grã-Bretanha Großbritannien nt
grama Gras nt; (peso) Gramm nt
gramado Rasen m
grande groß
gratuito kostenlos
graus (temperatura) Grad mpl
gravata Krawatte f; **prendedor de ~** Krawattennadel f
grávida, estar schwanger sein
graxa para sapatos Schuhcreme f
grego (adj.) Griechisch; Griechen m, Griechin f
grelhado gegrillt
gripe Grippe f
grosso/gordo dick
grupo Gruppe f; **~ de recreação** Spielgruppe f
guarda-chuva Regenschirm m
guarda do parque Parkaufseher m
guardanapo Serviette f; **~ de papel** Papierservietten fpl
guarda-volumes Garderobe f
guia (turístico) Reiseführer; **~ de turismo** (pessoa) Reiseleiter(in) m/f; **~ de entretenimento** Veranstaltungskalender m; **~ de expressões** (em língua estrangeira)

Sprachführer m; **~ de passeio** Reiseleiter(in) m/f; **~ de suvenires** Andenkenbildband m

H

handicap *(golfe)* Vorgabe f
hardware *(computador)* Hardware f
haver: há ... es gibt …
helicóptero Hubschrauber m
hematoma Quetschung f
hemorróidas Hämorrhoiden pl
hérnia Bruch m
hindu *(subst.)* Hindu m; *(adj.)* hinduistisch
hipermétrope weitsichtig
história Geschichte f
história natural Naturkunde f
HIV-positivo HIV-positiv
hobby *(passatempo)* Hobby nt
hoje heute; **~ à noite** heute abend; **para ~** für heute
Holanda Holland nt; Niederlande pl
homem Mann m
homossexual *(adj.)* homosexuell
hóquei Hockey nt
hora Stunde f; **a que ~ ...?** wann …?; **daqui a uma ~** in einer Stunde **~ do rush** Berufsverkehrm m; **outra ~** ein andermal; **das ... às** von … bis
horário Uhrzeit f; **~ de atendimento** *(no consultório médico)* Sprechstunden fpl; **~ de funcionamento** Öffnungszeiten fpl; **~ dos trens** Abfahrtszeiten fpl; **~ de visitação** Besuchszeit f; **marcar um ~** einen Termin vereinbaren
horas: são ... horas es ist … Uhr; **que ~ são?** wie spät ist es?
horrível scheußlich
hospedar-se wohnen; *(permanecer)* bleiben
hospital Krankenhaus nt
hotel Hotel nt
hovercraft Luftkissenboot nt
Hungria Ungarn nt

I

idade: Alter nt; **que ~?** wie alt?
identificação *(documentos)* Ausweis m
idoso(a) Senior(in) m/f
igreja Kirche f
igualmente gleichfalls
ilegal, ser nicht erlaubt sein
ilha Insel f
imagine!/não foi nada! das macht nichts
imediatamente sofort
imitação imitiert
impostos: pagar impostos verzollen; **~ sobre produtos** Mehrwertsteuer f
impressora a laser Laserdrucker m
incêndio: alarme de incêndio Feuermelder m; **saída de ~** Feuerleiter f
inchaço Schwellung f
inchado geschwollen
incluso: o ... está incluso? ist … inbegriffen?
incomodar: isso incomoda você? stört es Sie?
inconsciente, estar bewusstlos sein
inconveniente: é inconveniente es ist ungünstig
indigestão Verdauungsstörung f
infecção Entzündung f; **~ vaginal** Scheidenentzündung f
infectado, estar entzündet sein
infelizmente leider
inferior: quero um beliche inferior ich möchte unten schlafen
inflamação Entzündung f
informações Informationen fpl
informal *(roupa)* zwanglos
infringir o limite de velocidade zu schnell fahren
Inglaterra England nt
inglês *(adj.)* englisch; *(língua)* Englisch nt; **alguém aqui fala ~?** spricht hier jemand Englisch?; **falante de ~** Englisch sprechend; Engländer(in) m/f
ingresso Eintritt m; Eintrittskarte f
iniciante/principiante Anfänger m
injeção Spritze f
inocente unschuldig
inseto Insekt nt
insistir: eu insisto ich bestehe darauf
insônia Schlaflosigkeit f

insolação Sonnenstich m
instalações Einrichtungen fpl
instruções Gebrauchsanweisung f;
 ~ de lavagem Waschanleitung f sing
instrutor(a) Lehrer(in) m/f
insulina Insulin nt
inteiro: o dia inteiro den ganzen Tag
interessante interessant
interesse: quais são os seus interesses? wofür interessieren Sie sich?
internacional international
internet Internet f
intérprete Dolmetscher m
interruptor Schalter m
intervalo Pause f
intoxicação alimentar Lebensmittelvergiftung f
invasão *(roubo domiciliar)* Einbruch m
inverno Winter m
iodo Jod nt
iogurte Jogurt m
ir gehen, fahren; **vamos!** gehen wir!; **para onde vai este ônibus?** wohin fährt dieser Bus?; **vá embora!** gehen Sie weg!
Irlanda Irland nt
Irlanda do Norte Nordirland nt
irlandês *(adj.)* irisch; *(subst.)* Ire m; Irin f
irmã Schwester f
irmão Bruder m
isento de impostos zollfrei; **produtos ~** zollfreie Waren fpl
isqueiro Feuerzeug nt
isso é seu es gehört Ihnen/dir
Itália Italien nt
italiano *(adj.)* italienisch; Italiener(in) m/f
itens permitidos erlaubte Menge f

J

já schon
janeiro Januar m
janela Fenster nt
jantar *(verbo)* zu Abend essen
jaqueta Jacke f; *(paletó)* Jackett nt
jardim Garten m; **~ botânico** Botanischer Garten m
jardinagem Gartenarbeit f
jardineiro Gärtner(in) m/f
jarra Karaffe f; Krug m; **~ d'água** Wasserkrug
jeans Jeans pl; *(tecido)* Jeansstoff m
jet lag*: estou sentindo *jet lag der Zeitunterschied macht mir zu schaffen
jet ski Jet-Ski m
joalheria Juwelier m
joelho Knie nt
jogar (esportes, jogos) spielen
***jogging*, fazer** joggen
jogo Spiel nt; **~ de azar** Glücksspiel nt; **~ eletrônico** Elektronikspiel nt
jornada/viagem Fahrt f
jornal Zeitung f
jornalista Journalist(in) m/f
jovem jung
judeu/judia *(adj.)* jüdisch; *(subst.)* Jude m; Jüdin f
judô Judo nt
jukebox Musikbox f
julho Juli m
junho Juni m
junta/articulação *(corpo)* Gelenk nt
juntar-se: podemos nos juntar a vocês? dürfen wir uns zu Ihnen setzen?
junto zusammen

K

kit de primeiros socorros Verbandskasten m
kitchenette Einzimmerwohnung f
kosher koscher

L

lã Wolle f
lábio Lippe f
lado Seite f; **~ esquerdo** linke Seite f; **do outro ~** auf der anderen Seite
ladrão Dieb m
lago See m
lagoa Teich m
lâmpada Glühbirne f
lanchar speisen

lanches kleine Gerichte ntpl
lanchonete Schnellimbiss m
lanterna Taschenlampe f
lá: para lá dorthin
lápis Bleistift m; *(maquiagem)* Lidstrich m
lapiseira Drehbleistift m
lar/domicílio Haushalt m
laranja *(adj.)* orange; *(fruta)* Orange f
lareira Kamin m
largo weit
laser Laser m
lata Dose f
latão Messing nt
latas de lixo Mülleimer mpl
lavagem a seco Reinigung f
lavanderia automática Waschsalon m
lavar waschen; **~ a seco** reinigen
lava-rápido Autowaschanlage f
lavável waschbar; **é ~ à mão?** kann man es mit der Hand waschen?; **é ~ à máquina?** kann man es in der Maschine waschen?
laxante Abführmittel nt
leasing Leasing nt
legal, ser *(permitido por lei)* erlaubt sein; *(bom)* nett
legendado, ser Untertitel haben
leggings Leggings pl
legumes/verduras Gemüse nt
leite Milch f; **com ~** mit Milch
leitura Lesen nt
lembrança: mande lembranças para ... grüßen Sie ... von mir
lembrar: eu não lembro ich erinnere nicht mehr
lenço Taschentuch nt
lençol Bettlaken nt
lenços de papel Papiertaschentücher ntpl
lenha Brennholz nt
lentamente langsam
lente *(câmera)* Objektiv nt; *(ótica)* Brillenglas nt
lente de contato Kontaktlinse f; **líquido para ~** Kontaktlinsenflüssigkeit f
leste Osten m; **a ~ de ...** östlich von ...
levar a *(estrada)* führen nach

levar, vou ich nehme es; **~ para viagem** zum Mitnehmen
libra *(moeda/peso)* Pfund nt
licença, com entschuldigen Sie!
licor Likör m
líder *(de grupo)* Leiter(in) m/f
liga chumbo-estanho Zinn nt
ligar anmachen; **~/desligar** ein/ausschalten; **~ o carro** anspringen; **eu ligo de volta** ich rufe zurück
limão Zitrone f
limite de velocidade Geschwindigkeitsbegrenzung f
limonada Limonade f
limpar reinigen
limpeza Reinigung f
limpo sauber
língua Zunge f
linha *(metrô)* Linie f; **uma ~ externa, por favor** *(ao telefone)* einen Amtsanschluss, bitte
linho Leinen nt
liso *(não estampado)* einfarbig
lista *(telefônica)* Telefonbuch nt
listrado *(estampa)* gestreift
litoral Küste f
litro Liter m
livraria Buchhandlung f
livre frei; **tem algum assento ~?** sind noch Plätze frei?
livro Buch nt; **~ de receitas** Kochbuch nt
lobby *(teatro/hotel)* Foyer nt
local hiesig; **~ de ancoragem** Anlegeplatz m; **~ de camping** Campingplatz m
loção Lotion f; **~ bronzeadora** Sonnenmilch f; **~ de limpeza** *(pele)* Reinigungsmilch f; **~ pós-barba** Rasierwasser nt; **~ pós-sol** After-Sun-Creme f
loja Geschäft nt; **~ de artesanato** Kunsthandwerksgeschäft nt; **~ de artigos de construção** Bauwarenhandlung f; **~ de artigos esportivos** Sportgeschäft nt; **~ de artigos fotográficos** Fotogeschäft nt; **~ de brinquedos** Spielwarengeschäft nt; **~ de departamentos** Kaufhaus

nt; **~ de destilados** Wein und Spirituosenhandlung f; **~ de discos** Plattengeschäft nt; **~ de legumes e verduras** Gemüsehändler m; **~ de presentes** Geschenkladen m; **~ de produtos naturais** Naturkostladen m; **~ de sapatos** Schuhgeschäft nt; **~ de suvenir** Andenkenladen m; **~ de verduras e legumes/hortifruti** Gemüsehandlung f
longe weit; **quão ~?** wie weit?; **quão ~ é?** wie weit ist es?
longo lang
lotado *(de pessoas)* überfüllt
louça Geschirr nt
lua-de-mel, estar em auf der Hochzeitsreise sein
lubrificante Schmiermittel nt
lugar Ort m; *(espaço)* Platz m
luva Handschuh m
luvas *(sem separação de dedos)* Fausthandschuhe mpl
Luxemburgo Luxemburg nt
luxo Luxus m
luz Licht nt
luzes *(em bicicleta)* Beleuchtung f
luzes, fazer *(em cabelo)* Strähnchen machen

M

maçã Apfel m
machucado: está machucado es ist wund
machucar-se sich verletzen
maço Schachtel f; **~ de cigarro** Zigarettenschachtel f; **~ de verduras** Bündel n
mãe Mutter f
maio Mai m
mais mehr; **eu queria um pouco ~ de ...** ich hätte gern noch etwas …; **~ alguma coisa?** sonst noch etwas?; **~ alto/forte** lauter; **não ~** nicht mehr; **~ próximo** nächste; **quanto mais até chegar a Berlim?** wie weit ist es noch nach Berlin?; **~ quieto** ruhiger; **~ rápido: qual é o caminho mais rápido para ...?** was ist der schnellste Weg nach …?; **~ tarde/depois** später
maître Oberkellner m
mala *(de mão)* Handtasche f
mal-educado, ser unhöflich sein
mal-entendido Fehler m; Irrtum m; **foi um ~** es war ein Missverständnis
maleta Aktenkoffer m
mal-passado blutig
mamadeira Fläschchen n; **bico da ~** Sauger m
mancha Fleck m
manga *(de roupa)* Ärmel m
manhã, de morgens
manicure Maniküre f
manteiga Butter f
manual *(livro)* Handbuch nt
mão Hand f
mapa Karte f; Landkarte f; **~ de ruas** Straßenkarte f; **~ da cidade** Stradtplan m
maquiagem Make-up nt
máquina *(de lavagem)* Waschmaschine f; **~ de selos** Briefmarkenautomat m; **~ de venda automática** Automat m
mar Meer nt
marca *(de produto)* Marke f
marcar um horário einen Termin vereinbaren
março März m
maré alta Flut f
margarina Margarine f
margem *(mar/lago)* Ufer nt
marginal *(rua)* Umgehungsstraße f
marido Mann m
marmita Lunchpaket nt
marreta Holzhammer m
marrom braun
martelo Hammer m
mas aber
máscara Maske f
masculino männlich
massagem Massage f
material Material nt, Stoff m
matinê Nachmittagsvorstellung f
mau/ruim schlecht
maxilar Kiefer m
medicamento Medikament nt

médico(a) Arzt m Ärztin f
medida Maß nt
médio mittel/normal; *(tamanho de bebida)* mittel
medir messen
meia-calça Strumpfhose f
meia-noite Mitternacht f
meia-passagem halber Fahrpreis m
meia-pensão Halbpension f
meias Socken fpl; Strümpfe mpl
meio-dia Mittag m
melhor *(superlativo, o melhor)* beste *(-r; -als)*; *(comparativo, melhor que)* besser
membro *(de clube)* Mitglied nt
menos weniger
mensagem Nachricht f
menstrual, período Periode f; **dores menstruais** Menstruationsbeschwerden pl
mercado de pulgas Flohmarkt m
mercado/feira Markt m; dia de feira Markttag m
mercearia Lebensmittelgeschäft nt
mergulhar tauchen
mês Monat m
mesa *(restaurante)* Tisch m; **~ dobrável** Klapptisch m
mesmo: o mesmo outra vez, por favor bitte nochmal das Gleiche; **o ~** der/die/dasselbe
metade Hälfte f
metal Metall nt
metrô U-Bahn f
meu mein; **é ~** es gehört mir
microônibus Kleinbus m
mil tausend
milhagem Kilometergeld nt
milhão Million f
mim mir
mini-bar Minibar f
mínimo *(subst.)* Minimum nt
minuto Minute f
míope kurzsichtig
missa Messe f, Gottesdienst m
mobília Möbel pl
mochila Rucksack m
mochilar Rucksackwandern nt
moderno modern; **ser ~** modern sein

moeda *(objeto)* Münze f
moeda Währung f; **~ estrangeira** Devisen fpl
molho Soße f
monastério Kloster nt
montanha Berg m
montanhismo Bergsteigen nt
monumento Denkmal nt
morango Erdbeere f
morrer: o motor morre der Motor stirbt ab
morto(a) tot; *(bateria)* leer
mosca Fliege f
mosquito/pernilongo Stechmücke f
mostarda Senf m
mostrar zeigen; **você pode me ~?** können Sie es mir zeigen?
motocicleta Motorrad nt; **peças de ~** Motorradteile ntpl
motor Motor m
motorista *(ônibus, carro etc.)* Fahrer(in) m/f; **~ de táxi** Taxifahrer m
mousse de cabelo Schaumfestiger m
perder *(trem, chance etc.)* verpassen; **eu perdi o ônibus para ... ?** habe ich den Bus nach … verpasst?
mover *(carro)* woanders hinstellen; **não o mova!** bewegen Sie ihn nicht!
muçulmano *(adj.)* moslemisch; *(subst.)* Moslem m
mudar: mudei de idéia ich habe es mir anders überlegt; *(de quarto)* umziehen
muito sehr; **~/demais** *(excesso)* zu; **~ pouco** zu wenig
muito(s) viel; viele
muletas Krücken fpl
multa Bußgeld nt; **pagar uma ~** ein Bußgeld bezahlen
mural *(de recados)* Anschlagbrett nt
muro da cidade Stadtmauer f
músculo Muskel m
museu Museum nt
música Musik f; **~ country** Countrymusik f; **~ folclórica** Volksmusik f
músico(a) *(pessoa)* Musiker(in) m/f

N

na hora *(imediatamente)* sofort
nacional national
nacionalidade Nationalität f
nada nichts; **mais ~** sonst nichts; **~ a declarar** nichts zu verzollen; **~ para mim** nichts für mich;
nadar schwimmen, baden
namorada Freundin f
namorado Freund m
não nein; **~ é esse** nicht das da; **~ tem de quê** gern geschehen; nicht der Rede wert
não-alcoólico alkoholfrei
não-fumante *(adj.)* nichtraucher pl
nariz Nase f
nascer: Eu nasci em ... ich bin (ano) in *(lugar)* geboren
natação Schwimmen nt
Natal Weihnachten nt
náusea Übelkeit f
navio Schiff nt; **castelo de popa** Achterdeck nt
necessário nötig
negativo *(foto)* Negativ nt
negócios Geschäft nt
nenhum(a) keine(-r-s)
nervo Nerv m
nevar schneien
neve Schnee m; **estar preso pela ~** eingeschneit sein
ninguém niemand
noite, à abends; nachts; **boa ~** guten Abend; **por ~** pro Nacht
noiva(o) Verlobte(r) m/f
nome Name m; **meu ~ é ...** ich heiße...; **qual é seu ~?** wie heißen Sie?; **~ de solteira** Mädchenname m
normal normal
normas/regulamento Vorschriften fpl
norte: a ~ de ... nördlich von; **~ geográfico** geografischer Nordpol m; **~ magnético** nördlicher Magnetpol m
nós wir
nós: para nós/conosco für/mit uns
nosso(a) unser; **é ~** es gehört uns
nota *(dinheiro)* Schein m
notificar/avisar benachrichtigen
Nova Zelândia Neuseeland nt
nove neun
novembro November m
noventa neunzig
novo neu; **~ em folha** nagelneu
nublado, estar bewölkt sein; neblig sein
número *(telefone)* Nummer f; **desculpe, ~ errado** falsch verbunden; **~ de matrícula** *(veículo)* Kraftfahrzeugkennzeichen n; **~ de registro** Mitgliedsnummer f; **~ de telefone** Telefonnummer f;
nylon Nylon nt

O

obrigado(a) danke; **~ pela ajuda** vielen Dank für Ihre Hilfe
observatório Observatorium nt
obturação Füllung f
ocasionalmente gelegentlich
óculos Brille f; **~ de leitura** Lesebrille f; **~ de natação** Schutzbrille f; **~ de sol** Sonnenbrille f
ocupação Beruf m
ocupado *(assento, cabine etc.)* besetzt; **este assento está ~?** ist dieser Platz besetzt?; **estou ~** ich habe keine Zeit
oeste: a ~ de ... westlich von ...
oficina Autowerkstatt f
oi! hallo!
oitenta achtzig
oito acht
OK in Ordnung, OK
olá Guten Tag; hallo
óleo Öl nt
oleoso *(cabelo)* fettig
olhada, dar uma *(conferir)* sich ... ansehen; **só estou dando uma ~** ich sehe mich nur um
olho Auge nt
ombro Schulter f
omelete Omelett nt
onda Welle f

onde? wo?; **~ é ...?** wo ist ...?; **~ mais?** wo sonst?; **~ nós podemos ...?** wo können wir ...?; **de ~ você vem?** woher kommen Sie? **para ~?** wohin?
ônibus Bus m; **estação/linha de ~** Busbahnhof m; **~ de longa distância** Überlandbus m; **~ de viagem** Reisebus m; **parada/ponto de ~** Bushaltestelle f; **ponto de ~** Bushaltestelle f
ontem gestern
onze elf
ópera Oper f; **teatro de ~** Opernhaus nt
operação Operation f
operador de viagens Reiseveranstalter m
oposto gegenüber
orelha/ouvido Ohr nt; **gotas para o ~** Ohrentropfen mpl; **dor de ~** Ohrenschmerzen pl
orientar *(caminho)* den Weg zeigen
orla marítima Strandpromenade f
ornitologia Ornithologie f
orquestra Orchester nt
osso Knochen m
ótico(a) *(profissão)* Optiker(in) m/f
ou oder
ou ... ou entweder ... oder
ouro Gold nt; **banhado a ~** vergoldet
ouros *(naipe de cartas)* Karo nt
outono Herbst m
outra coisa etwas anderes
outro noch ein
outros *(outras pessoas)* anderes
outubro Oktober m
ouvir hören
oval oval
ovo Ei nt

P

pá Schaufel f
paciente *(de médico)* Patient(in) m/f
pacote Karton m; Paket nt; **~ de seis** *(latas de cerveja)* Sechserpack m
padaria Bäckerei f
padre/sacerdote Priester m
pãezinhos Brötchen nt
pagamento Zahlung f
pagar bezahlen; zahlen; **~ em dinheiro** bar zahlen
pai Vater m
país Land nt
pais Eltern pl
palácio Palast m
pane Panne f; **ter uma ~** eine Panne haben
panela Kochtopf m
pano de prato Spüllapen m
panorama Panorama nt
pão Brot nt
papel Papier nt
papel higiênico Toilettenpapier nt
papel-alumínio Alufolie nt
papelaria Schreibwarenhandlung f
papel-filtro Filterpapier nt
papel-toalha Küchenpapier nt
par Paar nt
par de, um ein Paar nt
para/em direção a nach, Richtung f
parabéns! herzlichen Glückwunsch!
pára-brisa Windschutzscheibe f
parada/ponto *(ônibus, bonde)* Haltestelle f
parafina Paraffin nt
parafuso Schraube f
paralisia Lähmung f
parar halten; anhalten; **~ em** halten in; **por favor, pare aqui** bitte halten Sie hier
parecido, ser aussehen wie
parede Wand f
parque Park m
parque de diversões Festplatz m
parquímetro Parkuhr f
partida *(de jogo)* Spiel nt; **dar a ~** *(carro)* das Auto Starten f; *(trem)* Abfahrt f
partir abfahren; *(avião)* abfliegen, *(abandonar)* stehen lassen
partir *(trem/ônibus)* abfahren
Páscoa Ostern nt
passageiro(a) Passagier m

GLOSSÁRIO PORTUGUÊS - ALEMÃO

passagem/bilhete Fahrschein m; *(avião)* Flugtickets ntpl; *(eventos esportivos)* Karte f; *(preço)* Fahrpreis m; *(trem)* Fahrkarten fpl; **~ de volta** Rückfahrkarte f; **~ subterrânea** Unterführung f
passaporte Pass m; Reisepass m; **~ conjunto** gemeinsamer Pass m; **controle de ~** Passkontrolle f
passar *(roupa)* bügeln
passar mal: ele está passando mal ihm ist schlecht
passar por vorbeikommen an; **estar de passagem** auf der Durchreise sein
pássaro Vogel m
passe Pass m
passear: sair a ~ spazierengehen
passe de teleférico *(esqui)* Liftkarte f
passeio Rundfahrt f; **~ a cavalo** Reitausflug m; **~ de trenó** Schlittenbahn f; **~ por pontos turísticos** Stadtrundfahrt f
pastor *(protestante)* Pastor, Pfarrer m
patamar *(escada)* Gang m
patins Schlittschuhe mpl; *(de rodas)* Roller-Blades pl
pé Fuß m; **a ~** zu Fuß
peça ajuda! holen Sie Hilfe!
peça/pedaço Stück nt; **um pedaço de ...** ein Stück ...
peças *(de reposição)* Ersatzteile pl
pedalinho Tretboot nt
pedestres, zona de Fußgängerzone f
pedicure Pediküre f
pedido *(em restaurante)* Bestellung f
pedir *(em restaurante)* bestellen
pegar emprestado: posso pegar emprestado o seu ...? darf ich Ihren/Ihre/Ihr ... leihen?
pegar/apanhar fangen, nehmen
pegar/buscar alguém *(em algum lugar)* jemanden abholen
peito Brust f
peixaria Fischgeschäft nt
peixe Fisch m
pele Haut f
pêlo Haar nt; *(animais)* Fell nt
pelo menos mindestens

pena: é uma pena es ist schade; **vale a ~ ?** lohnt es sich?
penhasco Falsen m
penicilina Penizillin nt
pensão completa Vollpension f
pensar: eu penso ich denke; **vou pensar nisso** ich überlege es mir
pente Kamm m
um pouco ein wenig
pequeno klein
perda total *(carro)* Totalschaden m
perdão? wie bitte?; Verzeihung?
perder verlieren
perdido, estar verlorengehen; sich verirrt haben; **eu estou perdido (caminho)** ich habe mich verlaufen/verfahren
performance Vorstellung f; *(desempenho)* Leistung f
perguntar/pedir fragen
perigoso gefährlich
período Zeit f
permanente *(cabelo)* Dauerwelle f; **fazer um ~** *(cabelo)* eine Dauerwelle machen
permitido: é permitido? ist es erlaubt?
perna Bein nt
pérola Perle f
persiana Rollo m
perto nah; **... daqui** hier in der Nähe
perto/cerca de *(lugar)* bei; *(hora)* gegen; circa
perturbar: não perturbe nicht stören
pesado schwer
pesca Angeln nt
pescar, ir angeln gehen
pescoço Hals m
peso: meu peso é ... ich wiege ...
pia Waschbecken nt
piada Witz m
piano Klavier m
picada *(de mosquito/pernilongo)* Mückenstich m; **~ de inseto** Insektenstich m; Stich m
picante würzig
picape Kleintransporter m
pico *(de montanha)* Gipfel m
pijama Schlafanzug m

pílula (*anticoncepcional*): **tomar ~** die Pille nehmen
pimenta Pfeffer m
pinça Pinzette f
pingar: a torneira está pingando der Hahn tropft
pint/quartilho (*medida de capacidade, pouco mais de meio litro*) Pint nt;
pintado gemalt
pintar malen
pintor(a) Maler(in) m/f
pintura Gemälde nt
pior schlechter; **o pior** das Schlimmste; **piorou** es ist schlimmer geworden;
pipoca Popcorn nt
piquenique Picknick nt; **área de ~** Picknickplatz m
pirulito Lutscher m
piscina (*de natação*) Schwimmbad nt; **~ coberta** Hallenbad nt; **~ infantil** Planschbecken nt
piso Boden m; Geschoss nt; **~ de cima** oberster Stock m
pista (*de rua/estrada*) Spur f; **~ de corrida** Pferderennbahn f; **~ de dentro** (*rua*) Innenspur f; **~ de ultrapassagem** Überholspur f
placa (*rua*) Schild nt; **~ de matrícula** (*veículo*) Nummernschild nt; **~ de rua** Verkehrszeichen ntpl
plano (*chão*) eben
plano/chato Platten m
planos Pläne mpl
planta Pflanze f
plataforma Bahnsteig m
platina Platin nt
playground Spielplatz m
plugue (*elétrico*) Stecker m
pneu Reifen m
pneumonia Lungenentzündung f
pochette Gürteltasche f
poder/ser capaz können
polícia Polizei f; **chame a ~!** rufen Sie die Polizei!; **posto de ~** Polizeiwache f; Polizei f
poliéster Polyester nt
Polônia Polen nt

ponte Brücke f
ponto: de táxi Taxistand m; **~ de encontro** Treffpunkt m; **~ de interesse** Sehenswürdigkeiten fpl; **que ~?** welche Haltestelle?
pontualmente pünktlich
popa Heck nt
pôquer Poker nt
por favor bitte
por perto in der Nähe
por quê? warum?; **~ não?** warum nicht?
por: ~ dia pro Tag; **~ hora** pro Stunde f; **~ noite** pro Nacht f; **~ semana** pro Woche f; **você pode me hospedar ~ esta noite?** können Sie mich heute Nacht unterbringen?
pôr: onde eu posso pôr ...? wo kann ich ... hintun?
porca (*de parafuso*) Schraubenmutter f
porção Portion f
porque weil; **por causa de** wegen
porta Tür f; **~ da frente** Vordereingang m
porta-moedas/bolsa Geldbeutel m; Handtasche f
portão (*aeroporto*) Flugsteig m
porteiro noturno Nachtportier m
porto Hafen m
positivo, no (*conta*) im Haben
possível: assim que possível so bald wie möglich
possivelmente möglicherweise
posso pegar ...? kann ich ... haben?
posso? kann/darf ich?
posta restante (*correio*) postlagernd
poste de orientação Wegweiser m
pôster Poster nt
posto (*de informações*) Verkehrsbüro nt; **~ de gasolina** Tankstelle f; **~ de polícia** Polizeiwache f; Polizei f; **~ de serviços, gasolina** Tankstelle f
pouco, um ein wenig
poucos wenige
pousada (*cama e café-da-manhã*) Übernachtung f mit Frühstück
praia Strand m; **~ arenosa** Sandstrand m; **~ de nudismo** Nacktbadestrand m

prancha *(de surf)* Surfbrett nt; **~ de windsurf** Windsurfbrett nt
prata Silber nt; **banhado a ~** versilbert
prateleira Regal nt
praticar: praticar o idioma alemão Deutsch üben; **~ esporte** Sport triben
prático günstig
prato Teller m; *(refeição)* Gang m; Gericht nt; **~ do dia** Tagesmenü nt; **~ principal** Hauptgericht nt;
precisar: eu preciso ... ich möchte …
preço especial Sonderpreis m
prédio/edifício Gebäude nt; **~ público** öffentliches Gebäude nt
preencher ausfüllen
prefeitura Rathaus nt
preferência *(no trânsito)* Vorfahrt f
pregadores Wäscheklammern fpl;
premium *(gasolina)* Super nt
preocupação: estou preocupado ich mache mir Sorgen
prescrever/receitar verschreiben
prescrição/receita Medizin f; Rezept nt
presente Geschenk nt
preservativos Kondome ntpl
presilha de cabelo Haarspange f
preso, ser festgenommen werden
pressão sangüínea Blutdruck m
preto schwarz
previsão do tempo Wetterbericht m
primavera Frühling m
primeira-classe erste Klasse f
primeiro erste
primo(a) Cousin(e) m/f
principal Haupt
prisão Gefängnis nt
proa Bug m
problema cardíaco Herzleiden nt
problema: estou tendo ~ com ... ich habe Schwierigkeiten mit...; **não tem ~** es macht nichts; **qual é o ~?** was ist los?
procurar suchen
produtos de limpeza Putzmittel ntpl
professor(a) Lehrer(in) m/f; Dozent(in) m/f

profissão: qual é sua profissão? was machen Sie beruflich?
programa Programm nt; **~ de eventos** Veranstaltungskalender m
proibido: é proibido? ist es verboten?
pronto(a) fertig; **estar ~** fertig sein; **você está ~?** sind Sie fertig?
pronunciar aussprechen
propósito/objetivo Zweck m; Absicht f
proprietário(a) Besitzer(in) m/f
protestante Protestant(in) m/f
protetor *(solar)* Sonnenschutzcreme f; **~ labial** Lippenbalsam m
provador *(de roupa)* Umkleidekabine f
provar *(roupa)* anprobieren
provavelmente wahrscheinlich
provisoriamente provisorisch
próximo nächste; **~ a** neben; **mais ~** nächste; **próxima parada!** die nächste Haltestelle!
pulôver Pullover m
puro *(material)* rein

Q

quadra de tênis Tennisplatz m; **quadra esportiva** Sportplatz m
quadrado quadratisch
quadro de horários Flugplan m
qual/quais welcher/welche/welches?
qualidade Qualität f
quando? wann?
quantia Betrag m
quantidade Menge f
quanto? wie viel?
quantos? wie viele?
quarenta vierzig
quarentena Quarantäne f
quarta-feira Mittwoch m
quarto *(posição)* Zimmer nt; **~ simples** Einzelzimmer m
quarto vierte; **~ após** Viertel nach; **~ de hora** viertelstunde nt; **~ para** Viertel vor
quase fast
quatro vier
quê? was?
quebrado *(osso)* gebrochen sein; *(objetos)* kaputt

quebrar *(máquina, aparelho)* kaputtgehen
quebrar *(objeto)* zerbrechen; **o que quebrou?** *(carro)* wo liegt der Fehler?
queda de energia Stromausfall m
queijo Käse m
queimado *(comida)* zu stark gebraten
queimadura Verbrennung f; **~ de sol** Sonnenbrand m
queimou es ist verbrannt
quem? wer?; **~ mais?** wer noch?; **de ~** wessen
quente heiß; warm
querer wollen, wünschen; **vou ~ ...** ich nehme ...
questão/pergunta Frage f
quilo *(grama)* Kilo m
quilometragem ilimitada ohne Kilometer begrenzung f
quilômetro Kilometer m
quinto fünfte
quinze fünfzehn

R

rabino Rabbiner m
rachadura Bruch m
rádio Radio nt
rainha *(xadrez)***/dama** *(cartas)* Dame f
raio X: tirar um raio x geröntgt werden
ralo Abflussrohr nt
ramal 24 Apparat 24 m
ranger: a cama está rangendo das Bett knarrt
rapidamente schnell
rápido schnell; **qual é o caminho mais ~ para ...?** was ist der schnellste Weg nach ...?
raquete Schläger m
raramente selten
raso flach
ratoeira Mausefalle f
real *(legítimo)* echt
rebocar *(veículo)* abschleppen
recepção *(balcão)* Empfang m
recepcionista Empfangschef(in) m/f
recheio Belag m

recibo Quittung f; Schein m; **~ detalhado** detaillierte Rechnung f
reclamação Beschwerde f
recomendar empfehlen; **o que você recomenda?** was empfehlen Sie?
rede Netz nt; **~ de lojas, serviços etc.** kette f; **~ elétrica** Stromnetz nt
redondo rund
reembolso: eu queria um reembolso ich hätte gern mein Geld zurück
reentrar/reingressar wieder hereinkommen
refeição Essen nt; **refeições para crianças** Mahlzeiten fpl für Kinder
refrigerante Erfrischungsgetränk nt
regente/maestro Dirigent(in) m/f
região Gegend f
rei König m
Reino Unido Vereinigtes Königreich nt
reivindicar zurückfordern, verlangen
relâmpago Blitz m
religião Religion f
relógio Uhr f; **~ de pulso** Armbardchr f
relojoeiro Uhrmacher m
remédio homeopático homöopathisches Mittel nt
remo *(esporte)* Rudern nt;
renda *(tecido)* Spitze f
repelente de inseto Insektenschutzmittel nt
repetir wiederholen; **por favor repita isso** bitte wiederholen Sie das
reportar/relatar melden, berichten
reposição *(n)* Ersatz m; **peça de ~** Ersatzteil nt
representante *(de vendas)* Vertreter(in) m/f
República Tcheca Tschechische Republik f, Tschechien
repulsivo scheußlich
reserva *(estepe)* überzählig; *(natural)* Naturschutzgebiet nt
reserva Reservierung f; **~ de avião, ~ de trem** Platzkarte f; **~ de hotel** Reservierung f; **~ de restaurante** Tischbestellung f

reservar reservieren; reservieren lassen; buchen; **Eu gostaria de ~ ...** ich möchte ... reservieren (lassen); **~ mesa** bestellen; **~ passagens** vorbestellen
resort turístico Ferienort m
respirar atmen
ressaca Kater m
restaurante Restaurant nt; **~ de fast-food** Schnellimbiss m
reumatismo Rheumatismus m
reunião *(social)* Party f; *(grupo)* Treffen nt
revelar *(fotos)* entwickeln
rever alguém jemanden wiedersehen
revista Zeitschrift f
riacho Bach m
rim Niere f
rímel Wimperntusche f
rinque de patinação Eisbahn f
rio Fluss m; **cruzeiro de ~** Flussfahrt f
rir lachen
robusto robust
rochas Felsen mpl
rodada *(de golfe)* Runde f; **eu pago essa ~** *(de bebida)* diese Runde gebe ich aus
rodovia Autobahn f
romântico romantisch
rompido, estar *(músculo)* gerissen sein
rosa (cor-de-rosa) rosa
rosto Gesicht nt
rota Weg m
roubado, ser bestohlen werden
roubo Einbruch m; Raub m; *(abuso de preço)* Wucher m
rouge *(maquiagem)* Rouge nt
roupas Kleidungsstücke ntpl; **~ de cama** Bettzeug nt; **~ de mergulho** Taucheranzug m
roxo violett
rua/estrada Straße f; **~ lateral** Seitenstraße f;
rugby Rugby nt
ruína Ruine f
rumo a/em direção a ... in Richtung ...

S

sábado Samstag m
sabão Seife f; **~ em pó** Seifenpulver nt; Waschpulver nt; **~ para roupas** Waschmittel nt
saber: eu não sei ich weiß nicht
sabor: que sabores existem? welche Geschmacksrichtungen haben Sie?
sacada Balkon m; *(teatro)* oberster Rang m
saca-rolhas Korkenzieher m
saco *(de dormir)* Schlafsack m; **~ de lixo** Müllbeutel m; **~ plástico** Plastiktüte f
sacola Tragetasche f
saia *(roupa)* Rock m
saída Ausgang m; **~ de emergência** Notausgang m; **na ~** am Ausgang; *(estrada)* Ausfahrt f
sair *(à noite)* ausgehen; **~ para um passeio** spazieren gehen
sal Salz nt
Sala: sala de partida Abflughalle f; **~ de concerto** Konzerthalle f; **~ de emergência** Unfallstation f; **~ de espera** Wartesaal m; **~ de estar** Wohnzimmer n; **~ de jantar/refeitório** Speisesaal m; Esszimmer nt
salada Salat m
saldo negativo Überziehungskredit m; **estou no ~** mein Konto ist überzogen
salsicha Wurst f; Würstchen nt
saltar/descer *(de ônibus etc.)* aussteigen
salva-vidas *(pessoa)* Rettungsschwimmer m
sandálias Sandalen fpl
sanduíche belegtes Brot nt; Sandwich nt
sangrando, estar bluten
sangue Blut nt; **grupo sangüíneo** Blutgruppe f;
sanitário Toilette f; **~ feminino** Damentoilette f; **~ masculino** Herrentoilette f
sapatos Schuhe mpl
sarampo Masern pl
satisfeito: não estou satisfeito com isto ich bin damit nicht zufrieden
saudável gesund

saúde! Gesundheit!; *(em brinde)* zum Wohl!
sauna Sauna f
secador de cabelo Haartrockner m, Fön m
secadora *(de roupa)* Wäscheschleuder f
secar roupas Wäsche trocknen
seco trocken
secretário(a) Sekretär(in) m/f
seda Seide f
sedativo Beruhigungsmittel nt
sede: com sede *(sedento)* durstig
seguir *(placas)* folgen
segunda-feira Montag m
segunda-mão gebraucht; **loja de ~** Gebrauchtwarenladen m
segundo zweite; **~ andar** zweiter Stock; **segunda-classe** zweiter Klasse
segurança Sicherheit f; *(funcionário)* Wächter(in) m/f
seguradora Versicherungsgesellschaft f
seguro *(adj.)* ungefährlich; gefahrlos; sicher; *(subst.)* Versicherung f; **certificado de ~** Versicherungsschein m; **~ completo** Vollkaskoversicherung f; **~ contra terceiros** Haftpflichtversicherung f; **reivindicação de ~** Versicherungsanspruch m
seguro-saúde Krankenversicherung f
seis sechs; **~ e meia** halb sieben
selo *(carta)* Briefmarke f; **selos** Briefmarken fpl
sem ohne
sem fio drahtlos
semáforo Ampel f; **infração de ~** Verkehrsdelikt nt
semana Woche f; **por uma ~** für eine Woche
semanalmente/toda semana jede Woche, wöchentlich
sempre immer
senhorio(a) Vermieter(in) m/f
sentar-se sitzen; **sente-se por favor** bitte setzen Sie sich
sentir-se mal sich nicht wohl fühlen; **sentir-se seguro(a)** sich sicher fühlen

separadamente getrennt
separado, ser *(casal)* getrennt leben
ser sein; **você é ...?** sind Sie ...?; **eu sou** ich bin
sério ernst
serra *(montanhas)* Gebirge nt
serrote Säge f
serviço: o serviço está incluso? ist die Bedienung inbegriffen?; **~ de lavanderia** Wäschedienst m; **~ de quarto** Zimmerservice m; **~ religioso** Gottesdienst m
servido *(prato)* serviert
servir *(roupas)* passen
sessão de fitness Fitnesstraining nt
sessenta sechzig
seta: dar ~ blinken; **ele não deu ~** er hat nicht geblinkt
sete sieben
setembro September m
setenta siebzig
seu *(do senhor)* Ihr/Ihre; *(de você)* dein/deine
sexo *(gênero)* Geschlecht nt; *(ato)* Geschlechtsverkehr m
sexta-feira Freitag m
shampoo Haarwaschmittel nt; **~ para cabelo seco/oleoso** Shampoo nt für trockenes/fettiges Haar
shopping center Einkaufszentrum nt
shorts Shorts pl
show de fantoches/marionetes Puppenspiel n
significar/querer dizer bedeuten, meinen
silencioso leise
similar, ser ähnlich sein
simpático/agradável nett, angenehm
sinagoga Synagoge f
sinto muito es tut mir leid
sintomas Symptome ntpl
sistema nervoso Nervensystem nt
slalom *(esqui)* Slalom m
slide *(filme)* Diafilm m
slope *(esqui)* Piste f
smoking *(vestuário)* Smokingjacke f
snorkel Schnorchel m
sob *(lugar)* unter
sobre über

sobrenome Nachname m
sobrinha Nichte f
sobrinho Neffe m
sofá Sofa nt;
sofá-cama Sofabett nt
software Software f
sogra Schwiegermutter f
sogro Schwiegervater m
sol Sonne f
sola (*sapato*) Sohle f
solário (*navio*) Sonnendeck nt
soletrar buchstabieren
solteiro, ser ledig sein
solução: solução de imersão (*lentes de contato*) Aufbewahrungsflüssigkeit f;
~ de limpeza Reinigungsflüssigkeit f;
~ esterilizante Sterilisierlösung f
sombra, com schattig
sombra (*maquiagem*) Lidschatten m
sorte: boa sorte! viel Glück!
sorvete Eis nt; **~ de casquinha** Eistüte f
sorveteria Eisdiele nt
sozinho(a) allein
spa Kurort f
spray de cabelo Haarspray nt
squash (*esporte*) Squash nt
Sr. Herr
Sra. Frau
status de crédito Kreditwürdigkeit f
suco de fruta Fruchtsaft m
suéter Sweatshirt nt
suficiente genug
sugerir vorschlagen
Suíça die Schweiz f
suíço(a) (*subst.*) Schweizer(in) m/f
sujo schmutzig
sul: ao ~ de ... südlich von ...
sul-africano(a) Südafrikaner(in) m/f
super (*gasolina*) Super m
supermercado Supermarkt m
supervisão Aufsicht f
supositórios Zäpfchen ntpl
surdo, ser taub sein
suspeito verdächtig
sutiã BH m
suvenir Reiseandenken nt

T

tabacaria/charutaria Tabakgeschäft nt
tabaco Tabak m; **~ para cachimbo** Pfeifentabak m
tablete (*de comprimido*) Tablette f;
(*de vitaminas*) Vitamintabletten fpl
tacos (*golfe*) Schläger mpl
talco (*em pó*) Körperpuder m
talheres Besteck nt
talvez vielleicht
tamanho Größe f
também auch
tampa Deckel m; **~ da lente** Objektivdeckel m
tapete Teppich m
tarde spät; **à ~** nachmittags; **boa ~** guten Tag
taxa Gebühr f; **~ de câmbio** Wechselkurs m; **~ de juros** Zinssatz m; **~ de serviço** Bedienung f; **quanto é a ~?** wie viel kostet es?
táxi Taxi nt
tchau! auf Wiedersehen!
teatro Theater nt
tecido Stoff m; **~ sintético** Synthetik nt;
~ turco/felpudo (*de toalha*) Frottee m
teclado Tastatur f
teleférico Sessellift m
telefone Telefon nt; **~ com discagem direta** Telefon m mit Durchwahl;
~ público (*orelhão*) Telefonkabine f
telefonema Anruf m; **fazer um ~** telefonieren; **telefonemas** Anrufe mpl; Telefonate npl
telefonar anrufen, telefonieren
telefonista Telefonist(in) m/f
televisão Fernseher m
telhado (*casa/carro*) Dach nt;
tem/existe ... ? gibt es ...?
temperatura Temperatur f
tempero Würze f
tempo Wetter nt; **~ livre** Freizeit f;
temporada, fora de Nebensaison f
temporário vorübergehend
tênis (*esporte*) Tennis nt;
~ de mesa Tischtennis nt; (*sapatos*) Turnschuhe mpl

ter haben; **você tem …?** haben Sie …?
ter que *(dever, precisar)* müssen
terça-feira Dienstag m
terceiro dritte
terço, um *(terça parte)* Drittel nt
termas Thermalquelle f
terminal *(de bonde)* Straßenbahndepot nt
terminar aufhören
termômetro Thermometer nt
terno Anzug m
terreno *(camping)* Platz m; **cobrança por ~** Platzgebühr f; Gründstück nt
térreo Erdgeschoss nt
terrível schrecklich
tesoura Schere f
testemunha Zeuge m, Zeugin f
tétano Wundstarrkrampf m
tia Tante f
time/equipe Mannschaft f
tímido schüchtern
tingir tönen; färben
tio Onkel m
típico typisch
tipo Art f; **um ~ de…** eine Art …; **que ~ de** welche Art von …
toalete Toilette f; **toaletes** Toiletten fpl
toalha Handtuch nt; **~ de banho** Badetuch nt; **~ de mão** Handtuch nt; **~ de mesa** Tischdecke f;
tocar *(música)* spielen
tocha Fackel f
todos/tudo alle, alles
tomada *(elétrica)* Steckdose f
tomar *(ônibus)* nehmen; *(remédio)* nehmen, *(bebidas)* trinken, *(sopa)* essen
tomara: tomara que … hoffentlich
tórax Brustkorb m
torção muscular Muskelzerrung f
torcer: torci meu tornozelo ich habe mir den Knöchel verstaucht
torcicolo steifer Nacken m
torcido, estar *(músculo)* verstaucht sein
torneira Wasserhahn m
torradeira Toaster m
torre Turm m
tosse Husten m
tossir husten

totalmente völlig
totalmente/inteiramente ganz
trabalhar arbeiten
tração nas quatro rodas Allradantrieb m
tradução Übersetzung f
tradutor(a) Übersetzer(in) m/f
traduzir übersetzen
trailer Wohnwagen m
traje *(de banho)* Badeanzug m; **~ formal** Abendgarderobe f; **~ de noite** Abendgarderobe f
trancado, estar abgeschlossen sein; **está ~** es ist abgeschlossen
trancar abschließen; **trancar-se para fora** sich aussperren
transferir übertragen; *(dinheiro)* überweisen; *(ao telefone)* verbinden
transformador *(elétrico)* Transformator m
trânsito Verkehr m; **em ~** beim Transport; unterwegs
tratamento facial Gesichtsbehandlung f
traveler's check Reisescheck m
travesseiro Kopfkissen nt
travessia de pedestres Fußgängerüberweg m
trazer bringen
trem Zug m
trena *(de medir)* Maßband nt
trenó Schlitten m
três drei
treze dreizehn
trilha *(em caminhada)* Wanderweg m
trilho Schiene f
trinta dreißig
trocado *(dinheiro)* Kleingeld nt
trocar *(de ônibus, trem)* umsteigen; **~ de trem/de roupa** sich umziehen; **~ dinheiro** umtauschen; **~ reservas** ändern; **~ o bebê** wickeln; **onde posso ~ o bebê?** wo kann ich das Baby wickeln?
troco *(dinheiro)* Wechselgeld nt; **fique com o ~** der Rest ist für Sie, stimmtso
trombose Thrombose f
tudo de bom! alles Gute!
tumor Tumor m
túnel Tunnel m

turco *(adj.)* türkisch; *(subst)* Türke m, Türkin f
turista Tourist(in) m/f
TV Fernseher m; **~ a cabo** Kabelfernsehen nt; **~ a satélite** Satellitenfernsehen nt

U

úlcera Geschwür nt
último letzte
um eins; **~ assim** *(~ desse tipo)* so ein/e/en/s
uma vez einmal; **~ por semana** einmal in der Woche
umidade Feuchtigkeit f
úmido feucht
unha Nagel mm
uniforme Uniform f
universidade Universität f
urgente dringend
urina Urin m
usar benutzen
útil nützlich
uva Traube f

V

vacina Impfung f
vacinado contra, ser geimpft sein gegen
vaga freies Zimmer nt; Freistelle f
vagão Wagen m
vagão-leito Schlafwagen m
vagão-restaurante Speisewagen m
vagar *(desocupar)* räumen
vago *(desocupado)* frei
vale *(relevo)* Tal nt; *(bônus)* Gutschein m
valete *(cartas)* Bube m
validar entwerten
válido gültig
valioso wertvoll
valor Wert m; Betrag m
vara de pesca Angelrute f
varal Wäscheleine f
vazar undicht sein
vazio leer

vegetariano *(adjetivo)* vegetarisch; *(subst.)* Vegetarier(in) m/f; **ser ~** Vegetarier(in) m/f sein
veia Vene f
veículo Fahrzeug nt; **~ off-road** Geländewagen m; **~ utilitário** Nutzfahrzeug n
vela Kerze f
veleiro Segelboot nt
velho alt
veludo Samt m, **~ cotelê** Cord m
vendedor(a) Verkäufer(in) m/f
vender verkaufen
veneno Gift nt
venenoso giftig
ventilador Ventilator m
ver sehen
verão Sommer m
verdade: isso não é verdade das ist nicht wahr, das stimmt nicht
verde grün
vermelho rot
vespa Wespe f
vestido Kleid nt
vestir tragen, anziehen
veterinário(a) Tierarzt m, Tierärztin f
via secundária Nebenstraße f
viagem *(a negócios)* Geschäftsreise f; **~ de navio** Schiffsfahrt f
viajar fahren, reisen
vídeo Video nt
videogame Videospiel nt
vidro Glas nt; **~ trabalhado** geschliffenes Kristallglas nt
vigia *(museu)* Aufseher(in) m/f
vila/aldeia Dorf nt
vinhedo Weinberg m
vinho Wein m; **~ branco** Weißwein m; **~ tinto** Rotwein m; **carta de ~** Weinkarte f; **garrafa de ~** Weinflasche f
vinicultor(a) Weinbauer m
vinte zwanzig
violão/guitarra Gitarre f
virar drehen, *(rua)* abbiegen
visita Aufenthalt m
visitar *(pontos turísticos)* besichtigen; **~ pessoas** besuchen

vista: com vista para o mar mit Blick aufs Meer
visto *(consulado)* Visum nt; *(de entrada)* Einreisevisum nt
viver wohnen; **~ junto** zusammenleben
vizinho(a) Nachbar(in) m/f
voar fliegen
você *(sing/plur)* *(formal)* Sie/Sie; *(informal)* du/ihr
vôlei Volleyball m
voltagem Spannung f
voltar zurückfahren; zurückkommen; *(retornar)* wiederkommen
vomitar sich übergeben
vôo Flug m; **número do ~** Flugnummer f; **~ a vela** *(planador)* Segelfliegen nt; **~ de linha** *(regular)* Linienflug m; **~ fretado/charter** Charterflug m
voz Stimme f

W/X/Z

website Webseite f
windsurf Windsurf s
xadrez *(estampa)* kariert; *(jogo)* Schach nt; **conjunto de ~** Schachspiel nt
xarope para tosse Hustensaft m
xícara Tasse f
zero null
zíper Reißverschluss m
zoológico Zoo m

Glossário Alemão-Português

Este dicionário alemão-português é centrado em áreas onde você talvez precise decodificar coisas escritas em alemão: hotéis, lugares públicos, restaurantes, lojas, bilheterias, meios de transporte.

A

ab 18 Jahre idade mínima 18 anos
Abendgarderobe trajes formais
Abendgebet vésperas (oração vespertina)
Abendkasse bilheteria (noturna)
Abendvorstellung apresentação noturna
Abfahrt partida
Abfertigung balcão de *check-in*
Abflüge partidas (aeroporto)
Abgeordnetenhaus parlamento
Abo assinatura (jornal etc.)
Absender remetente
(bitte) Abstand halten (favor) manter distância
Abtei abadia
Abteilung departamento
Abteilungsleiter gerente de departamento
Adresse endereço
Aerobic aeróbica
alkoholfreies Bier cerveja sem álcool
alle ... Stunden a cada ... horas
Allee alameda
Altglas vidro reciclado
Altglascontainer container para reciclagem de vidro
Altpapier papel reciclado
Altstadt cidade antiga (parte antiga da cidade)
Aluminium alumínio
ambulante Patienten pacientes (de ambulatório)
5 Ampere 5 amperes
Amtszeichen abwarten aguarde o sinal
an Bord gehen embarcar
an der Kasse bezahlen favor pagar no caixa
an Sonn- und Feiertagen aos domingos e feriados
Andacht serviço de oração
Andachtsraum capela
andere Orte outros lugares
Anfängerpiste pista (de esqui) para iniciantes
Angebot oferta/promoção
Angeln pesca
Ankauf taxa de compra (câmbio)
Ankunft chegadas
Anlegehafen porto
Anlegeplatz doca
Anlieger frei apenas moradores
annulliert anulado/cancelado
Anprobe provadores (de roupa)
Anschlussflug conexão (vôo)
Anschlussstelle saída (rodovia)
anschnallen apertem os cintos
Ansichtskarten cartões-postais
Antik/Antiquitäten antigüidades
Antiquitätenladen loja de antigüidades
Anwohner frei apenas moradores
Apotheke farmácia
April abril
Aquädukt aqueduto
Art estilo/tipo
Ärztlicher Notfalldienst serviço de emergência médica
Arztpraxis consultório médico
auf Tournee em turnê
Aufführung espetáculo, apresentação
Aufnahme entrada
Aufzug elevador
Augenarzt oftalmologista
Augenoptik ótica
August agosto
Ausfahrt freihalten mantenha a saída livre
Ausgang saída
ausgebucht lotado (de reservas)
Auskunft informações
Auskunft, international informações internacionais
Ausreisedatum data de partida
außer Betrieb em manutenção
Aussichtspunkt mirante
Ausstellungsgebäude pavilhão de exposição
Ausstellungsort local de emissão

ausverkauft esgotados (ingressos)
Ausweichparkplätze estacionamento complementar
Ausweis vorzeigen necessário documento de identificação
Autobahn rodovia expressa
autobahnähnliche Straße rodovia principal
Autobahnpolizei polícia rodoviária
Autofähre balsa (para carros)
Autoreparaturwerkstatt oficina mecânica
Autovermietung aluguel de carros
Autowaschanlage lava-rápido
Autozubehör acessórios para carros

B

Babybekleidung roupas de bebê
Babyraum berçário
Babywickelraum fraldário
Backartikel artigos para pães e bolos
Bäckerei padaria
Backwaren pães e bolos
Bademoden trajes de banho
Bademöglichkeit área para natação
Badem ützen toucas de banho
Baden verboten proibido banhar-se (nadar)
Bahn ferrovia
Bahnhof estação de trem
Bahnübergang passagem de nível
Balkon sacada (varanda)
Ballett balé
Ballspielen verboten proibido jogar bola
Bankautomat caixa automático
Bankgebühren tarifas bancárias
Barauszahlung saque (dinheiro)
Bastelbücher livros de artesanato
Batterien bateria/pilhas
Bauernhof fazenda
Baumwolle algodão
beginnt um ... bis ... a partir das ...
Behandlungsraum sala de tratamento
belegt lotado (não há vagas)
Benzin gasolina
Benzin bleifrei gasolina sem chumbo
Benzinpumpe bomba de gasolina
Berg montanha
Bergspitze pico
Bergsteigen montanhismo
Bergwerk mina (de extração)

besetzt ocupado
beste Qualität qualidade superior
Bestimmungsort destino (de viagem)
Besucherterrasse terraço de visitantes
Betreten verboten entrada proibida
Betriebszeiten von ... bis ... horário de funcionamento: das ... às ...
bezahlt pago
Bibliothek biblioteca
Bier cerveja
Billard bilhar
Binnensee lago
Biographie biografia
Biokost alimentos orgânicos
Bischof bispo
Bistro vagão-lanchonete
Bleiben Sie auf der Piste mantenha-se na pista
bleifrei sem chumbo (combustível)
Bleistift lápis
Blick aufs Meer vista para o mar
Blumen(laden) floricultura
Bodensee Lago de Constança
Bordkarte cartão de embarque
Börse bolsa (de valores)
botanischer Garten jardim botânico
Botschaft embaixada
brandneu novo em folha
Bremse freio
Briefe cartas (correspondência)
Briefkasten caixa de correio
Briefmarken selos
Briefumschläge envelopes
Brot pão
Brot und Kuchen pães e bolos
Brücke ponte
Brunnen poço/fonte
Bücherei biblioteca/livraria
Buchhandlung livraria
Buchungen (passagem) reservas
Bühne palco (teatro)
Bühnenbild cenário
Bundesgrenzschutz polícia da fronteira
Bundesstraße estrada secundária
Burg castelo
Bürgersteig calçada
Burgruine ruínas de castelo
Bus ônibus
Bushaltestelle ponto/parada de ônibus

C

Camping verboten proibido acampar/armar barraca
Campingausweis autorização para acampar
Campingplatz camping (local)
Caravan trailer (veículo)
Chemische Reinigung lavagem a seco
cholesterinfrei sem colesterol
Chor coro (canto)

D

Damenmode moda feminina
Damentoiletten sanitário feminino
Damenwäsche lingerie
Damm represa/dique
Dampfer/Dampfschiff navio a vapor
Dauerkarte assinatura (teatro)
Deckpassage passagem do convés (navio)
Denkmal monumento, memorial
Dezember dezembro
Diät dieta
Diätküche pratos dietéticos
Dichterlesung leitura de poesia
Dienstag terça-feira
Diesel diesel
Diözese diocese
Dirigent regente/maestro (de orquestra)
Dom catedral
Domherr cônego
Donnerstag quinta-feira
Dorf vila/aldeia
Dosen latas
Drogerie drogaria
drücken apertar, aperte, empurre
Düne duna
Durchfahrt verboten proibido atravessar
durchschnittliche Nährwerte informação nutricional
Duschen chuveiros
DZ (Doppelzimmer) quarto duplo

E

€ euro
echt genuíno, legítimo
Eier ovos
Einbahnstraße rua de mão única
Einfahrt freihalten mantenha a entrada livre
Eingang entrada
Einheiten unidades
Einkaufszentrum/-passage shopping center
Einkaufszone zona de compras
einordnen entrar em fila
Einreisedatum data de chegada
Einrichtungen für Kinder área para crianças
Einrichtungshaus loja de móveis e decoração
Einschiffung ponto de embarque
einschließlich inclusive
Einsteigebereit pronto para embarque
Einsteigen nur mit gültigem Fahrausweis embarque apenas com um bilhete válido
Einstieg portão (de embarque)
Eintritt frei entrada gratuita
Eintrittskarten ingressos
Eintrittspreise preço da entrada
Einwanderungsbehörde departamento de imigração
Einzahlung depósitos
Einzahlung und Auszahlung depósitos e saques
Einzelfahrschein/Einzelticket bilhete só de ida/simples
Einzelkabinen cabines individuais (em trem)
Eis sorvete
Eislaufen patinação no gelo
Elektrogeräte und -bedarf eletrodomésticos
Elektrogeschäft loja de eletrônicos
Empfang recepção
Ende der Umleitung fim do desvio
Endstation terminal (de ônibus, bonde)
Engagement apresentação (de música)
Entbindungsklinik ala de maternidade
Entfernung in Kilometer (km) distância em quilômetros
entkorken sacar (rolha)
entzündlich inflamável
Erdgeschoss andar térreo
Erfrischungsgetränke refrigerantes
Erlebnispark parque de diversões
erste Klasse/1. Klasse primeira-classe
erster Rang balcão inferior (teatro)
erster Stock/Etage primeiro andar
erster Weihnachtstag dia de Natal
Erwachsene adultos

Erzbischof arquebispo
Essen und Trinken comida e bebida
Essen verboten proibido comer
Etage andar (piso)
EU-Staatsangehörige cidadãos da União Européia
EuroCity (EC) trem Intercity
Explosionsgefahr perigo de explosão
EZ (Einzelzimmer) quarto simples

F

Fabrik fábrica
Fahrbahnschäden estrada em más condições
Fähre balsa
Fahrkarte entnehmen retire passagem
Fahrkarten passagens (transporte)
Fahrräder bicicletas
Fahrradgeschäft loja de bicicletas
Fahrradhelm capacete de bicicleta
Fahrstuhl elevador
Fallschirmspringen pára-quedismo
... fängt um ... an ... começa às ...
Farbfilm filme colorido
Fahrschein entwerten validar passagem
Fasching *(southern Ger.)* carnaval (sul da Alemanha)
Fastnacht carnaval
Februar fevereiro
Federball badminton
Feinkost delicatéssen
Feinschmeckerart à moda *gourmet*
Feld campo
Fensterplatz assento na janela
Feriendorf vila turística
Fernbahn trem de longa distância
Fernsehraum sala de televisão
Fertiggerichte refeições prontas
Fest festival, festa
Festhalle sala de concerto
Festung fortaleza/forte
fettarm baixo teor de gordura
Fettgehalt teor de gordura
feuerhemmende Tür porta corta-incêndio
Feuerlöscher extintor de incêndio
Feuerwehr brigada de incêndio
Feuerwehrwache posto de bombeiros
Feuerwerk fogos de artifício
Filmmusik trilha sonora (de filme)

Firma empresa
Firn neve eterna (sobre montanhas)
Fisch peixe
Fischen pesca
Fischen nicht erlaubt proibido pescar
Fischen nur mit Schein/Erlaubnis pesca apenas com autorização
Fischhändler peixaria
Fischspezialitäten peixes
Fischstand barraca de peixes
Fitnessstudio/-center centro de *fitness*
FKK-Strand praia de nudismo
Fleisch carne
Fluchtweg saída de emergência
Flughafen aeroporto
Flugnummer número do vôo
Flugplan horário de vôos
Flugplatz pista (de decolagem/pouso)
Flugscheine passagens (de avião)
Flugscheinkontrolle controle de passagens
Flugsteig portão (em aeroporto)
Flugzeit horário do vôo
Flugzeug avião
Fluss rio
Flussfahrt viagem de rio
Folklore música popular
Fön secador de cabelo
Foto/Fotogeschäft loja de equipamento fotográfico
Fotoabteilung departamento de foto
Fotografie fotografia
Fotografieren nicht erlaubt proibido fotografar
Frauen mulheres (sanitário)
Frauenarzt ginecologista
Frauenparkplätze vagas reservadas para mulheres
frei vago (para alugar)
Freibad piscina descoberta
freier Verkauf vendas sem restrições
freigegeben ab ... Jahren proibido para crianças menores de ... ; orientação dos pais (classificação de filme)
Freigepäck bagagem permitida
Freilandeier ovos caipiras
Freitag sexta-feira
Freiwillig 30 limite de velocidade voluntário 30 km/h
Freizeitanlage clube de campo

Freizeitkleidung roupa informal
Fremdwährung moeda estrangeira
Friedhof cemitério
frisch fresco
frisch gestrichen tinta fresca
frisches Obst frutas frescas
Frischwasser água potável
Friseur cabeleireiro
Fruchtsäfte sucos de fruta
Frühling/Frühjahr primavera
Frühstück café-da-manhã
Frühstückszimmer sala de café-da-manhã
Führung excursão guiada
Fundbüro achados e perdidos
für ... Tage por ... dias
für Diabetiker para diabéticos
für Familien mit Kindern para famílias com crianças
für fettendes Haar para cabelo oleoso
für Fortgeschrittene para intermediários
für normales Haar para cabelo normal
für trockenes Haar para cabelo seco
für unsere kleinen Gäste seção/porção para crianças
für zwei Personen para duas pessoas
Fußball futebol
Fußgänger pedestres
Fußgängerbereich zona de pedestres (calçadão)
Fußgängerüberweg travessia de pedestres
Fußgängerzone zona de pedestres
Fußpflegerin pedicure
Fußweg caminho (a pé)

G

Gabel garfo
Galerie galeria
Gänge marchas
Gangplatz assento no corredor
Gangschaltung câmbio (de marcha)
Garderobe guarda-volumes
Garten jardim
Gartenbedarf und -geräte/Gartencenter loja/seção de jardinagem
Gasanschluss registro de gás
Gasse rua estreita, viela
Gasthaus/-hof hospedaria, pousada
Gastspiel apresentação de atores visitantes
Gebärdenspiel mímica
Gebet reza

Gebirge serra (de montanhas)
Gebrauchsanweisung/-information instruções de uso
Gebühren frei entrada gratuita
gebührenpflichtige Straße estrada com pedágio (Suíça)
Geburtsdatum data de nascimento
Geburtshaus von local onde nasceu
Geburtsname nome de solteira
Geburtsort local de nascimento
Gedichte poemas
Gefahr perigo
gefährlich perigoso
gefährlicher Abhang descida perigosa
Gefälle declive (inclinação)
Geflügel aves
gegen Schuppen shampoo anti-caspa
Gegenanzeigen contra-indicações
Gegenverkehr tráfego em duas mãos
Gehweg calçada
Gel gel/pomada
gelandet pousado (avião)
Gelbe Seiten Páginas Amarelas
Geldautomat caixa automático
Geldüberweisung transferência (de dinheiro)
Geldwechsel câmbio (de dinheiro)
Gemäldegalerie galeria de arte
Gemeinde paróquia, comunidade
Gemüse legumes/verduras
Gemüse nach Wahl legumes/verduras à escolha
Gemüsekonserven legumes em conserva
geöffnet von ... bis ... aberto das ... às ...
Gepäckannahme despacho de bagagem
Gepäckaufbewahrung armazenamento de bagagem
Gepäckausgabe recebimento de bagagem
Gepäckträger carregador de bagagem
Gepäckwagen carrinho de bagagem
Gericht(sgebäude) fórum
Gesamtkilometer der Skiabfahrten comprimento das pistas de esqui
Geschenkartikel presentes
Geschenkladen loja de suvenires
geschlossen fechado
Gewerbegebiet área industrial
Gewürze temperos
Gift veneno
giftig venenoso, tóxico
Gipfel pico (de montanha)

Glas vidro
Glascontainer container para reciclagem de vidro
Glatteis(gefahr) capa de gelo na rua/estrada (perigo de derrapagem)
Gleis plataforma (estação)
glutenfrei sem glúten
Gold- und Silberwaren joalheria
Gondel bondinho (de esqui)
Grab túmulo
Grabmal/Grabstätte tumba
Grenzübergang travessia de fronteira
Grillen verboten proibido fazer churrasco
Grillplatz churrasqueira
großer Saal salão nobre
Grundgebühr taxa mínima
Grünglas vidro verde
Gruppen willkommen grupos são bem-vindos
Gruppenführung excursões em grupo
gültig ab Kauf válido a partir do momento da compra
gültig ab ... válido a partir de ...
gültig bis ... válido até ...
gültig für Zonen ... válido para as zonas ...
gut gekühlt servieren servir resfriado

H

Hackfleisch carne moída
Hafen porto, docas
Halbpension meia-pensão
Hallenbad piscina coberta
Halt! pare!
Halt ponto/parada de ônibus/metrô/trem
Halten verboten proibido parar
Handy telefone celular
Handwäsche lavar mãos
Hauptbahnhof estação ferroviária principal
Hauptstraße rua/avenida principal
Haus casa, edifício
Haus- u. Küchengeräte eletrodomésticos
Hausarzt médico de família
hausgemacht caseiro (feito em casa)
Haushaltswaren artigos para o lar/ de cozinha
Haushaltswäsche roupa de cama
Heiligabend véspera de Natal
heilige Messe missa católica
Helm capacete
Herbst outono

Herrenbekleidung/-mode moda masculina
Herrenfriseur barbeiro
Herren senhores (sanitário)
herzlich willkommen bem-vindo
heute hoje
heute Abend esta noite
hier abreißen rasgue/destaque aqui
hier abtrennen corte aqui
(bitte) hier anstellen (favor) aguardar aqui
hier Erfrischungsgetränke refrescos disponíveis aqui
hier öffnen abrir aqui
hier Parkschein lösen retirar bilhete de estacionamento aqui
hier Telefonkarten cartões telefônicos aqui
(bitte) hier warten (favor) aguardar aqui
hier wird Englisch gesprochen fala-se inglês
(bitte) hier zahlen (favor) pagar aqui
hinten aussteigen sair pela porta dos fundos
historische Altstadt cidade antiga (histórica)
historische Gebäude prédios históricos
Hochspannung alta voltagem
Höchstgeschwindigkeit velocidade máxima
höchstgelegene Bergstation estação de montanha mais alta
hochwertig excelente
homöopathischer Arzt médico homeopata
Honig mel
Hörer abnehmen retire fone do gancho
Hörsaal auditório
Hotel garni pousada (cama e café-da-manhã)
Hotelverzeichnis lista de hotéis
Hubschrauber helicóptero
Hügel colina
Hunde bitte an der Leine führen cachorros devem ficar na coleira
Hunde erlaubt cachorros permitidos
Hunderennen corrida de cachorros

I

Ihr Standort você está aqui
im Kühlschrank aufbewahren manter sob refrigeração
im Notfall benötigen Sie keine

Münzen/Telefonkarte chamadas de emergência são gratuitas
im Preis inbegriffen incluso no preço
in der Tiefkühltruhe aufbewahren manter congelado
Immobilien imóveis
in Wasser auflösen dissolver em água
inbegriffen incluso (conta)
Industriegebiet área industrial
Information informações
inklusive incluso
Inlandsflüge vôos domésticos
innerhalb von 3 Tagen verbrauchen consumir em até três dias
Intensivstation tratamento intensivo (UTI)
InterCity (IC) trem *intercity* (interestadual)
InterCityExpress (ICE) trem expresso
internat. Verkehrsflughafen aeroporto internacional
internationale Flüge vôos internacionais

J

Jacht iate
Jachthafen marina
Januar janeiro
Jugendherberge albergue da juventude
Jugendliche ab 14 Jahre jovens a partir de 14 anos
Juli julho
Juni junho
Juwelier joalheiro

K

Kabarett cabaré
Kabinen cabines
kalorienarm baixa caloria
Kammermusik música de câmara
Kanal canal
Kanu canoa
Kapelle capela
Karte aufbewahren guardar bilhete
Karte einschieben inserir cartão
Karten mapas, bilhetes
Kartentelefon telefone operado a cartão
Käse queijo
Kasse caixa (registradora)
Kassetten cassetes
Kathedrale catedral
Kaufhaus loja de departamentos

Kegeln jogo semelhante ao boliche
kein Ausgang sem saída
kein Blitzlicht proibido fotografar com *flash*
kein Durchgang passagem proibida
kein offenes Feuer proibido acender fogueira
kein Zutritt proibida a entrada
(bitte) keine Abfälle zurücklassen não jogue lixo/não deixe resíduos
keine Anlegemöglichkeit proibido ancorar
keine Eurocheques não aceitamos cheques
keine Filmschwärzung à prova de radiação (aparelho de raio-X que não afeta filmes fotográficos)
keine Haftung a seu próprio risco
keine Kreditkarten não aceitamos cartões de crédito
keine Pause não há intervalo
keine Rückgabe não-reembolsável
keine Rückgabe des Restgeldes usar dinheiro trocado/não fornece troco
kein Rabatt não damos descontos
Kfz-Nummer número de matrícula (de veículo)
Kfz-Schein documentos de registro do carro
Kiefernorthopäde ortodontista
Kinder crianças, filhos
Kinderabteilung departamento infantil, ala pediátrica
Kinderarzt pediatra
Kinderbekleidung moda infantil
Kinderkino filme infantil
Kindermesse missa com crianças
Kinderspielplatz playground
Kino cinema
Kinopolis cinema multiplex
Kiosk quiosque
Kirchenruine ruínas de igreja
Kirchhof cemitério
kirchlicher Feiertag feriado religioso
Klassik música clássica
Klassiker clássicos
Klebeband fita adesiva
Kleider- und Kostümverleih aluguel de roupas
kleine Mahlzeit lanche
Klettern escalada
Klinik clínica de saúde
Klippe penhasco
Kloster monastério/abadia

Kochbücher livros de receitas
Kochmöglichkeiten instalações para cozinhar
Kofferkulis carrinhos de bagagem
Köln Colônia (cidade)
Komödie comédia
Konditorei confeitaria
Konferenzsaal/-raum sala de conferência
Konfitüre geléia
Kongresshalle sala de convenções
Konserven conservas, enlatados
Konservierungsmittel conservantes
Konsulat consulado
Konzert concerto
Konzertsaal sala de concerto
köstlich delicioso
Krankenhaus hospital
Krankenkasse seguro-saúde
Krankenpfleger enfermeiro
Krankenschwester enfermeira
Krankenwagen ambulância
Kreditinstitut Banco Instituto de Crédito
Kreditkartennummer número de cartão de crédito
Kreuzfahrt cruzeiro (navio)
Kreuzung cruzamento (ruas)
Kritik crítica (de filme, peça etc.)
Kuchen bolos
Kugelschreiber caneta (esferográfica)
kühl aufbewahren manter resfriado
Kundenberatung informações ao cliente
Kundendienst atendimento ao cliente
Kundenparkplatz estacionamento para clientes
Kundentoilette sanitário para clientes
Kunstbände livros de arte
Kunstfaser fibra artificial
Kunstgalerie galeria de arte
Kunsthandlung loja de arte
Kurort spa
Kurzparkzone estacionamento por períodos curtos
Küste litoral/costa
Kutsche charrete (puxada a cavalo)

L

Lagerfeuer fogueira (de acampamento)
Lagerverkauf loja de fábrica
Lammfleisch cordeiro
Landeplatz pista (de decolagem/pouso)
landschaftlich schöne Strecke rota turística
Landstraße estrada
Langlauf(ski) esqui *cross-country/de fundo*
Langlaufloipen rotas de esqui cross-country/de fundo
bitte läuten favor tocar a campainha
Lawinengefahr perigo de avalanches
Lazarett enfermaria (de navio)
Lebensmittelgeschäft mercearia/armazém
Leder couro
Leerung ... horários de coleta
Leichtathletik atletismo (esporte)
Leinen linho
letzter Eingang/Einlass um .... entrada até as ... horas
Leuchtturm farol (construção)
Licht einschalten acender luzes
Lieder canções
Liederabend recital (de canções)
Lieferverkehr frei apenas entregas
Liegestuhl espreguiçadeira
Lift elevator
Linienverkehr frei acesso apenas para veículos públicos
Linksabbieger – Gegenverkehr beachten atenção para o fluxo em sentido contrário ao virar à esquerda
(bitte) links halten mantenha-se à esquerda
Literatur literatura
Live-Musik música ao vivo
LKW (Lastkraftwagen) caminhão
Loge camarote
Lotterie/Lotteriespiel loteria
Lotterielos bilhete de loteria
Lounge (für Passagiere) sala de espera (para passageiros)
Luft ar
Luftkissenfahrzeug *hover craft*
Luftpumpe bomba (de ar)
Lustspiel comédia

M

Mädchenname nome de solteira
mager baixo teor de gordura
Mai maio
Männer homens (sanitários)

Mantel casaco
Märchen contos de fadas
Markt mercado, feira
Markthalle mercado (construção)
Marktplatz praça do mercado
Marschgebiet brejo
März março
Maschinenwäsche lavável na máquina
maßgeschneidert feito sob medida
Mauer muro, muralha
Meer mar, oceano
Meeresbucht estuário
Menü pratos do dia
Messe feira (convenção); missa (católica)
Metall/Plastik metal/plástico (reciclagem)
Metzgerei açougue
mikrowellengeeignet pode ir ao microondas
Milch leite
mindestens haltbar bis Ende ... consumir antes de ...
mit ... com ...
mittags geschlossen fechado para almoço
Mittwoch quarta-feira
Möbel mobília/móveis
Möbelgeschäft loja de móveis
moderner Tanz dança moderna
Molkerei(produkte) laticínios
Monat mês
Monatskarte bilhete mensal
Montag segunda-feira
Moor pântano
morgen amanhã
Motor abschalten/ausschalten desligue o motor
Motor abstellen desligue o motor
Mühle moinho
Mundwasser antisséptico bucal
Münzen einwerfen, Parkschein entnehmen insira dinheiro e retire bilhete
Münztelefon telefone operado a moedas
Museen museus
Musik música
Musikhaus loja de música
Musikinstrument und -zubehör loja de instrumentos musicais
MwSt. (Mehrwertsteuer) imposto sobre produtos

N

nach depois/após
Nachbar vizinho
nachmittags à tarde
Nachmittagsvorstellung matinê
nächste Führung um ... próxima excursão às ...
nächste Leerung ... próxima coleta às ...
nächste Tankstelle ... km próximo posto de gasolina a ... km
Nachtbeleuchtung iluminação noturna
Nachtdienst serviço noturno
Nachtportier porteiro noturno
Nahverkehrszug trem local
Name nome
Name des Ehegatten nome do cônjuge
Nationalfeiertag feriado nacional
Nationalpark parque nacional
natriumarm baixo teor de sal
Naturbücher livros sobre natureza
Naturfaser fibras naturais
Naturschutzgebiet reserva natural
Nebenwirkungen efeitos colaterais
neu novo
neu im Sortiment produto novo
Neujahrstag Ano Novo
nicht an die Tür lehnen não apoiar na porta
nicht aus dem Fenster lehnen não se apoiar para fora da janela
nicht besetzt vago (desocupado)
(bitte) nicht betreten (favor) não entrar
nicht bügeln não passar a ferro
nicht chemisch reinigen não lavar a seco
nicht EU-Staatsangehörige não-cidadãos da União Européia
nicht hinauslehnen não se apoiar para fora da janela
nicht inbegriffen não incluído (na conta)
nicht rennen proibido correr
Nichtraucher não-fumante
nichts zu verzollen nada a declarar
Nichtschwimmerbecken piscina rasa
(bitte) nicht stehen (favor) não ficar em pé
(bitte) nicht stören (favor) não perturbar
(Nonnen-)Kloster convento (de freiras)
Normalbenzin gasolina comum
Notarztwagen ambulância
Notausgang saída de emergência/incêndio
Notbremse freio de emergência

Notfall emergência
Notfallaufnahme acidentes e emergências
Notfallstation posto de ambulância
nur an Sonntagen und Feiertagen apenas aos domingos e feriados
nur Flughafenpersonal apenas tripulantes
nur für Anwohner apenas moradores
nur für Auslandsfluggäste apenas passageiros internacionais
nur für das Personal apenas funcionários
nur für Fluggäste apenas passageiros
nur für Frauen apenas mulheres
nur für Gäste mit Dauerkarten apenas portadores de assinatura (teatro)
nur für Herren apenas homens
nur für Radfahrer apenas ciclistas
nur für Rasierapparate apenas barbeadores
nur gültig mit Entwerteraufdruck só vale depois de carimbado no validador
nur Handgepäck apenas bagagem de mão
nur heute apenas hoje
nur mit gültigen Fahrkarte entre apenas com um bilhete válido
nur mit Erlaubnis apenas com permissão
nur mit Schein apenas portadores de autorização
nur an Werktagen apenas em dias úteis
nur zur äußeren Anwendung apenas uso externo

O

Oberdeck convés superior/principal
Obergeschoss andar de cima, superior
Observatorium observatório
Obst und Gemüse frutas, legumes e verduras
Obstkonserven frutas enlatadas
öffentliches Gebäude prédio público
Öffnungszeiten horário de funcionamento/visitação
ohne Konservierungsstoffe sem conservantes
ohne Umsteigen direto (ônibus/trem)
ohne Zucker sem açúcar
Oktober outubro
Öl óleo
Oper ópera
Operationssaal sala de operação
Optiker ótico(a) (profissão)

Orchester orquestra
Orgel órgão (instrumento musical)
Orgelkonzert música de órgão
Orthopäde ortopedista
Ostermontag segunda-feira de Páscoa
Ostern Páscoa
Ostersonntag domingo de Páscoa
Ozean oceano

P

Paddelboot canoa, caiaque
Paddeln canoagem
Pakete pacotes
Palais/Palast palácio
Pannenhilfe, Telefon em caso de pane, telefone
Papier papel
Papier- und Schreibwaren papelaria
Parkdeck deque para carros (balsa)
Parken bis zu 2 Std. estacionamento permitido por até duas horas
Parken nur für Gäste estacionamento apenas para clientes
Parken verboten proibido estacionar
Parkett platéia
Parkhaus/-platz estacionamento
Parkplatz mit WC estacionamento com sanitários
Parkschein anfordern aperte botão para retirar bilhete (de estacionamento)
Parkschein hinter die Windschutzscheibe legen coloque bilhete atrás do pára-brisa
Parkscheinautomat máquina de bilhetes (de estacionamento)
Parkverbot proibido estacionar
Pass passe/passaporte
Passage arcada (galeria)
Passbild fotos de passaporte
Passkontrolle controle de passaporte
Passnummer número de passaporte
Pastor pastor (protestante)
Pavillon pavilhão
Pedal pedal
Personalausweis vorzeigen necessário identificação
Personenfähre balsa de passageiros
Personenwagen carro de passeio
Pfad trilha (caminho)
Pfand depósito (vasilhame)

Pfandflaschen garrafas retornáveis
Pfarrer vigário, padre
Pferdeschlittenfahrt passeio de trenó puxado por cavalos
pflanzlich à base de vegetais
pflegeleicht fácil manutenção
Pflegemittel produtos de beleza
Picknicplatz local de piquenique
Piste geschlossen/gesperrt pista de esqui fechada
PKW (Personenkraftwagen) carro
PKW-Stellplätze vorhanden estacionamento no local
planmäßig de acordo com o planejado
Plattfuß furo
Platz praça; assento
Polizei polícia
Polizeiwache posto de polícia
Polyacryl acrílico
Pop International música pop internacional
Porzellan porcelana
Post/Postamt agência de correios
Postanweisung vales postais
Preis/Liter preço por litro
Preise preços, taxas
Preise inkl. MwSt. preço incluindo imposto VAT
private Krankenversicherung plano de saúde privado
Privatgrundstück propriedade privada
Programm programa, calendário
Palmsonntag domingo de Ramos
Psychiater psiquiatra
Putzmittel produtos de limpeza

Q

Quelle fonte (água)
Querstraße transversal (rua)
Quittung recibo

R

Radarkontrolle controle por radar
Radfahren ciclismo
Radweg ciclovia
Rang balcão (teatro)
Rasen nicht betreten não pise na grama
Rastplatz área de lazer/piquenique
Raststätte posto de serviços (rodovia)
Rathaus prefeitura
Rauchen verboten proibido fumar
Raucher(abteil) vagão de fumantes
Räumungsverkauf liquidação total
rechts halten manter-se à direita
reduziert reduzido (preço)
Reflektor refletor
Reformhaus loja de alimentos naturais
Regenjacke jaqueta impermeável
Reifenpanne pneu furado
Reihe fileira
reine Baumwolle 100% algodão
reine Schurwolle pura lã
Reinigung lavagem a seco
Reisebüro agente de viagens
Reiseführer guia turístico (livro)
Reisezentrum centro de atendimento (estação de trem)
Reiseziel destino (viagem)
Reisezug trens de longa distância
Reiten hipismo
reizend irritante para a pele, áspero
Rennbahn pista de corrida
Rente aposentadoria, pensão
Reparaturwerkstatt oficina (consertos)
reserviert reservado
Reservierung reservas
Residenzschloss palácio
Rettungsboot bote salva-vidas
Rettungsdienst posto de ambulância
Rettungsring bóia salva-vidas
Rettungswagen ambulância
Rettungsweg für die Feuerwehr freihalten pista de incêndio, não estacionar
Rezeption recepção
Rindfleisch carne bovina
Ringstraße anel viário
Rollstuhlgerecht adaptado para usuários de cadeira de rodas
Rolltreppe escada rolante
Romane ficção
Röntgenabteilung raio-X
Rückerstattung reembolso
Rückfahrkarte passagem de volta
Rückgabepflicht satisfação garantida ou dinheiro de volta
(bitte) Rückgeld sofort nachzählen (favor) conferir o troco
Rücklicht lanterna traseira (veículo)

Ruderboot barco a remo
Rudern/Rudersport remo (esporte)
Rugby rugby
Ruhetag dia de folga
ruhige Lage local silencioso
(bitte) ruhig verhalten (favor) manter silêncio
Ruine ruínas
rund um die Uhr geöffnet aberto 24 horas
Rundblick panorama
Rundfahrt excursão

S

Sackgasse beco sem saída
saisonbedingt na temporada/estação
Salbe pomada
Salz sal
Samstag sábado
Sandboden chão de areia (em local de camping)
Sanitäranlage/-ausstattung instalações para cozinhar e lavar
Sattel assento, celim, cela
SB (Selbstbedienung) self-service
Schallplatten discos (LP)
Schauspiel espetáculo, show
Schiff navio
Schiffsverbindung conexão de balsa
Schlachtfeld campo de batalha
Schlafwagen vagão-leito
Schläger raquete
schlechte Fahrbahn estrada em má condição
Schlepplift ski lift
Schleudergefahr perigo de derrapagem
Schleuse eclusa
Schließfächer armários de bagagem
Schlittschuhe patins (gelo)
Schlittschuhlaufen patinação no gelo
Schloss fechadura; castelo
Schlosshotel castelo-hotel
Schlucht cânion
Schmuck jóias
Schneeketten sind vorgeschrieben usar correntes para neve
Schnellgerichte pratos rápidos
Schnellimbiss lanche, *fast food*
Schnellstraße rodovia principal/via expressa
Schokolade chocolate
schöner Ausblick/schöne Aussicht vista panorâmica

Schreibpapier papel para anotação
Schuhabteilung sapatos
Schuhmacher/-reparatur conserto de sapatos
Schulbus ônibus escolar
Schule escola
Schulweg cuidado, escola
Schweinefleisch carne suína
Schwimmbad piscina
Schwimmen natação
Schwimmen nicht erlaubt proibido nadar/banhar
Schwimmreif bóia (natação)
Schwimmweste colete salva-vidas
See lago
Seemündung estuário
Segelboot veleiro
Segelfliegen vôo a vela (planador)
Segeln velejo
Seide seda
Seilbahn bondinho
Seitenstreifen acostamento
Sekt vinho espumante
selbst wählen à escolha
Selbstbedienung self-service
selbstgemacht caseiro (feito em casa)
Selbsttanken auto-atendimento (posto de gasolina)
Seniorenmenü refeições para idosos
September setembro
Service Point posto de serviços
Serviervorschlag sugestão de consumo
Sessellift teleférico
Sicherheitskontrolle controle de segurança
Silber prata
Silvester véspera de Ano Novo
Sitzplatz für Behinderte assento para deficientes
Sitzplatz Nummer número do assento
Skier esquis
Skilaufen esqui (esporte)
Skilehrer instrutor de esqui
Skischule (mit Aufnahme von Kleinkindern) escola de esqui (para crianças)
Skistiefel botas de esqui
Skistöcke bastões/sticks de esqui
Skiverleih aluguel de esqui
Soldatenfriedhof cemitério para soldados
Solist(in) solista (músico)
Sommer verão

Sonderangebot oferta/promoção
Sonnabend sábado
Sonnendeck solário
Sonnenmilch Schutzfaktor 8 protetor solar fator 8
Sonnenschirm guarda-sol
Sonntag domingo
sonstige Straße rua secundária
Souvenirladen loja de presentes
Speisekarte cardápio/menu
Speisesaal sala de jantar
Speisewagen vagão-restaurante
Spezialität des Hauses especialidade da casa
Spezialitäten der Region especialidades locais
Spielfilme filmes em cartaz
Spielkarten cartas (de jogar)
Spielplatz playground
Spielwarengeschäft loja de brinquedos
Spirituosen bebidas alcoólicas
Sportbekleidung roupas esportivas
Sportgeschäft/-bedarf loja de artigos esportivos
Sportplatz quadra de esportes
Sportzentrum centro esportivo
Sprechzimmer sala de atendimento (médico)
Springbrunnen fonte (água)
Sprungbecken piscina de mergulho
Sprungbrett trampolim
Spur pista (rua/estrada)
Staatsangehörigkeit nacionalidade
Staatstheater teatro nacional
Stadtfestung/-mauer muro da cidade
Stadtmitte centro da cidade
Stahl aço
Standort você está aqui
Station ala (hospital)
Stau engarrafamento
Staudamm represa
Stausee reservatório
Steigung aclive (inclinação)
Sternwarte observatório astronômico
Stock andar, piso
storniert cancelado, anulado
strahlensicher à prova de radiação
Strand praia
Straße (gesperrt) rua/estrada (fechada)
Straßenarbeiten rua em obras
Straßenbahn bonde
Straußwirtschaft bar e restaurante de uma vinícola
Strickwaren roupas de tricô
Strom eletricidade
Stromschnelle corredeiras
Stromzähler ablesen leia o medidor
Sturmwarnung alerta de tempestade
Sulzschnee neve semiderretida
Sumpf pântano
Super (Plus) bleifrei gasolina *premium* sem chumbo
Super verbleit gasolina *premium* com chumbo
Suppen sopas
Surfbrett prancha de surf
Süßwaren doces/balas; biscoitos
SW-Film (schwarzweiß Film) filme em preto-e-branco
synchronisiert dublado

T

Tabak/Tabakwaren tabacaria
Tabletten pílulas, comprimidos, tabletes
Tagesgedeck pratos diários
Tageskarte bilhete diário
Tagesmenü pratos do dia
Tagesticket bilhete diário
täglich diariamente
Tal vale
Tankstelle posto de gasolina
Tanz dança
Tänzer dançarino
Tanzmusik música dançante
Tarif tarifa/taxa
Taste drücken aperte botão
Tauchen mergulho (esporte)
Teich lagoa
Telefonbuch lista telefônica
Telefonkarten cartões telefônicos
Telefonnummer número de telefone
Telefonzelle telefone público
Telegramme telegramas
Tennisplatz quadra de tênis (descoberta)
Tennishalle quadra de tênis (coberta)
Tennisschläger raquete de tênis
Terrasse terraço
Textilien têxteis
Theaterstück peça (de teatro)
Thermalbad termas
Tiefgarage estacionamento subterrâneo

tiefgefroren congelado
Tiefkühlprodukte alimentos congelados
Tiefschnee neve profunda
Tierarzt veterinário
Tiere animais
Tierhandlung *pet shop*
Tipp sugestão de consumo
Tischtennis tênis de mesa
Toiletten sanitários/banheiros
Tor geschlossen halten mantenha o portão fechado
Toto Lotto loteria
Touristenstraße rota turística
Tragödie tragédia (teatro)
Trambahn bonde
Treffpunkt ponto de encontro
Tretboot pedalinho
Tribüne tribuna
Trinkwasser água potável
trocknergeeignet pode ser posto na secadora
Tropfen gotas
Tunnel túnel
(bitte) Tür schließen/zuziehen (favor) fechar a porta

U

U-Bahn metrô
Überführung passarela (de pedestres)
Übergepäck excesso de bagagem
Überholverbot proibido ultrapassar
Überweisungen transferências (banco)
Umgehungsstraße marginal (rua)
Umkleidekabinen vestiários
Umleitung desvio
Umriss contorno
umsteigen in ... fazer baldeação em ...
unbefestigte Straße estrada não-pavimentada
Unfallstation pronto-socorro
Universität universidade
Unterdeck convés inferior
Unterführung passagem subterrânea
Untergeschoss porão, piso inferior
Unterhaltungsmusik música leve
Unterhaltungsliteratur ficção leve
Unterschrift assinatura
Untertitel legendado
unzerkaut einnehmen engolir inteiro
Uraufführung estréia

V

Varietévorstellung show de variedades
vegetarisch vegetariano
Verbandskasten caixa de primeiros socorros
verbessert melhorado/incrementado
verbleit com chumbo (gasolina)
Verbot für Fußgänger proibido para pedestres
... verboten proibido ...
verengte Fahrbahn via estreita
Vergiftung veneno
Vergnügungspark parque de diversões
Vergrößerung serviço de ampliação (foto)
Verkauf vende-se
Verkehrspolizei polícia de trânsito
Versicherungsagentur corretor de seguros
Verspätung atraso
verwendbar bis: ... usar antes de ...
verzollen bens a declarar
Viehtrieb travessia de gado
Viskose raiom (tecido), viscose
Volksmusik música folclórica
Vollpension pensão completa
von ... bis ... Uhr das ... às ... horas
vor Licht schützen manter ao abrigo da luz
Vorabendmesse missa vespertina
Vorfahrt achten dar preferência (trânsito)
vormittags período matutino
Vornamen prenome, primeiro nome
vorne einsteigen entrar pela porta da frente
Vorratspackung pacote econômico
Vorsicht cuidado
Vorsicht Stufen! cuidado com o degrau
Vorsicht Taschendiebe! cuidado com furtos
Vorspeisen aperitivos
vorübergehend geschlossen fechado temporariamente
Vorverkauf compras/reservas com antecedência
Vorwahl código de área (telefone)

W

Wahl escolha, eleição
wählen Sie Ihre Fahrziele/Tarifgebiet/Fahrkarte escolha seu destino/zona/bilhete

wahlweise à sua escolha
Wald floresta, bosque
Wanderkarten mapas de caminhada
Wanderweg trilha (na natureza)
Warnung aviso
Warteraum/-zimmer sala de espera
Wartezeit: ca. .... Minuten tempo de espera: aprox .... minutos.
Wäscherei lavanderia (não é *self-service*)
Wäscheservice serviço de lavanderia
Waschmaschinen máquinas de lavar
Waschmittel sabão em pó
Waschsalon lavanderia automática
Wasser água
wasserdicht à prova d'água
Wasserhahn torneira
Wassermühle moinho de água
Wasserski esqui aquático
Wasserturm caixa-d'água (torre)
WC sanitários
Wechselgeld sofort nachzählen confira o troco
Wechselkurs taxa de câmbio
Wechselstube casa de câmbio
wegen ... geschlossen bis ... fechado até ... devido a ...
Wegweiser guia da loja
Wegwerf- descartável
Weiher tanque
Weihnachten Natal
Wein vinho
Weinberg vinhedo
Weingut vinícola
Weinkelter prensa (de vinho)
Weinprobe degustação de vinho
Weißglas vidro transparente
Werk(sausfahrt) fábrica (saída)
Werkstatt loja de consertos, oficina
werktags dias úteis
Wettannahmen apostas
Wettkampf concurso
wichtige Telefonnummern serviços de emergência, telefones úteis
Wild carne de caça
Willkommen bem-vindo(a)
Windmühle moinho de vento
Winterschlussverkauf liquidação de inverno
wir zeigen jeden Diebstahl an furtos serão encaminhados à justiça

Wochenkarte bilhete semanal
Wohnmobil/-wagen trailer (veículo)
Wohnort endereço residencial
Wohnung zu vermieten apartamento para alugar
Wolle lã
Wurst(waren) frios/salsichas

Z

Zahl dígito/número
zahlen pagar
Zahlmeister comissário (de navio)
Zahlungsanweisung vale postal
Zahnarzt dentista
Zahnpaste pasta de dente
Zahnseide fio dental
Zapfsäule bomba de gasolina
Zeitschriften revistas
Zelt barraca (de acampar)
Zelten verboten proibido acampar
Zeltplatz local de camping
Zentrum centro (da cidade)
zerbrechlich – Glas frágil — vidro
ziehen puxar
Zimmer frei vagas, quartos para alugar
Zimmerservice serviço de quarto
Zimmer mit Dusche und WC quartos com banheiro privativo
Zimmer mit Kabel-TV/ Farbfernseher ausgestattet quartos com TV a cabo/TV colorida
Zirkus circo
Zoll alfândega
zollfreie Ware produtos isentos (de imposto)
Zone 30 limite de velocidade 30 km/h
Zoo zoológico
Zoohandlung *pet shop*
zu den Gleisen para as plataformas
zu den Verkaufsräumen para as lojas
zu vermieten para alugar
zum Halten, bitte drücken aperte botão para solicitar parada
zum Mitnehmen para viagem (comida)
Zuschauer espectadores
Zuschlag acréscimo, taxa adicional
Zutaten ingredientes
Zweibett-Kabine cabine de dois beliches
zweite Klasse/2. Klasse segunda-classe
zweiter Rang balcão superior (teatro)

Referência

Gramática

Conjugação de verbos regulares

O tempo passado geralmente se forma com o verbo ter (**haben**) + particípio passado, de modo semelhante ao inglês. O futuro é formado com o verbo **werden** + infinitivo.

Infinitivo: **kaufen** *comprar* **arbeiten** *trabalhar*
Particípio passado: **gekauft** *comprado* **gearbeitet** *trabalhado*

	PRESENTE	PASSADO	FUTURO
ich *eu*	**kaufe**	**habe gekauft**	**werde kaufen**
du *você* (informal)	**kaufst**	**hast gekauft**	**wirst kaufen**
Sie *você* (formal)	**kaufen**	**haben gekauft**	**werden kaufen**
er/sie/es *ele/ela*	**kauft**	**hat gekauft**	**wird kaufen**
wir *nós*	**kaufen**	**haben gekauft**	**werden kaufen**
ihr *vocês* (informal)	**kauft**	**habt gekauft**	**werdet kaufen**
Sie *vocês* (formal)	**kaufen**	**haben gekauft**	**werden kaufen**
sie *eles/elas*	**kaufen**	**haben gekauft**	**werden kaufen**

Verbos irregulares precisam ser memorizados. Verbos que indicam movimento são conjugados com o verbo ser (**sein**), ex. ir (**gehen**):

	PRESENTE	PASSADO	FUTURO
ich *eu*	**gehe**	**bin gegangen**	**werde gehen**
du *você* (informal)	**gehst**	**bist gegangen**	**wirst gehen**
Sie *você* (formal)	**gehen**	**sind gegangen**	**werden gehen**
er/sie/es *ele/ela*	**geht**	**ist gegangen**	**wird gehen**
wir *nós*	**gehen**	**sind gegangen**	**werden gehen**
ihr *vocês* (informal)	**geht**	**seid gegangen**	**werdet gehen**
Sie *vocês* (formal)	**gehen**	**sind gegangen**	**werden gehen**
sie *eles/elas*	**gehen**	**sind gegangen**	**werden gehen**

Para expressar o futuro, geralmente usa-se o presente junto com um advérbio temporal. A forma com o auxiliar **werden** é usada raramente.

Eu vou trabalhar amanhã. **Ich arbeite *morgen*.**

Substantivos e artigos

Todos os substantivos em alemão são escritos com a letra inicial em maiúscula. Os artigos definidos indicam o gênero: **der** (masculino), **die** (feminino), **das** (neutro). No plural (**die**), o gênero não importa.

Exemplos:
 SINGULAR   PLURAL
 ***der* Mann** *o homem*   ***die* Männer** *os homens*
 ***die* Frau** *a mulher*   ***die* Frauen** *as mulheres*
 ***das* Kind** *a criança*   ***die* Kinder** *as crianças*

O artigo indefinido também indica o gênero do substantivo: **ein** (masculino/neutro), **eine** (feminino). Não existe artigo indefinido no plural.

Exemplos:
 SINGULAR   PLURAL
 ***ein* Zug** *um trem*   **Züge** *trens*
 ***eine* Karte** *um mapa* **Karten** *mapas*

Os artigos possessivos também concordam com o gênero do substantivo a que se referem:

NOMINATIVO	ACUSATIVO	DATIVO
mein/e *meu/minha*	**mein/e/n** *meu/minha*	**meinem/r** *meu/minha*
dein/e *seu/sua (informal)*	**dein/e/n** *seu/sua*	**deinem/r** *seu/sua*
Ihr/e *seu/sua (formal)*	**Ihr/e/n** *seu/sua*	**Ihrem/r** *seu/sua*
sein/e *dele*	**sein/e/n** *dele*	**seinem/r** *dele*
ihr/e *dela*	**ihr/e/n** *dela*	**ihrem/r** *dela*
sein/e *dele/a (neutro)*	**sein/e/n** *dele/a*	**seinem/r** *dele/a*
unser/e *nosso/a*	**unser/e/n** *nosso/a*	**unserem/r** *nosso/a*
euer/eure *seu/sua (informal)*	**eure/n/euer** *seu/sua*	**eurem/r** *seu/sua*
Ihr/e *seu/sua (formal)*	**Ihr/e/n** *seu/sua*	**Ihrem/r** *seu/sua*
ihr/e *deles/as*	**ihr/e/n** *deles/as*	**ihrem/r** *deles/as*

Exemplos: **Wo ist *meine* Fahrkarte?** *Onde está minha passagem?*
     ***Ihr* Taxi ist hier.** *Seu táxi está aqui.*
     Hier ist *euer* Pass. *Aqui está o passaporte de vocês.*

Ordem das palavras

O verbo conjugado vem depois do sujeito e antes do objeto. Quando uma frase não começa com um sujeito, a ordem das palavras muda.

Exemplo:
 Er ist in Berlin.   *Ele está em Berlim.*
 Heute ist er in Berlin.   *Hoje ele está em Berlim.*
 Wir sind in Berlin gewesen. *Nós estivemos em Berlim.*

Para formar perguntas, basta trocar a posição do sujeito e do verbo.

Exemplos: **Haben Sie Bücher?**   *Você tem livros?*
     Wie ist das Wetter?   *Como está o tempo?*
     Seid ihr in Köln gewesen? *Vocês já foram a Colônia?*

Negativas

Uma frase negativa é formada adicionando-se a palavra **nicht** (não) à parte da frase que se quer negar.

Exemplos: **Wir rauchen nicht.**   *Nós não fumamos.*
   Der Bus fährt nicht ab.   *Este ônibus não vai partir.*
   Warum schreibst du nicht?   *Por que você não escreve?*

Também é possível negar um substantivo, acrescentando a palavra **kein**. Esta palavra concorda com o gênero do substantivo.

Exemplos: **Ich trinke kein Bier.**   *Eu não bebo cerveja.*
   Wir haben keine **Einzelzimmer.**   *Nós não temos quartos simples.*
   Gibt es keinen **Zimmerservice?**   *Não tem serviço de quarto?*

Imperativos

du *você (informal)*	**Geh!** *Vá!*	**Sei still!** *Fique quieto!*
ihr *vocês (informal)*	**Geh**t**!** *Vão!*	**Sei**d **still!** *Fiquem quietos!*
Sie *você(s) (formal)*	**Geh**en **Sie!** *Vá(Vão)!*	**Sei**en **Sie still!** *Fique(m) quieto(s)!*
wir *nós*	**Geh**en **wir!** *Vamos!*	---

Exemplos: **Hört mal alle zu!**   *Todos prestem atenção!*
   Seid nicht so laut!   *Não sejam tão barulhentos!*

Pronomes

Os pronomes podem servir como substitutos e concordam com o gênero do substantivo a que se referem.

NOMINATIVO	ACUSATIVO	DATIVO
ich *eu*	**mich** *me*	**mir** *me/para mim*
du *você (informal)*	**dich** *você*	**dir** *para você*
Sie *você (formal)*	**Sie** *você*	**Ihnen** *para você*
er *ele*	**ihn** *-lo/o/ele*	**ihm** *lhe/para ele*
sie *ela*	**sie** *-la/a/ela*	**ihr** *lhe/para ela*
es *ele(a) (neutro)*	**es** *-lo(a)/o(a)/ele(a)*	**ihm** *lhe/para ele(a)*
wir *nós*	**uns** *nos*	**uns** *nos/para nós*
ihr *vocês (informal)*	**euch** *vocês*	**euch** *para vocês*
Sie *vocês (formal)*	**Sie** *vocês*	**Ihnen** *para vocês*
sie *eles(as)*	**sie** *-los(as)/os(as)/eles(as)*	**ihnen** *lhes/para eles(as)*

Exemplos: ***Ich* sehe *sie*.**   *Eu os vejo.*
   Hören Sie *mich*?   *Você me ouve?*

Adjetivos

Os adjetivos qualificam substantivos e, em alemão, vêm sempre antes deles. O final do adjetivo depende do caso gramatical.

Exemplo: **Wir haben ein alt*es* Auto.** *Nós temos um carro velho.*
Wo ist mein neu*er* Koffer? *Onde está minha mala nova?*
Gut*e* Arbeit, Richard! *Bom trabalho, Richard!*

Advérbios e locuções adverbiais

Na Alemanha, os advérbios geralmente são idênticos aos adjetivos. Eles descrevem verbos mas, diferente do que acontece com os adjetivos, os finais dos advérbios nunca mudam.

Exemplo: **Linda fährt sehr langsam.** *Linda dirige muito devagar.*
Robert ist noch nicht hier. *Robert ainda não está aqui.*
Sie sprechen gut Deutsch. *Você fala alemão bem.*

Algumas expressões adverbiais de tempo comuns:

zur Zeit *atualmente* **bald** *em breve* **immer noch** *ainda* **nicht mehr** *não mais*

Comparativos e superlativos

A maioria dos adjetivos alemães forma o comparativo com o acréscimo da terminação -er, e o superlativo com o acréscimo de -(e)st. A lista abaixo contém apenas uma pequena amostra, para ilustrar a formação e algumas irregularidades.

ADJETIVO	COMPARATIVO	SUPERLATIVO
klein *pequeno*	**kleiner** *menor*	**am kleinsten** *o menor*
billig *barato*	**billiger** *mais barato*	**am billigsten** *o mais barato*
neu *novo*	**neuer** *mais novo*	**am neusten** *o mais novo*
schlecht *ruim*	**schlechter** *pior*	**am schlechtesten** *o pior*
groß *grande*	**größer** *maior*	**am größten** *o maior*
alt *velho*	**älter** *mais velho*	**am ältesten** *o mais velho*
lang *longo*	**länger** *mais longo*	**am längsten** *o mais longo*
kurz *curto*	**kürzer** *mais curto*	**am kürzesten** *o mais curto*
gut *bom*	**besser** *melhor*	**am besten** *o melhor*
teuer *caro*	**teu*r*er** *mais caro*	**am teuersten** *o mais caro*

Exemplos: **Diese Postkarten sind billig*er*.**
Estes cartões postais são mais baratos.
Wo ist der best*e* Buchladen?
Onde é a melhor livraria?

NÚMEROS
siebenundachtzig (7 e 80 = 87)

Ao telefone, **zwo** muitas vezes é usado no lugar de **zwei**.

0	**null**	*nu-l*	40	**vierzig** *fiatsiH*
1	**eins**	*ainss*	50	**fünfzig** *fynf-tsiH*
2	**zwei**	*tsvai*	60	**sechzig** *zéH-tsiH*
3	**drei**	*drrai*	70	**siebzig** *zi:p-tsiH*
4	**vier**	*fia*	80	**achtzig** *aH-tsiH*
5	**fünf**	*fynf*	90	**neunzig** *nóinn-tsiH*
6	**sechs**	*zéks*	100	**(ein)hundert** *hundat*
7	**sieben**	*zí:bânn*	101	**hunderteins** *hundat ainnss*
8	**acht**	*aHt*	200	**zweihundert** *tsvai-hundat*
9	**neun**	*nóinn*	1000	**(ein)tausend** *(ainn)tauzânt*
10	**zehn**	*tsê-nn*	2001	**zweitausendeins** *tsvai-tauzânt-ainnss*
11	**elf**	*é-l-f*		
12	**zwölf**	*tsvœ-l-f*	os anos 90	**die neunziger Jahre** *d-i: nóintsiga ia:rrânn*
13	**dreizehn**	*drraitsê:nn*	10.000	**zehntausend** *tsê:nn-tauzânt*
14	**vierzehn**	*fiatsê:nn*		
15	**fünfzehn**	*fynftsê:nn*	1.000.000	**eine Million** *ainâ miliô:nn*
16	**sechzehn**	*zéH-tsê:nn*		
17	**siebzehn**	*zi:p-tsê:nn*	primeiro	**erste/r** *ê:rrsstâ*
18	**achtzehn**	*aH-tsê:nn*	segundo	**zweite/r** *tsvaitâ*
19	**neunzehn**	*nóinn-tsê:nn*	terceiro	**dritte/r** *drritâ*
20	**zwanzig**	*tsvá-ntsiH*	quarto	**vierte/r** *firrtâ*
21	**einundzwanzig** *ainn-unt-tsvá-ntsiH*		quinto	**fünfte/r** *fynftâ*
22	**zweiundzwanzig** *tsvai-unt-tsvá-ntsiH*		uma vez	**einmal** *ainn-ma-l*
30	**dreißig**	*drraissiH*	duas vezes	**zweimal** *tsvai-ma-l*

três vezes	**dreimal**	*drrai-ma-l*
metade	**eine Hälfte**	*ainâ hé-l-ftâ*
meia hora	**eine halbe Stunde**	*ainâ ha-l-bâ chtundâ*
um quarto	**ein Viertel**	*ainn firrtâ-l*
um terço	**ein Drittel**	*ainn drritâ-l*
um par	**ein Paar**	*ainn pa:rr*
uma dúzia	**ein Dutzend**	*ainn dutsânt*

DIAS

segunda-feira	**Montag**	*mô:nta:k*
terça-feira	**Dienstag**	*d-i:nssta:k*
quarta-feira	**Mittwoch**	*mit-vóH*
quinta-feira	**Donnerstag**	*dó-nassta:k*
sexta-feira	**Freitag**	*frraita:k*
sábado	**Samstag/Sonnabend**	*zá-m-ssta:k/zó-n-a:bânt*
domingo	**Sonntag**	*zó-n-ta:k*

MESES

janeiro	**Januar**	*ia:nua:rr*
fevereiro	**Februar**	*fe:brrua:rr*
março	**März**	*méats*
abril	**April**	*aprri:-l*
maio	**Mai**	*mai*
junho	**Juni**	*iu:ni*
julho	**Juli**	*iu:li*
agosto	**August**	*augusst*
setembro	**September**	*zép-té-mba*
outubro	**Oktober**	*óktô:ba*
novembro	**November**	*nôvé-mba*
dezembro	**Dezember**	*dêtsé-mba*

DATAS

É ...	**Es ist ...** *éss isst*
terça-feira, 1º de março	**Dienstag, der erste März** *d-i:nssta:k dêa ê:rrsstâ méatss*
ontem/hoje/amanhã	**gestern/heute/morgen** *ghésstann/hóitâ/mórrgânn*
semana passada/mês passado/ano passado	**letzte Woche/letzten Monat/letztes Jahr** *létstâ vó-Hâ/létstânn mô:nat/létstâss ia:rr*
próximo	**nächste/n/s** *nékstâ/ânn/âss*
toda semana/todo mês/ todo ano	**jede Woche/jeden Monat/jedes Jahr** *iê:dâ vó-Hâ/iê:dânn mô:nat/iê:dâss ia:rr*
no fim de semana	**am Wochenende** *á-m vó-Hânn-é-ndâ*

ESTAÇÕES DO ANO

primavera/verão	**Frühling/Sommer**	*frry:liN/zó-ma*
outono/inverno	**Herbst/Winter**	*héapst/vinta*

CUMPRIMENTOS

Feliz aniversário!	**Herzlichen Glückwunsch zum Geburtstag!**	
	héats-li-Hânn glyk-vunch tsumm gâburrts-ta:k	
Feliz Natal!	**Fröhliche Weihnachten!**	
	frrœ:liHâ vainaH-tânn	
Feliz Ano Novo!	**Ein glückliches Neues Jahr!**	
	ainn glykli-Hâss nóiâss ia:rr	
Parabéns!	**Herzlichen Glückwunsch!**	
	héats-li-Hânn glyk-vunch	
Boa sorte!	**Viel Glück!** *fi:-l glyk*	
Boa viagem!	**Gute Reise!** *gu:tâ raizâ*	

FERIADOS

Feriados nacionais na Alemanha (D), Áustria (A) e Suíça (CH)

1º jan	**Neujahr**	Ano Novo	D	A	CH
2 jan					CH*
6 jan	**Dreikönigstag**	Epifania		A	
1º maio	**Tag der Arbeit**	Dia do Trabalho	D	A	
1º ago	**Nationalfeiertag**	Feriado Nacional			CH*
15 ago	**Maria Himmelfahrt**	Dia da Assunção		A	
3 out	**Tag der Deutschen Einheit**	Dia da Unidade Nacional	D		
1º nov	**Allerheiligen**	Dia de Todos os Santos		A	
8 dez	**Maria Empfängnis**	Imaculada Conceição		A	
25 dez	**1.Weihnachtstag**	Natal	D	A	CH
26 dez	**2. Weihnachtstag**	Dia de S. Estêvão	D	A	CH

Feriados móveis:

Karfreitag	Sexta-feira Santa	D		CH*
Ostermontag	Segunda-feira de Páscoa	D	A	CH*
Christi Himmelfahrt	Ascensão	D	A	CH
Pfingstmontag	Pentecostes	D	A	CH*
Fronleichnam	Corpus Christi		A	

*na maioria dos cantões.

Horas

Os horários oficiais usam sempre o sistema de 24 horas. No entanto, no dia-a-dia, as horas geralmente são ditas como é mostrado abaixo, muitas vezes com o acréscimo dos advérbios **morgens** (da manhã), **nachmittags** (da tarde) ou **abends** (da noite).

```
           fünf vor zwei      eins      fünf nach eins
    zehn vor zwei                            zehn nach eins
                        ┌─12─┐
 Viertel vor zwei       9    3       Viertel nach eins
                        └──6─┘
      zwanzig vor zwei                  zwanzig nach eins
           fünf nach    halb     fünf vor
           halb zwei    zwei     halb zwei
```

Com licença. Você sabe que horas são?	**Entschuldigen Sie. Können Sie mir sagen, wie spät es ist?** *ént-chu-l-d-igânn zi: kœnânn zi: mia zá:gânn vi: chpê:t éss isst*
São ...	**Es ist ...** *éss isst*
uma e cinco	**fünf nach eins** *fynf naH ainnss*
duas e dez	**zehn nach zwei** *tsê:nn naH tsvai*
três e quinze	**Viertel nach drei** *firrtâ-l naH drrai*
quatro e vinte	**zwanzig nach vier** *tsvá-ntsiH naH fia*
cinco e vinte e cinco	**fünf vor halb sechs** *fynf fôa ha-l-p zéks*
seis e meia	**halb sieben** *ha-l-p zi:bânn*
vinte e cinco para as sete	**fünf nach halb sieben** *fynf naH ha-l-p zi:bânn*
vinte para as oito	**zwanzig vor acht** *tsvá-ntsiH fôa aHt*
quinze para as nove	**Viertel vor neun** *firrtâ-l fôa nóinn*
dez para as dez	**zehn vor zehn** *tsê:nn fôa tsê:nn*
cinco para as onze	**fünf vor elf** *fynf fôa é-l-f*
doze horas	**zwölf Uhr** *tsvœlf ua*
meio-dia/meia-noite	**Mittag/Mitternacht** *mit-ta:k/mita-naHt*

ao amanhecer	**bei Tagesanbruch**	*bai ta:gâss-á-nbrru:H*
de manhã	**morgens**	*mórrgânnss*
durante o dia	**tagsüber**	*ta:ks-y:ba*
antes do almoço	**vor dem Mittagessen**	*fôa dêmm mit-ta:k-éssânn*
depois do almoço	**nach dem Mittagessen**	*naH dêmm mit-ta:k-éssânn*
à tarde	**nachmittags**	*naH-mitta:ks*
à noitinha (começo da noite)	**abends**	*a:bânts*
à noite (alta noite)	**nachts**	*naH-ts*

Estarei pronto em cinco minutos. **Ich bin in fünf Minuten fertig.** *iH binn inn fynf minu:tânn féatiH*

Ele voltará em um quarto de hora. **Er ist in einer Viertelstunde wieder da.** *êa isst inn aina firrtâ-l-chtundâ vi:da da:*

Ela chegou meia hora atrás. **Sie ist vor einer halben Stunde angekommen.** *zi: isst fôa aina ha-l-bânn chtundâ á-n-gâkó-mânn*

O trem parte às ... **Der Zug fährt um ...** *dêa tsu:k fêat umm*

13h04 **dreizehn Uhr vier** *drraitsê:nn ua fia*

00h40 **null Uhr vierzig** *nu-l ua fiatsiH*

Ele chegou dez minutos adiantado/atrasado. **Er kam zehn Minuten zu früh/zu spät.**

O relógio está cinco segundos adiantado/atrasado. **Die Uhr geht fünf Sekunden vor/nach.** *d-i: ua ghê:t fynf zêkundânn fôa/naH*

das 9h às 17h **von neun bis siebzehn Uhr** *fónn nóinn biss zi:p-tsê:nn ua*

entre 8h e 14h **zwischen acht und vierzehn Uhr** *ts-vichânn aHt unt fia-tsê:nn ua*

Vou partir antes das 11. **Ich reise vor elf Uhr ab.** *iH raizâ fôa é-l-f ua ap*

Você volta antes das 8h da noite? **Kommen Sie vor zwanzig Uhr wieder?** *kó-mânn zi: fôa tsvá-ntsiH ua vi:da*

Estaremos aqui até sexta-feira. **Wir sind bis Freitag hier.** *via zint biss frraita:k hia*

Mapa da Alemanha

- **DINAMARCA**
- **SUÉCIA**
- Mar Báltico
- **POLÔNIA**
- Mar do Norte
- Hamburgo
- Rostock
- Elba
- Bremen
- Berlim ★
- HOLANDA
- Hannover
- Essen
- Ruhr
- Halle
- Leipzig
- Elba
- Düsseldorf
- Göttingen
- Colônia
- Dresden
- Reno
- Bonn
- **ALEMANHA**
- Frankfurt
- **REPÚBLICA TCHECA**
- Nurembergue
- **FRANÇA**
- Stuttgart
- Linz
- Munique
- Salzburgo
- **LIECHTENSTEIN**
- Berchtesgaden
- Basel
- Zurique
- **ÁUSTRIA**
- Berna ★
- **SUÍÇA**